Hanny Lightfoot-Klein

Der Beschneidungsskandal

Of

Hanny Lightfoot-Klein

Der Beschneidungsskandal

Aus dem amerikanischen Englisch von Sabine Müller

Orlanda

Die Deutsche Bibliothek - CIP-Einheitsaufnahme
Lightfoot-Klein, Hanny : Der Beschneidungsskandal / Hanny Lightfoot-Klein. Übers. aus dem amerikanischen Engl. von Sabine Müller. Mit einem Vorwort von Sabine Müller – Berlin : Orlanda 2003
ISBN 3-936937-02-8

1. Auflage 2003

Lektorat: Ekpenyong Ani
Umschlaggestaltung & -fotos: suedstern, Birgit Lukowski
Herstellung & Satz: Anna Weber
Druck: Motiv Offset, Berlin – Istanbul

Wir danken Gihad und Ulrike W. dafür, dass sie sich für die Umschlagfotos zur Verfügung gestellt haben.

Inhalt

Vorwort von Dr. Sabine Müller

Es ist ein wunderschöner sonniger Morgen, und ich sitze in der Berliner S-Bahn. Wir fahren in den nächsten Bahnhof ein, als ich ein Plakat mit einer riesigen rostigen Rasierklinge sehe. »Wer jetzt noch ans Rasieren denkt, der hat noch nie die Schreie eines Mädchens gehört, dem damit die Schamlippen weggekratzt werden«, steht darunter.

Mir rast eine Fülle widersprüchlicher Gedanken durch den Kopf und erst mal fällt mir der Unterkiefer runter. Die Frau neben mir folgt meinem Blick und meint, mein Entsetzen zu verstehen: »Das passiert bei uns nicht, so was machen die nur in Afrika, im Busch. Bei uns gibt es so was nicht.«

Mein Unterkiefer klappt noch eine Etage weiter runter. Was würden wohl meine Mitstreiterinnen von DAFI, der Deutsch Afrikanischen Frauen Initiative, größtenteils selbst Betroffene, davon halten? Da wird ein schauerliches Thema schön gruselig unters Volk gebracht.

Na klar passiert das auch »bei uns«. 1999 wurde in der Sendung »Report« über einen Frauenarzt in Berlin berichtet, der vor laufender Kamera anbot, ein kleines Mädchen zu verstümmeln. Frauen, die aus Ländern kommen, in denen Genitalverstümmelung üblich ist, sind auch hier gefährdet. Die Welt ist zusammengerückt.

Und wie steht es eigentlich hierzulande mit dem Respekt vor unversehrter Genitaltät? Wie viele überflüssige Dammschnitte werden bei Geburten vorgenommen? Wie viele unnötige Gebärmutterentfernungen bei unterschiedlichsten Beschwerden? Und was gab es für einen Widerstand gegen den medikamentösen Schwangerschaftsabbruch, der die Frauen erstmals unabhängig von operativen Eingriffen machte!

Wie groß darf in westlichen Ländern eine Klitoris sein, bevor sie dem Kinderchirurgen anheim fällt? In Europa sind es Hebammen, Fachärzte und -ärztinnen, die einem Neugeborenen das Geschlecht zuweisen, und wehe da stimmt etwas nicht. Jedes Jahr werden in Deutschland 350 Intersex-Kinder geboren, und keines entgeht dem Messer.

Immer noch glauben die meisten Menschen in westlichen Gesellschaften, dass ein beschnittener Penis zumindest nichts Ungesundes ist. Und in meiner gynäkologischen Praxis begegne ich regelmäßig, jedes Jahr einbis zweimal, Patientinnen, die statt kleiner Schamlippen nur eine kleine weiße Narbe haben. Manchmal wissen sie, was mit ihnen geschah: »Sie wissen schon, ich hatte da solche ähm ... Hottentottenschürzen ...«

Abgesehen davon, dass »anormale« weibliche Genitalien mit abwertenden, rassistischen Begriffen bezeichnet werden, werden die »betroffenen« Frauen meistens gar nicht über den Eingriff informiert.

Nur gut, dass wir das Thema Beschneidung auf die südliche Erdhalbkugel verbannen können, da brauchen wir uns über die eigenen Grenzüberschreitungen keine Gedanken mehr zu machen.

Als Hanny Lightfoot-Klein mir ein paar Seiten ihres Buches zeigte, wusste ich, das müssen auch die Menschen hier in Europa lesen. Denn es ist eine Lüge, dass »so etwas« nur in sogenannten rückständigen Drittweltländern passiert. Die Methoden der westlichen Welt sind nur perfider.

Die nächste Station ist meine, ich stehe auf, klappe meinen Unterkiefer wieder hoch und lächle der Frau zu, bevor ich aussteige.

Berlin, im Januar 2003

Zu diesem Buch

»Es gibt nur ein Kind auf dieser Welt, und sein Name ist ALLE KINDER...«

Carl Sandburg

Es ist die Absicht dieses Buches, den vielen menschlichen Geschöpfen eine Stimme zu geben, die hinter den Statistiken der Genitalchirurgie stehen: den nicht einwilligungsfähigen Kindern, an denen diese Eingriffe vorgenommen werden und die ihr Leiden lange schweigend ertragen haben, sei es, weil sie unterdrückt werden, aus Verzweiflung oder Scham. Aus diesem Grund haben ich und andere, die zu diesem Werk beigetragen haben, uns bemüht, nachvollziehbar darzustellen, wie – illegal oder legal – vorgenommene Genitaleingriffe an Neugeborenen und Kindern, die zu jung für Proteste waren, häufig verheerendes Leid und eine extreme Einschränkung der Lebensqualität zur Folge haben.

Die meisten Menschen, die in Gesellschaften leben, in denen Beschneidungen durchgeführt werden, egal ob wir über weibliche Genitalverstümmelung, Intersex-Operationen oder die Abtrennung der männlichen Vorhaut sprechen, neigen zu völliger Verdrängung oder sozialer Verblendung. Wäre dies nicht so, wäre es schließlich eine Selbstverständlichkeit, dass jede Art von genitalen Schnitzereien ein alptraumartiges Ereignis für ein Kind darstellt, wobei der schlimmste Alptraum von der Realität übertroffen wird.

Sexuelle Erfahrungen, ob sie nun erfüllend oder traumatisch waren, sind ausschlaggebend für die Sexualität eines Menschen, sie sind so einzigartig, dass auch die genaueste Statistik fast nichts darüber aussagen kann.

Deshalb besteht ein beträchtlicher Teil des vorliegenden Buches aus persönlichen Berichten von Erwachsenen, die sich über ihre Erfahrungen mit Genitalchirurgie und deren Konsequenzen äußern. Wir sollten jenen, die bereit waren, ihre tiefsten persönlichen und häufig schrecklichen Erfahrungen mit uns zu teilen, unbedingt vollkommen unvoreingenommen begegnen, auch wenn wir in einigen Punkten ganz und gar nicht mit ihnen übereinstimmen mögen.

Ziel dieses Buches ist es, letztlich zu einer Art von Verständnis zu kommen, und davon ausgehend, das Notwendige dazu beizutragen, um diese Praktiken zu beenden.

Zunächst geht es darum zu verstehen, wie und warum genitalverändernde Praktiken an Mädchen, Jungen oder Menschen, die weder in die eine noch andere Kategorie fallen, gerechtfertigt werden. Weshalb sie routinemäßig, rituell, aus religiösen Motiven, prophylaktisch, bestrafend, »korrigierend« oder auch mit den besten Absichten durchgeführt werden. Es geht darum, Einsicht zu gewinnen in die versteckten, oft unbewussten Motive, die hinter den an einwilligungsunfähigen Kindern vorgenommenen (Ein)schnitten stehen. Um zu ergründen, welche Strategien notwendig sind, um diese zu beenden, müssen wir den Wert der anekdotenhaften Informationen, die uns zur Verfügung stehen, für uns prüfen.

Es ist nicht unsere Aufgabe, den moralischen Zeigefinger zu erheben. In allen menschlichen Gesellschaftsformen gibt es Tabus, Maßstäbe und Verhaltensregeln, die Menschen aus anderen Kulturen befremdlich oder sogar abstoßend finden. Die sorgfältig vertuschte Geschichte der Genitalchirurgie an nicht einwilligungsfähigen Jungen und Mädchen in den Vereinigten Staaten von Amerika belegt dies sicherlich ebenfalls.

In jeder Gesellschaft schwimmt die Mehrheit mit dem Strom, schon allein deshalb, weil es der Weg des geringsten Widerstandes ist. Aber es gibt immer Einzelne, die das System in Frage stellen und überalterte und anachronistische Praktiken verändern wollen, die Autoritäten ohne Rücksicht auf persönliche Verluste bekämpfen und ihre Bestrebungen teilweise auch durchsetzen können.

Die Absicht dieses Buches ist also, so unparteiisch wie möglich diese Praktiken in all ihren Ausprägungen zu entmystifizieren und das, was damit ursprünglich erreicht werden soll, den tatsächlichen Konsequenzen für das Leben der betroffenen Kinder gegenüberzustellen.

Dieses Buch soll die gegenwärtige Bedeutung aller Formen genitalverändernder Eingriffe hinterfragen, aufklären und Menschen in ihrem Widerstand dagegen ermutigen, in der Hoffnung, dass es mehr werden. Ich hoffe, dass unsere vereinten Kräfte bewirken, dass diese Handlungen nicht mehr als nützlich, sondern als schädlich eingeordnet werden und es gelingt, sie endlich der Vergangenheit angehören zu lassen.

Hanny Lightfoot-Klein, im Januar 2003

Kapitel 1

Die Geschichte der Genitalbeschneidung

»Man sollte wirklich meinen, dass eine so intelligente Spezies wie der Mensch die menschlichen Genitalien in Ruhe lassen könnte. Traurigerweise war dies niemals der Fall. In Tausenden von Jahren in vielen Kulturen fielen sie einer erstaunlichen Vielfalt von Verstümmelungen und Restriktionen zum Opfer. Als Körperteile, die fähig sind, uns so viel Freude zu bereiten, wurden sie unmäßigem Schmerz unterworfen.«

Desmond Morris

Genitalmodifizierende Praktiken für beide Geschlechter gibt es weltweit in vielen Variationen. Sie können wie folgt zusammengefasst werden:

Veränderungen oder Verstümmelungen von gesunden Organen können als kosmetisch oder stigmatisierend eingeordnet werden. Dies kann erreicht werden durch Abbinden, Amputieren, Vernarben, Piercing, Schneiden, Brandmarken, Dehnen und Tätowieren. Es wird rituell, als Form von sexuellem Missbrauch, bestrafend oder willkürlich vorgenommen.

Genitale Veränderungen oder Verstümmelungen bei Männern beinhalten die Entfernung der Hoden (Gonadektomie) oder des Penis (Penektomie), das Aufschneiden des gesamten Penis (Subinzision) oder Beschneidungen (Zirkumzision) sowie Piercing.

Bei den Frauen existieren folgende Maßnahmen: Verschluss der Scheide (Infibulation), Entfernung der Klitoris (Klitorektomie), Entfernung der Schamlippen (Exzision), Entfernung der Klitorisvorhaut (Zirkumzision), Ausschabung des unteren Vaginaldrittels mittels eines scharfen Gegenstandes (Introzision) und Piercing.

Verstümmelungen der weiblichen oder männlichen Genitalien sind weltweit uralte Blutrituale, bei denen genitales Blut eines Individuums vergossen werden muss, um dessen Position in einer gegebenen sozialen Gruppe zu definieren. Über die Ursprünge dieser Rituale gibt es nur Vermutungen, und wahrscheinlich traten sie in verschiedenen Gesellschaften zu unterschiedlichen Zeiten aus verschiedenen Gründen auf.

Obwohl um die Praktiken der weiblichen Genitalverstümmelungen immer ein Mantel des Schweigens gehüllt wurde, ist doch seit den Schriften des Herodot bekannt, dass sie seit mindestens 2500 Jahren in die Traditionen auf dem afrikanischen Kontinent eingebettet sind, vielleicht sogar erheblich länger. Es wird bis heute angenommen, dass sie mit der männlichen Beschneidung in Zusammenhang stehen, aber auch dies konnte bisher nicht bewiesen werden.

WIE UND WARUM ENTSTANDEN DIESE PRAKTIKEN?

Es gibt keinen Weg, genau herauszufinden, wie und warum Genitalbeschneidung begann. Da es keine schriftlichen Quellen gibt, können wir nur spekulieren.

Unter den vielen Autoren des 19. und 20. Jahrhunderts, die sich hauptsächlich mit den religiösen und kulturellen Aspekten der männlichen Beschneidung befassten, gab es einen generellen Konsens, dass die Ursprünge dieser Praktiken viele tausend Jahre zurückreichen. Darstellungen männlicher Beschneidungen waren sogar in Höhlenzeichnungen der Steinzeit gefunden worden.[1] Riten der Initiation, Fruchtbarkeitsriten, die Kontrolle der Sexualität und Merkmale zur Identifikation mit einem Ethnie wurden alle als primäre Bedürfnisse für die vielen Variationen der Genitalbeschneidungen zitiert.

Auch die historischen Schätze und die anthropologischen Funde, die uns heute zur Verfügung stehen, können nicht mehr tun, als uns mit klugen Fragen dazu auszustatten, wie wohl die männliche und weibliche Genitalbeschneidung wirklich begann.[2]

Wir wissen nur, dass diese Praktiken blutige Rituale sind, die tief im Unterbewusstsein der Ausführenden eingebettet sind, und dass sie verwoben sind mit kulturellen Mythen und Werten aus Jahrtausenden.

Um zu begreifen, warum sich die Genitalverstümmelung mit einer derartigen Zähigkeit fortsetzt und warum den Veränderungen dieser Rituale bis zum heutigen Tage solch erbitterter Widerstand entgegengesetzt wird, muss der immensen Macht tradierter Werte und Glaubenssätze Rechnung getragen werden. Und dies gilt weltweit, nicht nur für die sogenannten Entwicklungsländer, sondern auch für die fortschrittlichen Industrienationen.

Wie Wynter[3] behauptet, sind »wir (...) durch sogenannte menschlich ersonnene Vorgänge sozialisiert, genau wie die Beschneider sind auch wir übernatürlich regiert, durch Götter, durch Vorfahren, und wir folgen ihren Geboten.«

Was auch immer die ursprünglichen Gründe für Genitalverstümmelung gewesen sein mögen, so sind sie im Laufe der Zeit durch zeitgerechte sekundäre Rechtfertigungen ersetzt worden. Dazu Montague[4]: »Es gibt immer einen Grund für die ursprüngliche Handlung, mit der Zeit werden immer unterschiedlichere Gründe hinzugefügt, bis der ursprüngliche Grund verloren geht und vergessen wird.«

Genitalbeschneidung ist oftmals nicht nur ein individuelles Zugeständnis an die Gruppenidentität. Da sie von Erwachsenen an Kindern vorgenommen wird, wird mit ihr eine Form der sozialen Kontrolle ausgedrückt, und diese Kontrolle wird seit Jahrtausenden von Generation zu Generation weitergegeben.

Auf die Theorie der sozialen Kontrolle aufbauend, eröffnen uns die Vermutungen von Immermann und Mackay[5] eine weitere interessante Erklärungsmöglichkeit. Sie postulieren, dass die in der Kindheit vorgenommene männliche Beschneidung, deren Resultat die Keratinisierung der Eichel und die neurologische Reorganisation bzw. Atrophie des entsprechenden Hirnareals ist, vielleicht ein Versuch war, einen Mann zu schaffen, der sexuell weniger erregbar war, weniger abzulenken von seinen individuellen Wünschen nach sexuellen Abenteuern, und letztlich von den Autoritäten der Gruppe leichter zu führen. Der gewünschte Effekt der Beschneidung wäre dann sozusagen eine geringgradige neurologische Kastration. Derartige psycho-sexuelle Verwundungen decken sich mit menschlichen Motivationen aus früheren Zeiten. Religionswissenschaftler sind immer wieder zu dem Schluss gekommen, dass die Zirkumzision die männliche Lust kontrolliert und reduziert.[6, 7]

Es steht außer Frage, dass genitalentfernende Praktiken, sowie andere rituell vorgenommene Handlungen ursprünglich darauf abzielten, die Überlebenschancen einer Gruppe zu verbessern oder zu stabilisieren. Spezifische Handlungen, von denen die Gruppe hoffte, die Kräfte der Natur zu kontrollieren oder deren gefürchtete und oftmals grimmige Böswilligkeit und die angestammten Geister irgendwie zu besänftigen. Die Bedeutung, die dieses unabänderbare Dominanzverhalten, also das Vornehmen bestimmter ritueller Handlungen an den eigenen Nachkommen hatte und hat, kann sogar in der sogenannten fortschrittlichen Welt kaum überschätzt werden.

Viele Expert/innen stimmen darin überein, dass Genitalentfernungen ursprünglich Menschenopfer ersetzten. Ein wertvoller Körperteil, wie die männliche Vorhaut, wurde geopfert, um sich des Wohlergehens der Gesamtheit zu versichern.

Zu dieser Theorie passt eine Episode aus dem Alten Testament, die Geschichte von Abraham, dem Gott befahl, seinen erstgeborenen Sohn Isak zu opfern. Die erschreckende Tatsache und die Art, wie Abraham seinen Sohn an die eine und das Messer in die andere Hand nimmt und gehorsam auf den Wahnsinn zusteuert, um Gottes Wunsch zu erfüllen, bedarf keiner weiteren Erklärung.

Eine weitere Erklärung, die zwar als psychologischer Humbug abgetan werden könnte, ist es trotzdem wert, hier erwähnt zu werden. Die Theorie postuliert, dass menschliche Opferriten und Genitalverstümmelungen an Kindern beiderlei Geschlechts ihre Wurzel in einem primitiven Neidimpuls der älteren Generation haben könnten, deren sexuelle Potenz, Fruchtbarkeit und Attraktivität abnimmt, während die Genitalien der Jugend gerade aufblühen und fruchtbar werden. Gemäß dieser Theorie sind solche uralten Rituale auch heute noch tief im menschlichen Unterbewusstsein verankert.

Andere Theorien gehen davon aus, dass männliche Beschneidung von Beginn an die gewaltsame Trennung des Jungen von der beschützenden und ernährenden Mutter bedeutete. Damit erlangte er einen Status in der starken, männerorientierten Gruppenidentität. Gleichzeitig sollte der sexuelle Schwung des Jungen durch die schmerzvolle, niedriggradige neurologische Kastration gebremst werden, um ihn dadurch der Autorität der männlichen Ältesten gefügiger zu machen. Da die Ältesten einer Gruppe unwidersprochen den sexuellen Zugang zu den heranwachsenden Mädchen hatten, ist es nicht unwahrscheinlich, dass die Zirkumzisi-on der jugendlichen Konkurrenten von den Würdenträgern eingeführt wurde, um den Ältesten diese Position der Stärke und der damit verbundenen sexuellen Privilegien so lange wie möglich zu sichern. So konnten sie es vermeiden, ihre heranwachsenden, jugendlichen Herausforderer tatsächlich zu töten, und gleichzeitig den potenziellen Nutzen dieser formbaren Verteidiger ihres Volkes in Kriegszeiten im Auge behalten.

In vielen Kulturen, besonders in den Vereinigten Staaten, wird die Beschneidung an männlichen Jugendlichen bis heute akzeptiert und unglücklicherweise damit gerechtfertigt, dass der beschnittene Penis sauberer und somit gesünder ist.

In vielen afrikanischen Kulturen wird die Entfernung der Vorhaut eines Knaben als Initiationsritus praktiziert, als Prozess, Feuerprobe und als offizieller Eintritt in den Status eines verantwortlichen Erwachsenen innerhalb der Gruppe; dies wird ihm späterhin die Macht verleihen, den Vorsitz über die gleiche Feuerprobe der nächsten Generation zu haben.

Bei der weiblichen Genitalverstümmelung wurden die ursprünglichen Gründe dafür – was auch immer sie gewesen sein mögen – über die Jahre ersetzt durch den Willen der Männer, die weibliche Sexualität gewaltsam zu erniedrigen und zu kontrollieren, um sich der Jungfräulichkeit eines

Mädchen in Vorbereitung auf die Hochzeit und des Frauseins zu versichern und um ferner ihre Unterwürfigkeit und Treue nach der Hochzeit zu gewährleisten.[8]

Das Verlangen, die weibliche Sexualität zu kontrollieren, ist die primäre Begründung für die Fortführung dieser alten Praktiken, die auf dem afrikanischen Kontinent weiterhin einen starken Einfluss haben.

Was erfolgreich aus den Geschichtsbüchern radiert wurde und absichtlich in Vergessenheit geriet, ist die Tatsache, dass dieselben Praktiken in der westlichen Welt verbreitet waren und aus sogenannten medizinischen Gründen durchgeführt wurden. Spitzenreiter waren dabei die Vereinigten Staaten, wo Frauen von der Mitte des 19. bis weit in das 20. Jahrhundert hinein beschnitten wurden.

Auch wenn die (gemeinsamen) Ursachen und Hintergründe der Genitalverstümmelung in verschiedenen Teilen der Welt spannend sind, so gibt es doch ein dringenderes Anliegen, nämlich die Beendigung von Praktiken, die für viele Menschen weiterhin sehr viel Leid bedeuten.

Wie kann in Ländern auf dem afrikanischen Kontinent, in denen Genitalverstümmelung praktiziert wird, das Aufgeben dieser anachronistischen Rituale erzielt werden? Wie kann bei Beschneiderinnen und Beschneidern Bewusstsein und Akzeptanz geschaffen werden, ohne dem Gesamtgefüge ihrer Gesellschaften Gewalt anzutun?

Und wie kann die westliche Welt überzeugt werden, die eigene Irrationalität in Bezug auf Genitalverstümmelung, basierend auf Religion und dem Glauben an medizinische »Gesetze«, zu sehen und zu begreifen, so dass auch hier diese medikalisierten Barbareien beendet werden können?

Anmerkungen

1 Wallerstein, E., (1980)
2 Lightfoot-Klein, H., (1989a), S. 28.
3 Wynter, S., (1997)
4 Montague M.F.A., (1946)
5 Immerman R.S., Mackey WC., (1998)
6 Maimonides, Moses, (1881)
7 Al-Mannawi, Muhammad Abd-al Ra'uf, (1995)
8 Davis, E.G., (1975), S.154.

Kapitel 2

Die jüngste Geschichte der Sexualchirurgie in der westlichen Welt

»Wir hatten ein Treffen, ungefähr fünfzig Frauen von uns aus ganz Afrika, um uns gegenseitig zu unterstützen und zu helfen. Alle diese Frauen ärgerten sich über und bedauerten dieselbe Tatsache. Sie sagten: Schaut euch an, was diese weißen Frauen uns antun. Sie reden über weibliche Genitalverstümmelung in Afrika und sie denken, sie hätten das Recht, uns zu diktieren, was wir tun sollten. Und was uns am meisten verletzt ist, dass sie uns das Gefühl geben, zur schlimmsten Sorte von Kriminellen zu gehören. Sie tun so überlegen und behandeln uns wie den letzten Dreck.«

Meserak »Mimi« Ramsey, Anti-FGM*-Aktivistin aus Äthiopien

Es ist schon ironisch, dass, während sich europäische Missionare des 19. Jahrhunderts bemühten, der in ganz Afrika verbreiteten Genitalverstümmelung ein Ende zu setzen, das medizinische Establishment der Vereinigten Staaten genauso rege versuchte, Masturbation und unkontrollierte Sexualität durch die Anwendung von Genitalbeschneidung zu unterbinden.

Exzisionen und Infibulationen kommen nicht nur in Afrika oder auf der arabischen Halbinsel vor, wie noch immer allgemein angenommen wird. Wie eine Reihe von gut informierten Afrikanerinnen und Afrikanern zu recht immer wieder kritisch hervorhebt, wurden diese Praktiken über lange Zeit in vielen Teilen der westlichen Welt praktiziert, aber nirgends so energisch und bis in die jüngste Zeit reichend wie in den USA.

»Wenn einem das Fehlen eines energischen afrikanischen Protestes gegen Beschneidung über das eigene Fassungsvermögen geht, so sollte es einem doch auch bewusst werden, dass, als die Klitorektomie in den Vereinigten Staaten von Amerika eingeführt und für lange Zeit praktiziert wurde, es weder von Frauen noch von Männern signifikante Proteste gab.

---

*FGM = Female Genital Mutilation/weibliche Genitalverstümmelung

Es scheint ungerecht, Amerika und die Dritte Welt zu vergleichen. Der kritische Faktor ist, dass die Klitorektomie, ob sie nun als Initiationsritus oder Masturbationsstop praktiziert wird, ganz einfach unmenschlich ist.«

Edgar Wallerstein

1997 erschien in den USA ein Bericht mit dem Titel »Natürliche Ursachen«. Der zurückhaltende Ton und der geschliffene Stil des Autors konnten den schockierenden Inhalt seines Textes nicht beschönigen. Er beschrieb das verpfuschte Leben seiner Mutter. Sie war Anfang des 20. Jahrhunderts in eine jüdische Oberschichtfamilie hineingeboren worden und wurde im Alter von fünf Jahren von einem nichtjüdischen Arzt beschnitten, der sich auf diese Eingriffe spezialisiert hatte. Ihre wiederholten Suizidversuche missglückten und ihr endgültiger Tod fand mit der Unterstützung ihres Sohnes statt, obwohl es ihm das Herz brach.[1] Er erinnert sich, dass seine Mutter die wuterfüllteste Person war, die er je gekannt hatte.

Ihre Geschichte, wie er sie erzählt, beginnt folgendermaßen:

»1916 wurde bei meiner Mutter im Alter von fünf Jahren eine Klitorektomie durchgeführt, um sie vom Masturbieren abzuhalten. Die Operation wurde auf Wunsch ihrer Mutter vorgenommen, nicht in Afrika, sondern im schicken Manhattan, wo sie geboren worden war, in der Praxis eines distinguierten Gynäkologen, dessen Gebühren seinem Ruhm entsprachen. Ich erfuhr 1944, als ich 14 Jahre alt war, durch meinen Vater davon, der mir detailliert erklärte, warum sie sich scheiden lassen wollte. Ich ging sofort zu meine Mutter, um die Wahrheit herauszufinden.

Ich erinnere mich deshalb an diesen Tag besser als an andere Tage, weil es das erste Mal war, dass ich meine Mutter weinen sah. Sie bestätigte die Verstümmelung, verneinte aber, dass diese der Scheidungsgrund sei und fügte hinzu, dass sie diese Angelegenheit niemals wieder erörtern würde.«

Zu dieser Zeit glaubte der Autor, die tragische Situation seiner Mutter sei einzigartig, dass sie von einem mysteriösen und böswilligen Schicksal auf unglaubliche Art und Weise auserkoren und verkrüppelt worden war. Erst viele Jahre später, als er begann, Ärzte der Generation seiner Großmutter zu befragen, fand er heraus, dass er damit ganz und gar falsch lag. Einer dieser Ärzte, ein Gynäkologe in den Achtzigern, enthüllte ihm, dass Genitalverstümmelungen an amerikanischen Frauen seit der Mitte des 19. Jahrhunderts in den USA ein lukratives Geschäft waren, das sicher bis 1927, aber sehr wahrscheinlich noch viel länger, praktiziert wurde. Es war ein Geschäft, über das die meisten Menschen, und Ärzte im Besonderen, später nur sehr ungern sprachen. In seinen Ausführungen beschrieb der Arzt dem sensiblen, jungen Mann mehr klinische Details der genitalen Verstümmelung, als dieser emotional verarbeiten konnte; und innerhalb eines Jahrzehnts hatte er die ganze Angelegenheit weitgehend erfolgreich verdrängt.

»Selbst jetzt«, fährt der Erzähler fort, *»über vierzig Jahre nach meiner ersten Entdeckung, wo Menschen so behutsam mit den Gräueltaten der Klitorektomie in Afrika umgehen, weisen sie selbst die leiseste Anspielung, dass dieser Brauch einst in ihrem Land populär gewesen sein könnte, strikt zurück. Auf einer Party vor einiger Zeit, als die Gäste beim Essen über die barbarischen Klitorektomien in islamischen Kulturen zu reden begannen, fragte ich sie, ob sie die gleichen Ausdrücke auch benutzen würden, um gynäkologische Eingriffe im 19. Jahrhundert zu beschreiben, aber keiner verstand, wovon ich redete. Sie ignorierten das Thema einfach und schwenkten zurück zu ihrem Gespräch über Muslime.«*

Das Thema beschäftigte den Autor noch ein weiteres Mal. Er konsultierte die Jahrbücher der American Medical Association (gegründet 1847), mit der sicherlich berechtigten Hoffnung, hier die entsprechenden Fakten zu finden. Zu seiner Enttäuschung und zu seinem Ärger war hier nichts verzeichnet. Er musste feststellen, dass es scheinbar üblich war, obsolete oder in Misskredit geratene medizinische Praktiken aus den medizinischen Annalen zu entfernen, so als hätten sie niemals existiert. Erfolge werden freudig publiziert, während Fehlschläge, besonders die größeren Ausmaßes, unter den Teppich gekehrt und, so hofft man, vergessen werden, was gewöhnlich auch geschieht. Unethisch? Vielleicht, aber nicht unüblich im amerikanischen Gesundheitswesen.

Der Autor bekam die Information, die er suchte, schließlich von seiner Mutter, als diese kurz vor ihrem Tod ihr Schweigen ein zweites Mal brach:

»Ich erinnere mich nicht an physische Verletzungen, aber ich sehe mich in der Praxis eines fremden Arztes stehen. Ich wusste nicht, warum ich dort war, ich hatte Angst, war aber bemüht, diese nicht zu zeigen. Ich glaube, das, was er tat, schmerzte erst später, aber ich war ein wütendes Kind, das nicht weinte. Deine Tante Edna und ich teilten ein Schlafzimmer. Ich war damals fünf Jahre alt und Edna war drei. Ich erinnere mich, wie ich in jener Nacht im Bett lag ... das ›Fräulein‹, unsere Gouvernante, wickel-

te Watte um ein orangefarbenes Stäbchen, tunkte die Watte in Jodlösung, spreizte meine Beine und trug das Jod auf die frische Wunde auf. Auch an diesen Schmerz erinnere ich mich nicht. Alles, woran ich mich erinnere ist, dass Edna fragte, warum ich so laut schreie und das Fräulein antwortete: ›Dorothy ist ein schmutziges Mädchen gewesen.‹ Sie dachten, sie hätten mich gebrochen, aber da lagen sie falsch, ich fand Wege, sie zu umgehen. Das nächste Mal, als sie mich erwischten, wurde mein Bett gegen eines mit seitlichen Streben ausgetauscht. Sie fixierten mein Hand- und Fußgelenke mit Lederriemen an den Streben, taten eine Metallklammer zwischen meine Knie und so schlief ich. Aber ich fand immer noch Wege, sie zu umgehen, mach dir da mal keine Sorgen drüber.«

Empfehlungen zur Klitorishypertrophie und Klitoridektomie in frühen Schriften

Die Geschichte der chirurgischen Eingriffe an weiblichen Genitalien in der westlichen Zivilisation ist bis heute weitgehend verborgen geblieben und wurde vollständig getrennt betrachtet von den genitalen Eingriffen, wie sie heute in der nicht-westlichen Welt vorkommen. Tatsächlich existierte noch bis vor kurzem eine größere Fülle an Literatur über Beschneidung in afrikanischen Ländern als über die genitalverändernde Chirurgie in Nordamerika und Europa.

Einige Schriften über Genitalchirurgie in der westlichen Welt haben seit dem Römischen Reich überdauert. Dort waren diese Praktiken bekannt und wurden von den Ärzten jener Zeit diskutiert. Historische Zeugnisse deuten darauf hin, dass zur Behandlung seltener Fälle von extremer Hypertrophie (Vergrößerung) der Klitoris in Europa bereits im 6. Jahrhundert die Klitorektomie praktiziert wurde.[2] Auch in jüngerer Zeit erregte die Klitorishypertrophie in der westlichen Welt immer wieder die Aufmerksamkeit medizinischer und zeitgenössischer Beobachter, insbesondere, wenn sie in der Öffentlichkeit zur Schau gestellt wurde oder mit anderen anatomischen Anomalien einherging. Im Jahre 1777 wurde Marie Lange, ein weiblicher Hermaphrodit mit einer 17,8 cm langen Klitoris, in Paris und London ausgestellt. Leider konnten keine Quellen gefunden werden, die Hinweise darauf geben, ob sie einem chirurgischen Eingriff unterzogen wurde oder ihr Leben mit dieser Anomalie fortsetzen durfte.

Eine andere Quelle beschreibt die Hypertrophie der Klitoris bei einer jungen englischen Frau namens Marie Lefor. Die Ausmaße ihrer Genitalproportionen sind nicht überliefert. Und es ist ebenfalls unbekannt, ob sie operiert wurde oder nicht.

Europa im 19. Jahrhundert: Weibliche Hypersexualität wird zur ernsthaften und chirurgisch zu behandelnden Erkrankung

Eine hypertrophierte Klitoris wurde als ein Fehler der Natur angesehen, als Verunstaltung und als Ursache für weibliche Hypersexualität. Trotzdem galt weibliche Hypersexualität, obwohl als unfeminin angesehen, bis zum 19. Jahrhundert nicht als Erkrankung. Mit der Einführung der Anästhesie entwickelte sich die Chirurgie schnell zu einer neuen Fachrichtung der Medizin und begann, als Behandlungsmethode für eine wachsende Anzahl von Krankheiten angewandt zu werden. Diesem Trend folgend, wurde die Klitorektomie Mitte des 19. Jahrhunderts als eine Therapie der Hypersexualität anerkannt.

Bald wurde Sexualität im Allgemeinen und Masturbation im Besonderen als die Hauptursache für eine große Bandbreite von Krankheiten angesehen. Eine wachsende Anzahl von chirurgischen Spezialisten »entdeckte«, dass Masturbation die Wurzel allen Übels war und unwiderruflich zum Wahnsinn und sogar zum Tode führen würde, wenn nicht präventiv eine sofortige und drastische chirurgische Intervention durchgeführt würde.

Der Historiker F. Hodges und andere schrieben das Auftauchen solch bizarrer Einfälle der raschen Modernisierung und Industrialisierung dieser Zeit und den daraus resultierenden enormen sozialen und gesellschaftlichen Ängsten zu, von denen die Gesellschaft weitgehend erfasst war.[3]

Mit dem kapitalistischen Wirtschaftswachstum der Städte wuchs auch die wirtschaftliche und politische Macht der Mittelschicht, die begann, die Sozialmoral und den Platz des Einzelnen in der Gesellschaft neu zu definieren. Die Medizin begann sich zu einer hochlukrativen und hartumkämpften Angelegenheit zu entwickeln. Der ärztliche Beruf unterlag bisher keinen Bestimmungen und bis weit ins 19. Jahrhundert hinein gab es keine Berufserlaubnis für Ärzte, so dass jeder selbsternannten Experte sein Gewerbe auf seine Art betreiben konnte.

Je prächtiger die Versprechungen des Praktizierenden, desto einfacher war es für ihn, Patienten anzuwerben. Ausgefallene Erklärungen für eine Fülle von Erkrankungen und durch die Umwelt verursachte Schäden sowie entsprechend bizarre »Behandlungen« fanden eine große Verbreitung und Gefolgschaft in der neuen urbanen Wohlstandsgesellschaft.[4] Die ausschließlich männlichen »Götter in Weiß« kriminalisierten konspirativ die weibliche Hebammenarbeit und Heilkunst früherer Zeiten. Die angewandten Methoden einiger dieser »Experten«, die eigentlich keinerlei Kenntnisse der Physiologie und Bakteriologie hatten, waren invasiv und brutal. Um ihre Unfähigkeit zu kompensieren und um ihren Sozialstatus zu festigen und auszubauen, begannen die Doktoren mit der Unterstützung ihrer Anhänger, eine neue, weit mächtigere Rolle einzunehmen: Sie wurden zu den neuen selbsternannten Hohepriestern der Sittlichkeit.

Ursachen der Sexualfeindlichkeit der Viktorianischen Ära

Feministische Theoretikerinnen neigen dazu, die im 19. Jahrhundert leichtfertig durchgeführten Klitorektomien und einschneidendere Verstümmelungen weiblicher Genitalien der herrschenden patriarchalischen Gesellschaft zuzuschreiben, einer Gesellschaft, die allem Weiblichen ängstlich und feindlich gegenüberstand.[5] Dies mag aus rein historischer oder sexualwissenschaftlicher Sicht zutreffen, es ist aber offensichtlich, dass nicht nur die weiblichen Genitalien zur Verstümmelung herausgesucht wurden, sondern dass sich tatsächlich rapide eine Sexualfeindlichkeit ausbreitete, die wahllos alle Mitglieder der Gesellschaft betraf.[6]

> *»Die Viktorianische Gesellschaft ängstigte sich vor sexuellen Angelegenheiten, und die Vorstellung, dass die strikte puritanische Sexualmoral des 18. Jahrhunderts ihrem Untergang entgegensah, bot praktizierenden Ärzte ausreichend Nährboden, um eine breite Palette von physischen und psychischen Krankheiten der exzessiven sexuellen Energie, der Masturbation und anderen Formen sexueller Aktivität zuzuschreiben.«*
>
> Morris L. Sorrells

Im vorindustriellen Zeitalter wurde in der traditionellen Agrargesellschaft das Erwachsensein und die damit verbundene sexuelle Aktivität ab der Pubertät akzeptiert. Dagegen befand es die industrialisierte Gesellschaft für nötig, den Übertritt in das Erwachsenenalter um ein weiteres Jahrzehnt oder mehr hinauszuschieben, um es den jungen Männern der Mittelschicht zu ermöglichen, die professionelle, akademische Erziehung abzuschließen, die ihnen die moderne industrialisierte Kultur vorschrieb. Konform mit der neu erfundenen Mittelstandsmoral, erklärten die Hohepriester der Sittlichkeit, dass »Kinder« bis zu ihrer nun verspäteten Eheschließung in einem Status der totalen Asexualität bewahrt werden müssten. Junge Menschen beiderlei Geschlechts, die nicht in der Lage waren, ihren Geschlechtstrieb zu unterdrücken, mussten deswegen eine Vielfalt von medizinischen und chirurgischen Interventionen über sich ergehen lassen.

Anfang des 19. Jahrhunderts trat die Entfernung der Klitoris in Erscheinung, die Vielzahl an medizinischen Erklärungen und Rechtfertigungen dafür war beachtlich. Gleichzeitig erschien eine zunehmende Anzahl detaillierter Fallstudien, die sich mit der »Pathologie« und der chirurgischen Entfernung dieses Organs beschäftigten.[7] Die Klitorektomie avancierte schnell zur bevorzugten Behandlungsmethode bei der »Hypersexualität« der Frau. Die medizinische Literatur jener Zeit ergeht sich in enthusiastischen und lobenden Berichten von verschiedenen Chirurgen. Man schreibt über Entfernungen der Genitalorgane bei Menschen beiderlei Geschlechts und rühmt den Benefiz für die Moral und die Gesundheit.

Die Ausbreitung der Sexualfeindlichkeit und der therapeutischen Genitalablationen

In den Vereinigten Staaten legten die Menschen zur selben Zeit generell mehr Wert auf Individualität als ihre europäischen Zeitgenossen, und so lehnten viele es zunächst ab, die Theorie verschiedener Autoren dieser Berichte zu akzeptieren, dass Masturbation eine Gesundheitsgefährdung größeren Ausmaßes darstellte. Doch schon bald begann man sich in einer wachsenden Flut medizinischer Berichte und Artikel mit den angeblich so grausigen Konsequenzen der »Selbstbefleckung« zu beschäftigen. Und so wurde die Theorie schließlich vom medizinischen Establishment und somit von der amerikanischen Öffentlichkeit als unumstößliche Wahrheit angenommen.

Die Verantwortung für die chirurgischen Gräueltaten, die nun folgten, kann aber nicht allein den eifrigen Medizinern in die Schuhe geschoben werden. Hätten Eltern, Lehrer und Geistliche nicht aus ganzem Herzen die Autorität der Mediziner begrüßt und unterstützt, hätte das sich entwickelnde Geschäft mit den chirurgischen Kuren ein schnelles und verdientes Ende gefunden. Doch das Versprechen einer schnellen und einfachen Operation entsprach der amerikanischen Mentalität, dem Glauben an unkomplizierte und direkte Problemlösungen.

Die Pathologie der Masturbation

»Under the spreading chestnut tree,
The village idiot sat,
Amusing himself by
abusing himself,
And catching the drops in his hat«

(Unter der ausladenden Kastanie

saß der Dorftrottel,
der sich amüsierte,
indem er sich schändete
und die Tropfen in seinem Hut auffing.)

Anonym

Die Pathologisierung normalen sexuellen Verhaltens unter jungen Menschen hatte möglicherweise eine wachsende Masturbationshysterie zur Folge, die Ärzte mit der Macht ausstattete, über die Sexualität der Gesellschaft zu bestimmen. Der *Lancet*, ein hochangesehenes britisches Medizinjournal, berichtete 1825 über eine in Berlin durchgeführte Klitorektomie. Die 14-Jährige, von der behauptet wurde, sie sei geistig erheblich zurückgeblieben, wurde als Patientin mit einer langen Geschichte exzessiver Masturbation und Nymphomanie beschrieben. Dieser Bericht schrieb der Klitorektomie, die an dem Mädchen vorgenommen wurde, neben der Heilung der sexuellen Störungen auch noch ganz andere erstaunliche postoperative Auswirkungen zu:

»Nach der Verheilung der Wunde wurde eine bemerkenswerte Verbesserung aller Symptome beobachtet. Der Hang zur Selbstbefleckung war nahezu ausgelöscht. (...) Die intellektuellen Fähigkeiten der Patientin begannen sich wie von selbst zu entwickeln. Es ist ein bemerkenswerter Umstand, dass dieses junge Mädchen aus der moralischen Lethargie, in der es seit seiner Kindheit versunken war, ohne weitere Interventionen oder Übungen herausfand, und den Charakter und die Gewohnheiten einer Erwachsenen annahm.« [8]

Mitte des 19. Jahrhunderts, in der vorwissenschaftlichen Zeit der westlichen Medizin, wurde eine ganz erstaunliche Vielfalt von Gründen erfunden, um die Klitorektomie durchzuführen. Lesbische Praktiken, vermutete lesbische Neigungen und die Aversion gegen Männer gehörten dazu.[9] Ebenso weibliche Geisteszustände wie Hypersexualität, Hysterie und Nervosität.[10] Eine Reihe von Ärzten griff sogar bei der Behandlung von Epilepsie, Katatonie, Melancholie und Kleptomanie auf die Klitorektomie zurück.[11] Aber der hauptsächliche Grund für diese Operation blieb nach wie vor die Masturbation, die inzwischen durchgängig als gesundheitsgefährdend und höchstgradig moralisch abartig eingestuft wurde. Die Ärzte begannen nun, ihre Pathologisierungen auf alle sexuellen Vergnügungen auszudehnen. Erotische Gefühle bei Männern und Frauen aller Altersklassen wurden zur Abartigkeit und der Orgasmus zum Krampfanfall umdefiniert und als Laster verschrien, welches zu unheilbaren Erkrankungen und zur Degeneration beider Geschlechter führe.

Ein Leitartikel, der im *New Orleans Medical and Surgical Journal* veröffentlicht wurde, bezeichnete Masturbation nicht nur als eine Vorstufe zur Prostitution, sondern brachte sie auch mit weißem Ausfluss, uterinen Blutungen, Gebärmuttervorfall, Krebs, funktionellen Erkrankungen des Herzens, Herzrasen, Wirbelsäulenproblemen, Hysterie, Krämpfen, Mangelerscheinungen, Auszehrung, Schwachsinn und Manie in Verbindung.

Ein französischer Arzt ging noch einen Schritt weiter:

> *»Meiner Ansicht nach haben weder die Pest noch die Pocken, weder Kriege noch eine Fülle von ähnlichen Schrecknissen mehr Unglück über die Menschheit gebracht, wie die schlechte Angewohnheit zur Masturbation: sie ist das zerstörerische Element der zivilisierten Gesellschaft.«*[12]

Sylvester Graham, ein einflussreicher amerikanischer Gesundheitsreformer warnte 1834 davor, dass ein Individuum, welches masturbiere, »unwiderruflich zum Idioten degenerieren würde«.

Das medizinische Establishment legte schon bald die anzuwendende Behandlung für diese ihrer Meinung nach undiskutable Tatsache eines gravierenden Charakterdefektes fest: die sofortige und vorzugsweise hochgradig schmerzhafte chirurgische Entfernung des anstößigen Organs.

> *»Ich schreibe mir selbst insofern eine gewisse Autorität zu, weil ich noch niemals versagt habe, epileptische Anfälle bei kleinen Jungen durch Zirkumzision zu unterbinden, selbst bei Fällen, die mehr als 30 Anfälle pro Tag hatten.«*
>
> Dr. E.W. Feige, *Medical World* 1915

Ein trauriges Beispiel für die Unwissenheit und Verblendung, die das Gesundheitswesen jener Zeit durchdrungen hatten, war die Erklärung, die 1889 der ehemalige Präsident der Gesundheitskommission von Lousiana und Professor der Medizin abgab: Erstens sei hoffnungslose Geisteskrankheit eine der vielen verheerenden Folgen der Masturbation, und zweitens würden die Nachkommen des Masturbierenden auch von erblichem Schwachsinn befallen sein.[13]

In der ersten Hälfte des 19. Jahrhunderts fanden die Legenden über die Klitoris und die sagenhaften Vorzüge ihrer Entfernung bei immer mehr amerikanischen Ärzten großen Anklang. Jedes Vorkommen selbst der leichtesten Form von Selbstbefriedigung in der Kindheit, Jugend und selbst unter Erwachsenen wurde sofort als exzessiv bezeichnet. Bei Frauen wurde die Masturbation zum unwiderlegbaren Leitsymptom der Nymphomanie, der meistgefürchteten, schrecklichsten weiblichen Abnormität.

Die spekulative medizinische Literatur hatte die Nymphomanie zuvor dem Uterus zugeschrieben. Später glaubte man, sie hinge mit den Eierstöcken zusammen, und schließlich war man bei der Klitoris angekommen. Daraus resultierten im frühen 19. Jahrhundert eine Flut von Klitorisexzisionen in Deutschland, Frankreich und England. Während die chirurgischen Entfernungen im viktorianischen England für kurze Zeit beliebt waren, bildete sich in Frankreich so viel Opposition, dass sie schließlich gesetzlich verboten wurden.

Bemerkenswert ist, dass die Klitorektomie in den Vereinigten Staaten über 50 Jahre lang in Mode war, während ihre Popularität in jedem anderen Land der westlichen Welt nur kurz währte.

Hysterektomie, Ovarektomie und Infibulation der Labien in den USA

Um der Masturbation ein Ende zu setzen, weiteten Ärzte in den Vereinigten Staaten die weibliche Beschneidungen auf die Entfernung der Eierstöcke aus, doch bis 1880 hatte man diese chirurgische Kombination wieder weitgehend aufgegeben. Die Klitorektomie wurde weiter in großem Rahmen vorgenommen und zusätzlich zur Entfernung der Klitoris wurden drastischere operative Eingriffen ausprobiert, um Masturbation zu verhindern: die Entfernung der Schamlippen, mit oder ohne operativen Verschluss. Diese Operationen sind deshalb von besonderem Interesse, weil es keine medizinischen Vorläufer gab. Es ist nicht bekannt, ob sie die grausame Erfindung eines vom Anti-Masturbations-Wahn befallenen westlichen Chirurgen waren, oder die eines Arztes, der auf Fernreisen durch afrikanische Zeremonien inspiriert worden war.

Routinemäßige genitale Eingriffe bei Frauen und Männern in Anstalten für Geisteskranke

1845 publizierte das *Boston Medical and Surgical Journal* eine Fallstudie von Dr. Samuel McMinn. Demnach hatte eine »geisteskranke« Frau in Tuscaloosa, Alabama, sich selbst ihre äußeren Genitalien vollständig mit einem Rasiermesser abgeschnitten. Es wurde selbstverständlich angenommen, sie würde an den selbst beigefügten Wunden sterben, aber zur allgemeinen Überraschung überlebte sie nicht nur das massive Trauma, sondern erlangte nach der körperlichen Genesung auch ihre geistige Gesundheit wieder. Die Überschrift des Artikel ließ keinen Zweifel an der Überzeugung des Autors, dass eine solche »Behandlung« ein wirksames Heilmittel sei: »Geisteskrankheit wurde geheilt durch die Entfernung der äußeren Fortpflanzungsorgane.«[14]

Wer in der damaligen Zeit die Einweisung einer Person in eine Irrenanstalt veranlassen wollte, brauchte dafür einzig das Einverständnis zweier untersuchender Ärzte. Eine ungehorsame Frau, eine quengelnde Schwiegermutter oder ein unartiges Kind, kurz, jede Person, deren Benehmen für den Haushaltsvorstand inakzeptabel war, konnte somit bequem abgeschoben werden.

Alle Entscheidungen, die die medizinische Behandlung eingewiesener Patient/innen betrafen, fielen in die Zuständigkeit der jeweiligen Institution. Wer einmal als »Irrer« abgestempelt und in einer solchen Institution gelandet war, verlor alle Rechte an seiner oder ihrer Person. In den »Irrenanstalten« wurden weibliche und männliche Insassen in großem Ausmaß sterilisiert bzw. kastriert, um Masturbation vorzubeugen und um angeblich ihre Verrücktheit zu kurieren. Bis zu Beginn des 20. Jahrhunderts entfernte man in Nervenheilanstalten Frauen, die der Masturbation verdächtigt wurden, die Klitoris und die Eierstöcke, um sie von der Hysterie, Epilepsie und Nymphomanie zu heilen.[15]

Die *San Francisco Medical Press* berichtete 1862 über die »Therapeutische Klitorektomie«. Die Zusammenfassung las sich wie folgt:

> *»Dr. E. S. Cooper, der Herausgeber der* San Francisco Medical Press *verglich zwei Fälle von mit dem Skalpell durchgeführten Entfernungen der Klitoris bei jungen Mädchen, die gewohnheitsmäßig der Masturbation verfallen waren, und für die es keine andere Alternative gab als die hoffnungslose Geisteserkrankung oder ein frühes Grab. Das Ergebnis war die perfekte Heilung in einem Fall. Im anderen Fall wurde die üble Gewohnheit aufgegeben und die geistigen Fähigkeiten verbesserten sich alle bis auf die Erinnerungsfähigkeit, welche nicht wieder hergestellt werden konnte.«*[16]

Aufstieg und Fall des Dr. Isaac Baker Brown

In England erreichte der Klitorisentfernungswahn seinen Höhepunkt in den sechziger Jahren des 19. Jahrhunderts. Ihr eifrigster Verfechter war Dr. Isaac Baker Brown, ein hoch angesehener britischer Chirurg, der Tausende solcher Eingriffe an Frauen mit jeder vorstellbaren Indikation persönlich durchgeführt hatte.

Zu dieser Zeit war über die Struktur und die Funktion des Nervensystems nur wenig bekannt. Brown mutmaßte, dass die Ursachen für ein weites Spektrum von Erkrankungen in einer Überstimulation des Nervus Pudendus zu suchen waren. Dies ging einher mit der Theorie der Reflexneurologie, die französische Neurologen in der zweiten Hälfte des 19. Jahrhunderts erfunden hatten; sie postulierten, dass die Überstimulation der Nerven peripherer Organe über nervale Wege zum Rückenmark und von dort aus zum Gehirn wandere.[17] Die Philosophie von Tissot.[18] begann, einen Einfluss auf die medizinische Philosophie zu haben. In einer Abhandlung vertrat er die Meinung, dass Masturbation bei Männern schwächende und potenziell fatale Auswirkungen habe, die mit einer Verschwendung des Samens einherginge, von dem geglaubt wurde, es gäbe davon nur ein endliches unersetzliches Reservoir.

Brown beanspruchte die Wunderheilungen durch die Klitorektomie für sich[19] und empfahl, diese Operation als Behandlung bei Epilepsie, Hysterie und Masturbation überall in der Englisch sprechenden Welt anzuwenden. Sein beinahe fanatischer Eifer mag auf seinen Ausschluss von der Gesellschaft für Geburtshilfe in London im Jahre 1867 zurückzuführen sein, als das dortige medizinische Establishment seine Thesen in Zweifel zog, seine Methoden als Verrat am allgemeinen Konsens verschrie und seine Behauptungen und Heilerfolge zurückwies.

Verschiedene Quellen belegen, dass Browns Niedergang von einer Reihe von Mitstreitern eingeleitet wurde, die auf seinen wachsenden Ruhm und den damit verbundenen Reichtum neidisch waren. Es gab Beweise dafür, dass er in seinem »London Surgical Home« psychiatrische Patient/innen aufgenommen und behandelt hatte, womit er die Autorität der Psychiater unterwanderte, die eigentlich für diese zahlenden Patient/innen zuständig waren.

Noch belastender war, dass Brown für schuldig befunden wurde, versäumt zu haben, seine weiblichen Patienten über die Eingriffe aufzuklären und ihr Einverständnis einzuholen. Er verfuhr routinemäßig so, dass er alle Frauen, die das Unglück hatten, seine Klinik zum Zweck einer Konsultation zu betreten, chloroformierte und ihnen ungeachtet ihres Beschwerdebildes die Klitoris entfernte. Als sein bizarrer Verstoß gegen die ethischen Normen der Medizin ans Tageslicht kam, überschlug sich die medizinische Presse Großbritanniens förmlich dabei, Brown zu diskreditieren, und die »London Obstetrical Society« ordnete die Einstellung seiner chirurgischen Tätigkeit an. Er wurde gezwungen, den Vorsitz der »British Medical Society« niederzulegen und starb einige Jahre später in Armut und Schande.

Um den Fall Brown gerecht beurteilen zu können, muss daran erinnert werden, dass buchstäblich alle praktizierenden Ärzte jener Zeit herumexperimentierten und darum kämpften, die richtigen Behandlungen für Krankheiten zu finden, für die es noch keine Heilung gab.

Experimentelle, oft drastische chirurgische Praktiken gingen einher mit einem wachsenden Glauben an die menschliche Überlegenheit und an die Technologie. Dem gegenüber nahm der Glaube an die Kraft der Religion, an die spirituelle Welt und an Amulette, die die Leute davor schützen sollten an Gangrän, Pocken und Typhus zu sterben, ab. Ärzte wehrten sich zunehmend, hilflos am Krankenbett zu stehen, um ihren Patienten beim Sterben zuzusehen und fanden den Stoizismus in der Medizin nicht mehr akzeptabel. Man vertraute immer mehr darauf, dass Ärzte tatsächlich die Macht hatten zu heilen, und die Menschen unterwarfen sich in verzweifelten Situationen dieser Macht, ohne Rücksicht auf die teilweise extremen Auswirkungen.

Browns kometenhafter Aufstieg in der medizinischen Szene Englands war das Resultat seiner brillanten innovativen Techniken auf dem Gebiet der operativen Gynäkologie. Zu seiner Verteidigung muss angeführt werden, dass er seine Fehlschläge ebenso wie seine Erfolge in der medizinischen Literatur veröffentlichte, und damit ein couragiertes Beispiel setzte, dem seine Kollegen offensichtlich nicht folgen konnten. Dem hohen Aufstieg folgte ein tiefer Fall, und man gab die Praxis der Klitorektomie in England weitgehend auf.[20]

Fortsetzung der Klitorektomie in den Vereinigten Staaten

In den USA wurde Brown dagegen heftig von der Presse verteidigt. Der Herausgeber des *Medical Record*, einer in Philadephia ansässigen Zeitschrift, kritisierte vehement die schnell wachsende Anti-Klitorektomie-Bewegung in England: »Was wird nun die letzte Heilungschance für die armen epileptischen Frauen mit ihrer Klitoris sein?«[21]

Obwohl Brown im eigenen Land als falscher Prophet und Quacksalber diskreditiert worden war, war er in der medizinischen Philosophie und Berufsausübung in den Vereinigten Staaten weiterhin einflussreich und prägend. Beim Vater der Psychoanalyse, Sigmund Freud, dessen Theorien während der Nazi-Herrschaft in Österreich als Verirrung und jüdische Perversionen galten, geschah etwas Ähnliches – obwohl die Ablehnung seiner Lehren in Europa in Frage gestellt werden muss. In den USA trug seine Monografie über eine neurologische Erkrankung, die er »Neurasthenie« nannte und mit der Masturbation in Verbindung brachte, viel dazu bei, die fortbestehende Sexualfeindlich-keit zu verstärken und zu unterstützen.

US-amerikanische Ärzte hingen weiter dem Glauben an, die Klitoris sei ein gefährliches und gesundheitszerstörendes Organ. So fuhren sie nicht nur begeistert damit fort, auch nach Browns Niedergang Klitorektomien durchzuführen, sondern erweiterten den Eingriff noch einmal um die Entfernung der Eierstöcke (Oopharektomie/Ovarektomie genannt).[22] Es gibt keine Aufzeichnungen über die Anzahl dieser kombinierten Eingriffe (siehe S. 28), aber es wird geschätzt, dass sie sich auf einige zehntausend beliefen.

Von 1890 bis 1923 führte die »Orificial Surgical Society«, eine Außenseitergruppierung der Medizin, Tausende von genitalen Eingriffen an Männern und Frauen durch, die weit über die Behandlung der Masturbation hinausgingen. Die Anhänger dieser Gruppierung waren davon überzeugt, dass dieses Verfahren unter anderem chronische Kopfschmerzen, Hüft-Arthritis, Wasserköpfe, Herzkrankheiten, Ekzeme, Ungehorsam, Wahnsinn, Idiotie, Sehschwäche, Melancholie, Kleptomanie und andere Krankheiten heilen könnte.

Entfernung von weiblichen Sexual- und Fortpflanzungsorganen als Mittel zur sozialen Kontrolle

Die intensive Recherche Feiblemans[23] brachte 1997 erstmals die erschreckende und deprimierende Dimension der systematischen Entfernung weiblicher Sexual- und Fortpflanzungsorgane in den USA ans Tageslicht. Seine Untersuchungen belegen auch die horrenden Zahlen und die tatsächlichen Gründe für die Durchführung dieser Eingriffe, die sich nur unwesentlich von den Begründungen unterscheiden, mit denen Frauen in großer Zahl noch heute in afrikanischen Ländern genital verstümmelt werden.

Um 1885 herum waren die meisten Gynäkologen (damals eine ausschließliche Männerdomäne) der Ansicht, dass der erste logische Schritt zur Korrektur des abweichenden Verhaltens einer Frau die Entfernung ihrer reproduktiven Organe und ihrer Genitalien sei. Am konspirativen Schweigen waren auch die beschämten Frauen beteiligt.[24]

Die Klitorektomie und die Ovarektomie büßten auch nach 1880, als die kombinierte Eierstock-Klitoris-Entfernung aufgegeben worden war, in den USA nichts an Popularität ein. Sie wurden noch einige Jahrzehnte danach für die Therapie einer Reihe von Erkrankungen angewendet. Gegen Ende des 19. Jahrhunderts wurde die Ovarektomie sogar häufiger angewendet als die Klitorektomie, aber beide Methoden blieben bewährte Mittel gegen Masturbation, Frauenleiden aller Art sowie weibliche Verhaltensabweichungen.

Mit der Zeit wurden die operativen Eingriffe immer drastischer, und die Entfernung aller reproduktiven Organe, der Gebärmutter, der Eierstöcke und der Eileiter waren an der Tagesordnung.

1896 sprach sich ein Dr. David Gilliam für eine unbedingte Ausdehnung der weiblichen Kastration aus. Er pries die Methode als Möglichkeit, aufsässige Frauen fügsamer zu machen. Der gute Doktor verglich Frauen ganz ungeniert mit Vieh:

»Warum kastrieren wir unsere Hengstfohlen und unsere Kälber? Nicht weil wir annehmen, dass sie dadurch an Kraft und Ausdauer nachlassen, und nicht, um ihre Intelligenz zu mindern, sondern um sie folgsam und verlässlich zu machen, um sie in treue, uns wohlgesonnene Diener zu verwandeln.«[25]

Die Beschneidungsindustrie rollt ins 20. Jahrhundert

1906 gab es in den USA 150 000 praktizierende Ärzte – und nicht wenige rühmten sich, eine stattliche Anzahl an Operationen an den Reproduktionsorganen oder Genitalien von Frauen vorgenommen zu haben.

Die Behauptung eines Bostoner Chirurgen, dass im Gegensatz zum Mann, bei »der jungen Frau die Sexualität nicht den Sexualorganen innewohnt«, leistete dem Klitorektomie-Wahnsinn weiteren Vorschub. Er behauptete zudem, dass der weibliche Orgasmus ein Leiden darstelle und dass die Entfernung erektiler Organe wie der Klitoris eine absolute Notwendigkeit sei. Es ist bekannt, dass bis mindestens 1935 Klitorektomien an Patientinnen von Nervenheilanstalten durchgeführt wurden. Selbst noch 1936 empfahl *Holt's Diseases of Infancy and Childhood*, ein hochangesehenes medizinisches Textwerk, das an amerikanischen Universitäten benutzt wurde, die Kauterisation (Verätzung) oder Entfernung der Klitoris als Heilbehandlung für die Masturbation.[26]

Zur Jahrhundertwende brachte die amerikanische Beschneidungsindustrie eine neue Methode auf den Markt, die die Kassen klingeln lassen sollte. Es handelte sich um die weibliche Zirkumzision, die Entfernung der Klitorisvorhaut bei neugeborenen Mädchen, analog zur Vorhaut des Penis bei Männern.

An diesem Punkt begannen sich die Erklärungsmuster für die korrigierenden Eingriffe an weiblichen Genitalien auf bizarre Weise zu widersprechen. 1904 empfahl der Autor eines medizinischen Artikels die Entfernung der Klitorisvorhaut bei erwachsenen Frauen, die an Anorgasmie litten. Im gleichen Text riet er dringend dazu, dasselbe bei Kleinkindern durchzuführen, um deren sexuelle Erregung und daraus folgendes Masturbieren zu verhindern. Bei unverbesserlichen Masturbanten sei, so schloss er, noch immer die drastischere Methode der Klitorektomie anzuwenden[27].

Ein anderer Spezialist empfahl folgendes:

»In jedem Fall, in dem ein Arzt entscheidet,[28] *dass ein reizbares Präputium [Vorhaut] lokale oder reflektorische Verhaltensstörungen bei einem Kind hervorruft, also Aufmerksamkeit erregt, reicht die einfache Trennung des Präputiums von Verwachsungen nicht aus. (...) Es ist das Beste, den Patienten zu anästhesieren und eine Zirkumzision vorzunehmen.«*[29]

Auf einer Tagung der »American Pediatric Society« wurde 1914 ein Vortrag zum Thema »Zirkumzision und Masturbation bei weiblichen Kindern« gehalten, der später im *American Journal of Diseases of Children* veröffentlicht wurde.[30] Darin wurden sechs Fallgeschichten präsentiert, in denen Adhäsionen (Verwachsungen) der Klitorisvorhaut zur Klitorisperle angeblich die Ursache für »nervöse Reizbarkeit und Erregung« gewesen waren, welche bei den Mädchen zu Masturbation geführt hätten. »Wenn diese Angewohnheit unbeachtet bleibt«, so warnte der Autor, »führt sie zu einer beträchtlichen moralischen Verderbtheit, während sie andererseits durch angemessene Therapie hinreichend kontrolliert werden könnte.«

Die »angemessene Therapie«, die Zirkumzision, die in diesem Fall empfohlen wurde, war sicherlich weniger drastisch als eine komplette Klitorektomie, aber bestenfalls eine brutale Variante des Pawlowschen Aversionstrainings. Erzielt wurde diese qualvolle Konditionierung durch eine Serie von chirurgischen Eingriffen, von denen bekannt war, dass sie furchtbar schmerzhaft waren. Auf eine Betäubung der Kinder wurde dabei verzichtet. Schlimmstenfalls kann dieses Vorgehen als systematische, in bestimmten Abständen wiederholte Folter von Kindern bezeichnet werden. Diese »Therapie« war für den ausführenden Arzt natürlich von besonderem Vorteil, weil seine Dienste im allgemeinen wiederholt benötigt wurden.

Eine detaillierte Beschreibung des Verfahrens und zwei Fallbeispiele werden hier mit den eigenen Worten des Autors wiedergegeben:

»Der allgemeine Einsatz einer Vorrichtung zum Auseinanderhalten der Schenkel ist von geringem Nutzen, und somit ist die einzige anzuwendende Heilmethode die Entfernung der aktiven Ursache für die Reizbarkeit, der Adhäsionen der Klitoris. Dies kann ohne Anästhesie durchgeführt werden. Die Operation ist sehr schmerzhaft[31] *und die Separation unter diesen Bedingungen sehr schwierig. Meist bilden sich danach erneut Adhäsionen. Die einzig zufriedenstellende Behandlungsmethode zur Heilung dieses Zustands ist die Zirkumzision, eine*

Operation, die von einem geübten Operateur durchgeführt werden sollte, die Vorhaut sollte so vollständig wie möglich entfernt werden.«

Der Kinderarzt fasste seine Darstellungen folgendermaßen zusammen:

»Masturbation weiblicher Kinder tritt bei nervösen Kindern auf, wobei die stimulierende Ursache Adhäsionen der Klitoris sind, die praktisch bei allen weiblichen Kindern existieren.«

Praktisch bei allen Mädchen? Was für ein Glücksfall für einen Kinderchirurgen! Da fragt sich doch, wie der weibliche Teil der Menschheit Jahrtausende überleben konnte, bis medizinische Experten die für ihr körperliches und geistig-moralisches Wohlergehen unentbehrliche Klitorektomie und die Zirkumzision entdeckten.

Die Darstellung des Doktors endete mit folgenden Empfehlungen:

»Die Behandlung dieses Zustandes mit Spangen allein bietet Linderung, aber keine Heilung. Die einzige Heilmethode ist die Lösung der Adhäsionen und die Zirkumzision, und die Ergebnisse der operativen Interventionen sind meist zufriedenstellend.«

Bloß, zufriedenstellend für wen?

Wie die Klitorektomie aus den medizinischen Annalen verschwand

Bis 1910 wurde die Klitorektomie in den USA weiterhin in großem Umfang durchgeführt. Als amerikanische Ärzte ihre Aufmerksamkeit anderen medizinischen Sensationen zuwandten, ebbte ihre Popularität ein wenig ab. Klitorektomie war kein Standardverfahren mehr und so wurde der Enthusiasmus, mit dem sie so viele Jahre über durchgeführt worden war, zu einer Quelle beachtlicher Verlegenheit für den ärztlichen Berufsstand.

Feibleman bemerkt dazu:

»Es ist interessant festzustellen, dass aktuelle amerikanische Nachschlagewerke der Gynäkologie die Klitorektomien Ende des 19. Jahrhundert bis Mitte des 20. Jahrhunderts nicht einmal erwähnen, ungeachtet der unwiderlegbaren Beweise in unzähligen medizinischen Zeitschriften jener Zeit, die hier und in England veröffentlicht worden waren. Abgesehen von diesen Journalen wurde der gesamte Aufstieg und Fall der Klitorektomie von der Historikerin Ann Dally anhand der

Artikel, die im Register des US-amerikanischen Gesundheitsministers aufgelistet waren, verzeichnet. In der ersten Serie (1882) nahm das Stichwort ›Klitoris‹ eine ganze Seite ein; in der zweiten Serie weniger. In der dritten Serie (1892) nahm das Stichwort wiederum eine ganze Seite ein, in der vierten (1938) fiel es wieder ab, wobei hier hauptsächlich auf »Eingeborenenstämme« verwiesen wird. In der sechsten Serie (1961) erscheint das Stichwort ›Klitoris‹ überhaupt nicht.«[32]

Die römisch-katholische Kirche war sich der Verlegenheit des medizinischen Establishments scheinbar nicht bewusst, denn in einem »Handbuch für den Beichtvater« empfahl sie noch bis 1940 die Verätzung oder Amputation der Klitoris gegen das »Laster des Lesbiertums«. Medizinische Lehrbücher, die bis in die siebziger Jahre des 20. Jahrhunderts veröffentlicht wurden, pathologisierten die Masturbation weiterhin und empfahlen die obligatorische frühkindliche Zirkumzision aller Jungen, um dies zu unterbinden.[33]

DIE MEDIKALISIERUNG DER »VULVÄREN MASSAGE«

Noch 1907 veröffentlichte ein angesehenes medizinisches Journal den Artikel eines Arztes aus Lousiana, der Masturbation bei beiden Geschlechtern als »das unvermeidliche Laster« beschrieb.[34] Vor dem Hintergrund der drakonischen chirurgischen Maßnahmen, die angewendet wurden, um das Laster der Masturbation zu unterbinden, erscheint der kometenhafte Aufstieg einer ganz anderen medizinische Praktik äußerst verwunderlich. 1880 hatte der elektro-mechanische Vibrator seinen ersten Auftritt. Die Historikerin Rachel Maines[35] berichtet in ihrem ausführlich recherchierten Werk *The Technology of Orgasm: »Hysteria«, the Vibrator, and Women's Sexual Satisfaction* (Die Technologie des Orgasmus: »Hysterie«, der Vibrator und die sexuelle Befriedigung von Frauen) von der Entstehungsgeschichte des Vibrators. Das Gerät wurde entwickelt, um eine Behandlungsmethode zu mechanisieren, die Ärzte viele Jahre lang manuell und scheinbar nur äußerst widerwillig an ihren Patientinnen durchgeführt hatten: Die Linderung von physischen, emotionalen und sexuellen Verspannungen durch Unterleibsmassage, die bis zum Orgasmus fortgeführt wurde. Die Erfindung des Vibrators ermöglichte es den Ärzten, Patientinnen innerhalb von Sekunden, oder wenigstens in einigen Minuten, zum Orgasmus zu bringen, was zuvor bis zu einer Stunde anstrengender Handarbeit bedurft hatte. So konnten sie dieses »Verfahren« viel effizienter und lukrativer an einer beträchtlich größeren Anzahl von Frauen durchführen.

Irgendwie gelang es den Ärzten und scheinbar auch den Patientinnen, diesen offenkundig sexuellen Akt in eine asexuelle, medizinische Behandlung umzudefinieren. Patientinnen, die an einem breiten Spektrum unzusammenhängender Symptome litten, die als chronische und unheilbare »Hysterie« oder »Neurasthenie« eingestuft wurden, erwiesen sich als wahre Goldesel, weil sie häufig und in regelmäßigen Abständen »therapiert« werden mussten. Die »Vulväre Massage« erlebte einen regelrechten Boom, ebenso explosionsartig entwickelte sich die Vielfalt elektromechanischer Vibratoren, und zur Jahrhundertwende standen Medizinern zwei Dutzend verschiedene Modelle zur Auswahl.

Ein medizinisches Handbuch für Frauenheilkunde empfahl 1883 die neuen Vibratoren zur Behandlung von Hyperämie (zu starke Durchblutung) im Becken oder genitalem Blutstau, und das von Medizinern sehr geschätzte *Merck Handbuch* führte in seiner Ausgabe von 1899 die Unterleibsmassage als Therapie bei Hysterie auf. In derselben Ausgabe findet sich die Empfehlung, Nymphomanie durch das Auftragen von Schwefelsäure auf die Klitoris zu behandeln.

Die Vibratoren wurden von Ärzten ebenso für eine Reihe von Anwendungen eingesetzt, die mit dem Orgasmus nichts zu tun hatten. Sie behandelten damit Männer und Frauen, die an Verstopfung, Tumoren, Arthritis und Halsentzündungen litten. Den größten Wert hatten diese Geräte aber weiterhin wegen ihres Nutzens in der Behandlung weiblicher Befindlichkeitsstörungen. Das geht aus vielen medizinischen Lehrbüchern der damaligen Zeit hervor, die voll des Lobes ob der besonderen Wirksamkeit des Vibrators zu diesem Zwecke waren. Bezeichnenderweise waren nahezu alle Vibratoren für den äußeren Gebrauch konstruiert. Dies erleichterte es, die ärztlich verordnete »Massagetherapie« als moralisch unanfechtbare asexuelle Behandlung zu etablieren. Im Gegensatz dazu traf der Gebrauch des gynäkologischen Spekulums, das etwa zur gleichen Zeit eingeführt wurde wie der elektromechanische Vibrator, auf eine beachtliche Welle anmaßender Kritik und moralischer Empörung.

Anzeigen für Vibratoren zum persönlichen häuslichen Gebrauch fanden sich nach und nach in so angesehenen Zeitschriften für Hausfrauen wie *Needlecraft*, *Womans Home Companion* und dem *Sears Roebuck Catalogue*, aber sie blieben bis in die zwanziger Jahre des 20. Jahrhunderts ein fester Bestandteil des Ärztebedarfshandels. Als sie begannen, in den frühen pornographischen Filmen jener Zeit aufzutauchen, verschwanden auch sie so schnell und so vollständig aus der ärztlichen Handhabung, als hätte es sie niemals gegeben.

AKTUELLE BERICHTE ÜBER THERAPEUTISCHE KLITOREKTOMIEN

Während die Klitorektomie als Behandlungsmethode für Masturbation und Hypersexualität heutzutage aus der Medizin in den Vereinigten Staaten und Europa verschwunden ist, tauchen bis heute immer wieder Berichte über solche Eingriffe auf, die bis in die fünfziger Jahre durchgeführt wurden.

Auf einem sexualmedizinischen Kongress berichtete 1981 eine US-amerikanische Frau über ihre Klitorektomie, die 1948 an ihr als Kind durchgeführt worden war:

> *»Meine Mutter war von der Idee besessen, dass Masturbation die ultimative Sünde darstelle. Als ich im Alter von drei Jahren dieses erotischen Zeitvertreibs für schuldig befunden wurde, schleppte man mich zu einem Doktor, der die Weltanschauung meiner Mutter teilte. Er schnitt den äußeren Teil meiner Klitoris ab, weil dieser angeblich »zu groß« war und deshalb die Erregung verursacht habe. Später wurde mir erzählt, dass ich mich gar nicht von meinen Schwestern unterschieden habe. Emotional wirkte sich das auf mich als Kind so aus, dass ich mich bereits dafür schuldig fühlte, überhaupt zu existieren (...). Als junge Frau quälte mich die Frage, ob ich fähig sei, sexuell wie eine normale Frau zu funktionieren. Auf körperlicher Ebene hat sie [die Klitorektomie] Orgasmen nicht verhindert. Auf emotionaler Ebene brachte sie mich dazu, meine Wut zu verinnerlichen, immer die Starke zu spielen, harmoniesüchtig zu sein und tiefe, vertrauensvolle Beziehungen zu vermeiden.«*[36]

Aus Deutschland wurde mir von ähnlichen Fällen berichtet:[37]

Ein angesehener deutscher Gynäkologe wurde beispielsweise von einer Frau darauf angesprochen, ob er bei ihr eine Exzision (Entfernung der Schamlippen) vornehmen könne, weil sie ihre Beziehung zu ihrem Mann verbessern wolle. Der Gynäkologe lehnte dies ab und versuchte, die Frau aufzuklären. Er glaubte schließlich, sie von dem, was er als Verstümmelung betrachtete, abgebracht zu haben. Aber als er zwei Jahre später noch einmal die Gelegenheit hatte, sie zu untersuchen, entdeckte er, dass ihre Klitoris und ihre inneren Schamlippen weggeschnitten worden waren.

Derselbe Gynäkologe wurde von einer Frau aufgesucht, die ihre 15-jährige Tochter in seine Praxis brachte, um ihr wegen ihrer »exzessiven Masturbation« die Schamlippen beschneiden zu lassen. Die Frau erklärte ihm, dass sie selbst im gleichen Alter aus denselben Gründen beschnitten worden war. Der Gynäkologe lehnte erneut kategorisch ab, eine solche Operation durchzuführen. Fünf Jahre später kam die Tochter, inzwischen verheiratet und schwanger, erneut in seine Praxis. Bei der Untersuchung stellte er fest, dass ihre Klitoris und die inneren Schamlippen entfernt worden waren.

Auch wenn wir hoffen mögen, dass solche Fälle heutzutage sehr selten sind, tauchen sie doch immer wieder auf, und es ist offensichtlich nicht unmöglich, einen Arzt zu finden, der bereit ist, diese Operationen durchzuführen.

Genitale Operationen zur Behandlung von »Frigidität« in den USA

Im letzten Drittel des 20. Jahrhunderts wurde eine weitere Form genitaler Operationen populär, diesmal zur Behandlung von Frauen, die an so genannter Frigidität litten. Ein Artikel in einem medizinischen Fachblatt empfahl die weibliche Zirkumzision, also die Entfernung der Klitorisvorhaut als Heilbehandlung für dieses Problem, das bei US-amerikanischen Frauen häufig auftrat.[38]

Während medizinische Berichte nur eine begrenzte Leserzahl erreichen, so kann der große Einfluss, den zeitgenössische Ärzte durch die Medien haben, kaum überschätzt werden.

Zwei Gynäkologen veröffentlichten 1976 in der *Cosmopolitan* einen Artikel, in dem sie den siebeneinhalb Millionen Leserinnen diese Operation zur Steigerung der sexuellen Lust empfahlen.[39] Die Folge waren in den siebziger Jahren jährlich dreitausend Beschneidungen an Frauen in amerikanischen Krankenhäusern. Nicht belegt, aber vermutlich noch größer ist die Anzahl von Beschneidungen, die in ärztlichen Praxen vorgenommen wurden, stets im Irrglauben, dass diese vergleichbar einfache Operation die sexuelle Erregbarkeit der Frauen steigern würde.

Bedauerlicherweise trat oft das Gegenteil ein. Viele der Frauen, die erpicht darauf gewesen waren, ihre Klitoris freiwillig dieser Operation zu unterziehen, mussten danach feststellen, dass sie ihre »Frigidität« gegen eine äußerst schmerzvolle Überempfindlichkeit eingetauscht hatten.

Nichtsdestotrotz wurden die Kosten für den Eingriff bis 1976 von einigen Krankenkassen übernommen. Nach Wallerstein[40] wurden diese Beschneidungen bis in die achtziger Jahre durchgeführt.

Ein Bericht der Weltgesundheitsorganisation WHO von 1976 äußerte sich lobend darüber, dass außer den USA kein anderes Land auf einem hohen medizinischen Entwicklungsstand diese chirurgische Methode jemals angewendet hatte.

1994: Verurteilung von Masturbation in den USA

»Ich will so handeln, als ob mein Tun einen Unterschied bewirken könne.«

William James

Als Jocelyn Elders, ehemalige Gesundheitsministerin der USA, 1994 den Vorschlag machte, Masturbation im Schulunterricht als etwas Positives zu behandeln, wurde sie kurzerhand ihres Amtes enthoben – durch Präsident Bill Clinton, dem obersten Sittenwächter des Landes. Damals wurden ihre Äußerungen als Fehlgriff abgetan, doch drei Jahre später wurde klar, dass es ihr sehr ernst gewesen war. In ihrem Buch *The Dreaded »M« Word* hielt Jocelyne Elders an ihrer Überzeugung fest, dass Schülerinnen und Schülern im Unterricht vermittelt werden sollte, dass Masturbation eine normale Aktivität ist, um so sexuell übertragbaren Krankheiten und unerwünschten Teenagerschwangerschaften vorzubeugen: »Masturbation hat noch niemanden krank gemacht, und noch nie ist jemand davon schwanger geworden.«[41]

Mit ihren Empfehlungen stößt sie bei den meisten amerikanischen Pädagog/innen bis heute auf Granit. Sie verharren in heuchlerischem Schweigen zu diesem Thema, weigern sich, über Selbstbefriedigung zu sprechen, geschweige denn, diese Aktivität zu dulden.

Die meisten anerkannten Sexualtherapeut/innen und Pädagog/innen stimmen heute aus vollem Herzen mit Elders überein, dass Selbstbefriedigung ein normaler und gesunder Bestandteil der Sexualität ist, und dass Kinder, die wegen Masturbation und anderer Spiele sexueller Natur bestraft werden, damit lernen, sich selbst und Sexualität als verdorben und schlecht zu betrachten.

Vor dem beklagenswerten Hintergrund, dass Masturbation in den USA lange unterdrückt und mit genitalen Eingriffen bestraft wurde, überrascht es nicht, dass die Theorien von Frau Elders insbesondere bei christlichen Fundamentalisten auf heftige Opposition stoßen. Die römisch-katholische Kirche verurteilt die Selbstbefriedigung bis heute als eine schwerwiegende Sünde.

Der Vorstoß von Jocelyne Elders ist jedenfalls nur zu begrüßen und lässt hoffen, dass am Ende eines langen dunklen Tunnels schließlich doch Licht zu sehen ist.

Ein weiterer Lichtblick zeigte sich auf einem internationalen sexualwissenschaftlichen Kongress, der im Herbst 1999 in Boston stattfand.

Themenschwerpunkt dieses Kongresses war der weibliche Orgasmus.

Neben einer beachtlichen Vielfalt von anderem Zubehör zur Unterstützung der Sexualfunktionen wurde erstmals eine Klitoris-Saugpumpe mit dem verführerischen Namen EROS präsentiert. Dieses kleine Wunderwerk, speziell auf den klitoralen Orgasmus durch Masturbation abgestimmt, war staatlich geprüft und zugelassen worden..

Hiermit hat sich der Kreis geschlossen. Wo sie früher die weibliche Sexualität pathologisierte, steht die Medizin heute im Kampf für das Recht der Frauen auf einen Orgasmus, sei er nun selbst oder anderweitig herbeigeführt, an vorderster Front. Keinen Moment zu früh, wie es scheint, denn einem Artikel im *The Journal of the American Medical Association* von 1999 zufolge, sind ganze 43 Prozent der Amerikanerinnen mit ihrem Sexualleben so unzufrieden, dass bei ihnen »Weibliche Sexuelle Dysfunktion« diagnostiziert wurde. Eine solche Dysfunktion kann mangelndes Interesse an Sex, mangelnde Erregung und dadurch anhaltende Lubrikationsstörungen (trockene Schleimhäute) beinhalten; letztere führen ihrerseits zu Schmerzen oder zumindest Unbehagen während des Geschlechtsverkehrs oder anderer sexueller Aktivitäten, mit dem Ergebnis, dass die Frau nicht zum Orgasmus kommen kann.

»Korrigierende« Genitalchirurgie an intersexuellen Kindern

1980 veröffentlichte Edgar Wallerstein[42] einen aktuellen Bericht über Klitorischirurgie in den USA:

> *»Es ist eine Sache, medizinische Praktiken im Amerika des letzten Jahrhunderts zu verurteilen. Tatsache ist, dass noch heute in den Vereinigten Staaten überflüssige Klitorektomien durchgeführt werden (...).*
>
> *Wird zum Beispiel ein Mädchen mit einer überlangen Klitoris geboren, so erfordert dies eine chirurgische Korrektur, denn sie könnte die Ursache sein für späteren emotionalen und physischen Schaden. Das Standardverfahren ist in diesen Fällen die Verkürzung der Klitoris. Dabei wird sie weitgehend in das umgebende Gewebe eingebettet, um sicher zu stellen, dass es später nur zu minimalen Beeinträchtigungen der sexuellen Funktion kommt. Drei Chirurgen des ›Columbia Presbyterian Medical Center‹ berichteten 1964, dass sie 15 solcher Fälle erfolgreich mit dieser Methode behandelt hätten.*
>
> *Zwei Jahre später berichtete das medizinische Journal* Surgery *jedoch über eine ganz andere Form der Behandlung des gleichen ›Problems‹.*

Hier wurde nicht nur die komplette Klitoris entfernt, sondern auch die gesamte Basis und die peripheren Nerven wurden herausgeschnitten. Die Autoren fügten das Foto einer komplett sezierten Klitoris bei, um die Präzision dieser Methode zu illustrieren. Dieser Artikel bezog sich nicht auf einen einzigen Fall in einer hinterwäldlerischen Klinik, sondern auf 47 gesammelte Fälle, die vom Boston Children's Hospital und der Harvard Medical School veröffentlicht worden waren.

Die Autoren ignorierten die 15 Fälle, die 1964 veröffentlicht worden waren, vollständig. Tatsächlich wurde die moderatere chirurgische Methode belächelt: ›Wir haben das starke Gefühl, dass diese halbherzigen Maßnahmen weit weniger zufriedenstellend sind als die komplette Klitorektomie (...) eine Klitoris ist für die normale sexuelle Funktion nicht notwendig.‹«

Bei dieser abgebrühten Aussage kann sich Wallerstein kaum seiner leidenschaftlichen Empörung enthalten:

»Es ist zwar wahr, dass eine Frau ohne Klitoris Geschlechtsverkehr und sogar eine Orgasmus haben kann. Aber so etwas eine normale sexuelle Funktion zu nennen, ist schon ein starkes Stück (...). Normalität, also wirklich!«

Viele Ärzte und Ärztinnen nehmen an, dass Intersex-Kinder mit ihren ungewöhnlichen (sprich: abnormen) Genitalien von ihren Eltern und ihrer Umgebung abgelehnt werden könnten, und so handeln sie in bester Absicht, wenn sie empfehlen, das »Problem« so früh wie möglich zu lösen. Leider konnte bis heute kein Beweis dafür erbracht werden, dass durch diese Art der Intervention tatsächlich irgendwelche Probleme gelöst wurden.

Was ist an diesen beabsichtigten »Normalisierungen« verkehrt? Es ist verkehrt, genitale Eingriffe routinemäßig an nicht einwilligungsfähigen Kindern durchzuführen, nur weil man annimmt, dass eine ungewöhnliche genitale Anatomie unweigerlich zu psychosozialen Problemen führt und dass die normierende Veränderung der Abweichung, so dass diese den kulturellen Standards entspricht, die Dinge wieder in Ordnung bringt.

Aber bringt sie die Dinge wirklich wieder »in Ordnung«? Die wenigen Auswertungen, die nach Intersex-Operationen durchgeführt wurden, beziehen sich üblicherweise nur auf die postoperative Anatomie und sagen wenig oder nichts darüber aus, ob die erhofften psychosozialen Vorteile auch wirklich eingetreten sind.

Darüber hinaus bringen diese Behandlungen nicht den gewünschten

Erfolg. Kinder, die diesen Eingriffen unterzogen wurden, berichten später oft über Gefühle der Unzulänglichkeit und Andersartigkeit als direkte Folge der Bemühungen ihrer Eltern und der Ärzte um Normalisierung, auch wenn die besten Absichten dahinter steckten. Mit den Worten eines inzwischen erwachsenen Betroffenen, der nun öffentlich über sein Befinden spricht: »Intersexuell zu sein ist nichts Negatives. Nicht, dass wir nicht leiden, aber genau wie andere Minderheiten leiden wir vor allem unter den Vorurteilen.« Sehr oft berichten intersexuelle Menschen außerdem, dass die »Korrekturen« ihre Genitalien vernarbt, gefühllos, ausgetrocknet, schmerzvoll und infektionsanfällig gemacht hätten.

Ganz außer Acht gelassen wird oft die Tatsache, dass viele der Menschen, die mit ungewöhnlichen Genitalien geboren wurden, ganz zufrieden damit sind. Frauen, die seit ihrer Geburt eine große Klitoris haben, an der nicht chirurgisch herumgepfuscht wurde, bekannten sich dazu, dass sie recht stolz auf ihre »Abnormität« sind, und diese eher als Vorteil denn als Nachteil für ihre Sexualität ansehen.[43]

Sicherlich sprechen diese Menschen nicht für alle Betroffenen. Man kann davon ausgehen, dass andere aus Scham ihren Kummer nicht äußern, und sich auf der verzweifelten Suche nach dem, was die Gesellschaft als »normal« definiert, still dafür entscheiden, sich den korrigierenden Operationen zu unterziehen, wenn sie in das entsprechende Alter kommen. Aber wer kann sie dafür verurteilen, solange es nur ihren eigenen Körper betrifft und nicht den eines einwilligungsunfähigen Kindes?

Die Verweiblichung sexuell uneindeutiger Kinder

In den USA tendieren Kinderärzte dazu, alle Kinder uneindeutigen Geschlechts sofort als weiblich zu klassifizieren und danach als Mädchen aufwachsen zu lassen. Alle geschlechtlichen Abweichungen werden hormonell oder operativ behandelt. Viele dieser Kinder leiden an dem Androgenen Insensitiv Syndrom (AIS), einem Zustand, bei dem der männliche Fötus nicht auf die Androgene (männliche Sexualhormone) anspricht und daher nicht die gewöhnlichen männlichen Attribute ausbildet. Das heißt aber nicht, dass die Ausstattung mit weiblichen Genitalien dazu führt, dass diese Kinder sich später wie Frauen entwickeln. Im Allgemeinen tun sie das nicht. Sie bleiben eher Männer, die an einen Androgenen Insensitiv Syndrom leiden.

In einigen Teilen Indiens übt die Gesellschaft im Gegensatz zu westlichen Kulturen keinen Druck auf Eltern intersexueller Kinder aus, diese dem einen oder anderen Geschlecht zuzuordnen. Wenn solche Kinder geboren werden, werden sie einfach als das akzeptiert, was sie sind. Es wird von Beginn an hingenommen, dass sie niemals in der Lage sein werden, die eine oder andere traditionelle Geschlechterrolle anzunehmen, die von der Gesellschaft sehr eng definiert wird, und sie wachsen daher nicht mit der äußeren Erwartung auf, dass sie heiraten und Kinder bekommen müssen. Ihr Dasein ist kein Unglück für die Familie und weder mit Scham verbunden noch tabuisiert. Diese emotionale Unterstützung gibt intersexuellen Kindern die Freiheit, sich beim Heranwachsen eine Nische im Leben zu suchen, in der sie sich wohl fühlen.[44]

»Auch in Deutschland gibt es diese Tendenzen. Als Studentin der Medizin lehrte man mich, dass alle Menschen mit Intersexsyndromen und anormalen Genitalen als Mädchen aufzuziehen seien, und dass diese unbedingt geschlechtsanpassend operiert werden müssten, denn es sei für eine unvollkommene Frau, d.h. eine Frau, die keine Kinder bekommen könne, noch immer leichter durchs Leben zu gehen, als für einen unvollkommenen Mann, dessen Abnormität immer sichtbar sei, der keine Erektion bekäme und keine Kinder zeugen könne. Ich kann mich nicht erinnern, dass von uns Studierenden auch nur eine/r nachfragte, geschweige denn protestierte. Wir saßen alle mit offenen Mündern da und betrachteten die ›Horrorshow‹ der Diasammlung der Professors. Kürzlich erschien in Der Spiegel (45/2002) unter dem Titel ›Ihre Tochter ist ein Sohn‹ ein Artikel, der anschaulich schildert, dass dies noch immer die gängige Praxis ist.«[45]

Hormonaktive Substanzen und ihre mögliche Verbindung zum Anstieg genitaler Geburtsdefekte

Aktuelle Schätzungen geben die Anzahl der jährlich in den USA geborenen intersexuellen Kinder mit 12 000 auf alle Lebendgeburten an. In Deutschland sind es jährlich zirka 350 Kinder. Erschreckenderweise scheint ihre Zahl ständig zuzunehmen.

Dr. Andrew Weil ist der Meinung, dass bestimmte Umweltgifte, die bekannt sind für ihre Störfunktion im Hormonsystem, auch hormonaktive bzw. hormonimitierende Substanzen oder Umweltöstrogene genannt, die Ursache dafür sind.[46] Diese Substanzen kommen den körpereigenen Hormonen in die Quere und können in einer kritischen Phase der embryonalen Entwicklung als Testosteronsuppressoren wirken. Viele Naturforscher glauben, dass diese Chemikalien die Ursache für eine Reihe von Deformitäten und Anomalien der Reproduktionsorgane sind, die in jüngster Zeit immer wieder aufgetreten sind: Männliche

Fische mit weiblichen Geschlechtsorganen, Alligatoren mit Schrumpfpenissen, Frösche mit mehr als vier Beinen.

Germaine Greer berichtet von der giftigen Wirkung von Tributylen, das in Holzschutzfarben, die für Schiffsrümpfe verwendet werden, enthalten ist. Weiblichen Wellhornschnecken wachsen dadurch riesige Penisse, die ihre Eileiter blockieren, bis der Druck der wachsenden Eier diese förmlich platzen lässt.[47] Forscher/innen glauben nun, dass diese toxischen Substanzen auch für genitale Geburtsdefekte beim Menschen verantwortlich sein könnten.

Ob dies tatsächlich so ist, muss sich noch erweisen. Allerdings geben aktuelle Beobachtungen der Wirkung von Bisphenol A auf kleine Säugetiere (Labormäuse) einigen Wissenschaftler/innen sehr zu denken. Bisphenol A, bekannt als hormonaktive Substanz, die die Wirkung von Sexualhormonen imitieren kann, ist der Baustein für ein Plastikerzeugnis, das gemeinhin für Behälter in der Lebensmittelaufbewahrung verwendet wird.

Es ist zwar noch nicht erwiesen, dass der Polykarbonat-Kunststoff für genitale Anomalien verantwortlich ist, doch laut dem medizinischen Journal *Pediatrics* setzt die Pubertät bei amerikanischen Mädchen immer häufiger verfrüht ein. Schon jetzt zeigt jedes zweite afroamerikanische Mädchen Brustentwicklung und Schamhaarwuchs vor dem achten Lebensjahr und eines von sieben weißen Mädchen. Noch beunruhigender, so *Science News*, sei die vorzeitige Brustentwicklung bei kleinen Mädchen in Puerto Rico. Die ist besonders auffällig in Gegenden, wo Chemikalien produziert werden, beispielsweise Phtalate die zur Kunststoffherstellung sowie als Lösungs- oder Schmiermittel verwendet werden.

Und kein Ende in Sicht

In ihrem neuesten Buch, *The Whole Woman* (1999), liefert Germaine Greer eine komplette Aufstellung operativer Eingriffe an weiblichen Reproduktionsorganen in der modernen westlichen Welt. Und es wird niemanden überraschen, dass es nicht gut aussieht. Hier einige der Ergebnisse ihrer Nachforschungen:

- Die routinemäßig durchgeführte und in nahezu allen Fällen überflüssige Episiotomie (Dammschnitt bei Geburten), oft als »die weibliche Genitalverstümmelung der westlichen Welt« beschrieben, hat bei 15 Prozent der Frauen solche Schmerzen zur Folge, dass viele sich ohne zu zögern bei der folgenden Geburt für einen Kaiserschnitt entscheiden würden, auch bei völlig normalem Schwangerschafts- und

Geburtsverlauf. Eine von drei britischen Geburtshelferinnen würde bei normalem Schwangerschaftsverlauf einen Kaiserschnitt vorziehen.

- Kaiserschnittgeburten haben in den meisten Ländern der westlichen Welt weiterhin Konjunktur, und die Anzahl der Gebärmutterentfernungen hat bereits heute epidemische Ausmaße angenommen.
- Die Gebärmütter von US-amerikanischen Frauen sind nicht kränker als die Gebärmütter schwedischer Frauen, dennoch werden sie viermal häufiger entfernt.
- Die »Kampagne gegen Gebärmutterentfernung und unnötige Operationen an Frauen« gibt an, dass 90 Prozent der Hysterektomien medizinisch nicht zu rechtfertigen sind.
- Obwohl die Gebärmutterentfernung eine größere Operation mit einer signifikanten Sterblichkeits- und Komplikationsrate darstellt, wird sie immer häufiger durchgeführt. Eine Studie ergab, dass die wenigsten Ärztinnen bei sich selbst eine Hysterektomie vornehmen lassen würden, und das fasst die Argumentation gegen diese Operation überzeugend zusammen. Die häufigsten Kandidatinnen für diesen Eingriff sind – wie könnte es anders sein – die am wenigsten aufgeklärten und die am besten versicherten Patientinnen.
- In Brasilien erhalten 38 Prozent der Frauen, die in öffentlichen Hospitälern entbinden, einen Kaiserschnitt. Bei den wohlhabenden Frauen, die in privaten Kliniken entbinden, befinden es die behandelnden Ärzte in 75 Prozent für nötig, den (kosten)aufwendigeren Kaiserschnitt durchzuführen.
- In Italien hat sich die Kaiserschnittsrate in den letzten 20 Jahren verdoppelt, zur Zeit liegt sie bei 25 Prozent aller Geburten.
- Es gibt keinen Grund anzunehmen, dass die normale vaginale Entbindung in den letzten 20 Jahren irgendwie gefährlicher geworden wäre. Der Kaiserschnitt bleibt hingegen vier mal so gefährlich wie die natürliche Geburt.
- Ein bekannter britischer Gynäkologe fasst zusammen, was wir in naher Zukunft zu erwarten haben: Es wird nicht mehr lang dauern, so sagt er voraus, und allen Frauen wird routinemäßig die Gebärmutter entfernt, sobald ihre erwünschte Familiengröße erreicht ist. Anschließend werden sie für den Rest ihres Lebens mit Östrogenen substituiert.

Greer schlägt ein frühes Körperbewusstseinstraining für Mädchen als möglichen Weg vor, wenigstens ansatzweise den Schaden zu beheben, der der weiblichen Psyche über Jahrhunderte zugefügt wurde und der darin gipfelt, dass Frauen in der westlichen Welt ihre reproduktiven

Organe fraglos dem chirurgischen Skalpell unterwerfen, genauso wie afrikanische Frauen seit Äonen ihre Genitalien dem Messer der Beschneiderin unterworfen haben:

> *»Unnötige Dammschnitte, Kaiserschnitte und Gebärmutterentfernungen stellen alle Angriffe auf die Weiblichkeit dar, Angriffe, die schwer als solche erkannt werden können, weil die Patientinnen sich zwangsläufig in einer isolierten Position der Unterwerfung befinden. Einige Ärzte machen es ihren Patientinnen bei Therapiebeginn zur Auflage, alle Entscheidungsgewalt an sie abzutreten; die meisten Ärzte haben dies jedoch nicht einmal nötig, weil die Frauen den eigenen Körper derart mysteriös finden, dass sie es nur einem Mensch mit einem weißen Kittel zutrauen, dieses Mysterium zu entschlüsseln. Sie fühlen sich körperlich so mangelhaft, dass für sie von Anbeginn an niemals die Chance bestand, richtig zu funktionieren. (...) Wenn wir wollen, dass junge Frauen selbstbewusst aufwachsen, wissen, wie ihr Körper funktioniert und wie sie das Beste aus ihm herausholen, dann müssten wir ihnen bereits im Schulalter beibringen, ihren Körper zu managen. Wir müssten dann bald feststellen, dass wir keine Antworten auf die offensichtlichsten Fragen zur Funktion gesunder Frauen hätten. Dreihundert Jahre, in denen männliche Ärzte weibliche Körper aufgeschnitten haben wie Geschwüre, sind nicht einfach ungeschehen zu machen.«* [48]

Die Weltgesundheitsorganisation hat den routinemäßig durchgeführten Dammschnitt verurteilt. Die Folgeschäden dieses Eingriffs können wie bei anderen genitalen Operationen in Einzelfällen durchaus schwerwiegend sein. Es kann zu Blutungen, Infektionen, Darm- und Blasenproblemen, Verlust von sexuell erregbarem Gewebe, chronischen Schmerzen, Abneigung gegen Geschlechtsverkehr, psychologischen Traumen und sogar zum Tod kommen.

Frauen, deren Genitalien in der frühen Kindheit operiert wurden, bringen jedwede Komplikation, die sie späteren dadurch erleiden, generell nicht damit in Zusammenhang. Ebenso ist es bei Frauen, bei denen routinemäßig ein Dammschnitt durchgeführt wurde. Sie glauben, dies sei ein natürlicher und notwendiger Bestandteil einer Entbindung.

Der Vollständigkeit halber sollte hier noch eine andere moderne Spielart genitaler Eingriffe erwähnt werden. Kurioserweise gibt es Erwachsene beiderlei Geschlechts und auch einige, die keinem Geschlecht zuzuordnen sind, die eifrig jede Gelegenheit nützen, sich chirurgischen Eingriffen zu unterziehen, um ihre individuellen Vorstellungen von körperlicher Vollkommenheit zu befriedigen. Es ist ihr absolutes Recht, eine derartige Entscheidung zu treffen, solange dies nur ihren eigenen Körper betrifft.

Es wird niemanden wundern, dass einige unserer westlichen Praktiken, beispielsweise bestimmte kosmetische Eingriffe, von Menschen anderer Kulturen als unglaublich bizarr angesehen werden.

Brustvergrößerungen und -verkleinerungen, die inzwischen überall in der westlichen Welt sehr populär sind, sind für viele Frauen und Männer aus afrikanischen Ländern, in denen rituelle Genitalverstümmelungen durchgeführt werden, absolut unbegreiflich: »Wie könnt ihr jemandem erlauben, in die Brust einer Frau zu schneiden? Wie ist so etwas nur möglich?« sind ungläubige Fragen, die wiederholt an mich gestellt wurden. »Für uns sind die Brüste heilig. Sie sind die Spender des Lebens! Habt ihr denn gar keinen Respekt?«

In westlichen Ländern hat das Streben nach dem Idealkörper in den letzten zehn Jahren eine völlig neue Art von Schönheitsoperationen hervorgebracht. Der *Toronto Globe and Mail* [49] berichtete 1998 vom »Toronto Trim, einer brandneuen kosmetischen Chirurgie für Frauen«, von dem plastischen Chirurgen Dr. Robert Stubbs aus Toronto entwickelt und durchgeführt, die scheinbar der letzte Schrei ist. Frauen aus ganz Nordamerika reisen nach Toronto, um sich ihre Schamlippen operieren zu lassen, um »überdimensionierte« Labien verkleinern oder um asymmetrische Labien korrigieren zu lassen.

Dr. Stubbs schreibt das steigende Interesse an kosmetischen Labienoperationen der »herrschenden Hyperästhetik« zu: »Nachdem alle Schönheitsmaxime erreicht sind – Barbie-Busen, jugendliches Gesicht, straffe Oberschenkel – scheint es Frauen einer gewissen Gesellschaftsschicht durchaus angemessen, für ordentliche Genitalien einen Preis von 1 500 bis 2 500 [Kanadische] Dollar zu bezahlen.« Sind die Schamlippen zu groß, asymmetrisch oder zu schlaff, entsprechen sie eben nicht dem herrschenden Schönheitsideal und sind reif fürs Skalpell. »Es ist eine neue Form der Ausbeutung von Körperidealen«, erklärt eine Sexualtherapeutin aus Toronto. »Aber es gibt Menschen, die sich diese Operationen so sehnlich wünschen, dass es schwer ist, ihnen davon abzuraten.«

Wenn die Frau auf dem Operationstisch erwachsen ist, wenn sie ihr gutes Recht ausübt, ihren Körper chirurgisch verändern zu lassen, und es sich selbst ausgesucht hat, diesen Eingriff an sich durchführen zu lassen, ist es tatsächlich schwer, etwas dagegen zu sagen.

Und doch, nachdem ich die letzten zwanzig Jahre meines Lebens der Aufzeichnung der tragischen Konsequenzen weiblicher Genitalverstümmelung an nicht einwilligungsfähigen Minderjährigen in weiten Teilen der Welt gewidmet habe, stimmt mich die ganze Sache irgendwie traurig. Es erschreckt mich, mit welcher Nonchalance diese erwachsenen Frauen beschließen, ihre genitale Unversehrtheit aufzugeben, die nicht nur afrikanischen Mädchen und Jungen, sondern auch intersexuell geborenen Kindern in Europa und den USA genommen wurde, lange bevor sie alt genug waren, um dazu ihre Einwilligung zu geben.

Anmerkungen

1 Feibleman, P., (Winter 1997) S. 41-47
2 Hosken, F., (1979) S. 5-6.
3 Hodges, F., (1997) S. 17.
4 Sorrells, M.L., (1999) S. 331-341.
5 Hulverscheidt, M., (1999) S. 238.
6 Money, J., (1985) S. 31.
7 Lowry, T.P. und Lowry, T.S. (1976)
8 Ebd. 127.
9 Money, J., (1985) S. 119.
10 Wallerstein, (1980) S. 27.
11 Lightfoot-Klein, H., (1989a) S. 180.
12 New Orleans Med. Surg. J., (1854-1855)
13 Jones, J., (1889) S. 170-171.
14 McMinn, S.N., (1845)
15 Cooper, E.S., (1862)
16 Shorter, E., (1994)
17 Hulverscheidt. M., (1999) S. 232
18 Brown, I.B., (1866)
19 Hodges, F., (1997) S. 21.
20 Medical Record, 2:71, (1867)
21 Barker-Benfield, G.J.,(1976) S. 88-89
22 Wallerstein, E. (1980) S. 38-39
23 Feibleman, (1997) S. 44.
24 Feibleman, (1997) S. 45
25 Ebd.
26 Bullough, V. und Bullough, B., (1977)
27 Abbott, W.C., (1904)
28 Hervorhebung der Autorin
29 Morris, R.T., (1912) S. 135-136.
30 Freeman, R.G., (1914) S. 144-146.
31 Hervorhebung der Autorin
32 Feibleman, (1997) S. 46.
33 Campbell, M.F., Harrison J.H. eds., (1970)
34 Himel, A.J., (Dec. 1907) S. 439-452.
35 Maines, R., (1999)
36 Bergstrom, (1982)
37 Haas, (1985)
38 Wollman, L., (1973)
39 Isenberg, S. & Elting, M., (Nov. 1976)
40 Wallerstein, (1980)
41 Rosellini, L., (1997) S. 65
42 Wallerstein, (1980) S.170
43 Dreger, A., (28. Juli 1998)

44 Ich bekam diese Informationen 1991 von zwei Anthropologinnen in Neu Delhi während der »First International Conference on Orgasm«, auf der ich einen preisgekrönten Vortrag hielt. Unglücklicherweise habe ich ihre Namen nicht mehr präsent, weshalb ich sie nicht direkt zitieren kann.
45 Sabine Müller
46 Weil, A., (Feb. 1999)
47 Greer, G., (1999) S. 70
48 Greer, (1999) S. 111
49 Foss, K., (Nov. 10, 1998)

Kapitel 3

Intersex-Chirurgie – ein Segen für wen?

»Du bist nur so krank wie deine Geheimnisse.«

Anonyme Alkoholiker

Wenn man damit beginnt, die Lebensläufe von intersexuellen Menschen zu untersuchen, die »korrigierenden« Operationen unterzogen wurden, fällt bald auf, dass Scham dabei ein immer wiederkehrendes Thema ist und dass das Leiden dieser Menschen nicht nur durch die Umstände ihrer ungewöhnlichen Beschaffenheit bestimmt wird, sondern durch die Scham, die man ihnen deswegen auferlegt.

Natürlich gibt es Situationen, wo operative Korrekturen zum Wohlergehen oder sogar zum Überleben eines Kindes notwendig sind, so zum Beispiel bei Kindern, die mit Hemmungsmissbildungen des Urogenitaltraktes geboren werden, einem Geburtsdefekt, der eine Reihe von Problemen verursacht, unter anderem Inkontinenz. Der entscheidende Faktor, der es dem betroffenen Kind ermöglicht, diesen Fehlstart ins Leben erfolgreich zu meistern, ist die emotionale Unterstützung einer liebenden Familie sowie aller Beteiligten und die Abwesenheit von Scham. Solche wirklich notwendigen korrigierenden Eingriffe sind etwas völlig anderes.

Operationen dagegen, die das kindliche Genitale entfernen oder verkleinern, und das aus keinem anderen Grund, als dem, dass die Erscheinung oder Größe dem entspricht, was als »normal« erachtet wird, sollte die Ethik der Ärzteschaft nicht zulassen. Willkürliche Eingriffe an den Genitalien von nicht einwilligungsfähigen Minderjährigen, die das Kind, an dem sie begangen werden, sowohl physisch als auch psychisch gefährden können und die aus rein »kosmetischen« Gründen durchgeführt werden, müssen endlich klar als unethisch definiert werden.

Statt dessen sollten dem Unbehagen und der Furcht der Eltern durch institutionalisierte psychotherapeutische Hilfsprogramme begegnet werden, die entwickelt wurden, um sie aufzuklären, und ihnen zu helfen, sich mit ihrem intersexuellen Kind wohl zu fühlen. Korrigierende Genitalchirurgie sollte ausschließlich auf persönliches Verlangen des betroffenen Menschen durchgeführt werden, wenn die Person alt genug ist, selbst eine Entscheidung zu treffen.

Die persönlichen Geschichten zweier Menschen, die bei der Geburt echte Hermaphroditen waren und in frühester Kindheit operativ »korrigiert« wurden, sprechen hier für sich selbst.

CHERYL CHASE

Die Leute glauben, dass Frau und Mann, weiblich und männlich, natürliche Kategorien sind und dass jeder Mensch in die eine oder andere Schublade fällt. Tatsächlich aber ist die geschlechtliche Differenzierung – die Phase, in der der Fetus die je nach Geschlecht charakteristischen Merkmale ausbildet – ein komplexer, mehrstufiger Prozess. »Die Natur macht keine Sprünge«, sagt eine Binsenweisheit der Biologen. Im Zusammenhang mit der geschlechtlichen Differenzierung bedeutet dies eine Veränderung bei jedem Entwicklungsschritt. Und obwohl die meisten Kinder mit einem Körper geboren werden, der eindeutig männlich oder weiblich ist, so werden doch einige mit einem verwirrenden Mix von Eigenschaften geboren. Kinder können mit Genitalien geboren werden, die ein Zwischenbild zwischen männlich und weiblich ergeben, beispielsweise mit einer großen Klitoris und teilweise zusammengewachsenen Schamlippen oder einem kurzen Penis, der an der Unterseite nicht ganz geschlossen ist.

Seit den späten 50-iger Jahren des 20. Jahrhunderts verfährt man in der Medizin mit der Geburt eines Kindes mit zweideutigem Geschlecht standardmäßig wie mit einem Notfall. Dies stellt den einzigen Geburtsfehler dar, der aus kosmetischen Gründen als Notfall behandelt wird.[1] Ärzte betrachten Intersexualität als einen solchen Affront für den gesunden Menschenverstand, dass dem Kind das Recht verwehrt bleibt, elterliche Liebe zu bekommen, von Spielkameraden akzeptiert zu werden oder im späteren Leben romantische Liebe zu erfahren. Seit den 1950ern handhaben Mediziner das Problem so, dass sie jeden Nachweis von Intersexualität auslöschen, indem sie die Genitalien der Kinder plastisch operieren, bevor diese Kinder alt genug sind, selbst darüber zu entscheiden, und diese Geschichte meist vor dem Kind geheim zu halten, während das Mädchen oder der Junge heranwächst.

Ich wurde intergeschlechtlich geboren und bin eine der führenden Persönlichkeiten in der Bewegung intersexueller Menschen, die sich dafür einsetzen, diese irrsinnige medizinische Praxis zu beenden, die unser aller Leben unnötig erschwerte und schmerzhaft machte.

Da ich bereits früh geschlechtsanpassend operiert und diese Tatsache anschließend verheimlicht wurde, wusste ich nicht, dass mein Geschlecht jemals in Frage gestellt worden war und dass sich mein

Körper von dem anderer Mädchen unterschied.

Obwohl es, als ich etwa fünf Jahre alt war, Vermutungen gab, ich könnte zurückgeblieben sein, wurde später klar, dass ich hochintelligent war, auch wenn ich die autoritäre Schulatmosphäre hasste und keine guten Leistungen zeigte. Als Kind hatte ich keine Spielkameraden und war einsam, sozial ausgestoßen, zu Hause immer im Streit mit Eltern und Geschwistern und immer die Zielscheibe des Spottes der anderen Schulkinder.

Ich glaube, dass es für diese unglückliche soziale Entwicklung zwei Gründe gab. Einer war die verkorkste Familiendynamik, die von der Erfahrung meiner Eltern bei meiner Geburt und der frühen traumatischen, ängstigenden und schambesetzten Medikalisierung herrührte. Da ihnen niemals die Gelegenheit gegeben wurde, ihrer Furcht, ihrer Scham und ihrem Schmerz Ausdruck zu verleihen, entwickelten sie mir gegenüber Wut und Abneigung, der nächstliegenden Ursache für ihr Leid.

Der andere Grund lag in meinem Verhalten: ich war kein Mädchen. Ich benahm und fühlte mich weder wie ein Mädchen – noch wie ein Junge. Aus diesem Grund war ich meistens sozial völlig isoliert, und wenn ich mal mit anderen Kindern spielen konnte, dann mit Jungen. Als ich mit den ersten romantischen Schwärmereien begann, bezogen sie sich auf ältere Mädchen oder Frauen.

Ich glaube, es fiel mit den allerschlimmsten Befürchtungen meiner Eltern zusammen, dass sich die Vorhersage der Ärzte, ich würde mich zu einer normalen, glücklichen, fruchtbaren, heterosexuellen Frau entwickeln, nicht bewahrheiten würde. Zusätzlich zu dieser Angst – ich würde mich in ein Monster zurückverwandeln oder eine Lesbe werden – glaube ich, fühlten sie sich schuldig, den Ärzten erlaubt zu haben, ihren Sohn verschwinden zu lassen. Und ich glaube, die Schuldgefühle führten zu der erneuten Angst, ich könnte sie eines Tages damit konfrontieren, was sie mir angetan hatten. All dies veranlasste sie, mein geschlechtspezifisches Verhalten mit äußerster Wachsamkeit zu beobachten und ich reagierte darauf mit bockigem Widerstand gegenüber der Autorität von Erwachsenen zu Hause und in der Schule. Dies führte zu einer sehr unglücklichen Cheryl und zu einer sehr unglücklichen Familie, meine drei jüngeren Geschwister inbegriffen.

Als ich acht Jahre alt war, wurde ich am Unterleib operiert, und danach folgten die jährlichen Besuche in der Hormonsprechstunde für Kinder. Mir wurde nie eine angemessene Erklärung gegeben und einiges von dem, was mir erzählt wurde, war bloße Erfindung. Jetzt liegen mir die Berichte dieser Besuche vor, die alljährlichen psychologischen Einschätzungen der endokrinologischen Kinderärztin: ich war aufgeweckt, intelligent, kam in der Schule gut mit und hatte eine angemessene weibliche Erscheinung. Sie machte all diese Feststellungen, während sie mich körperlich untersuchte, ohne sich jemals sinnvoll mit mir zu unterhalten. In Wahrheit war ich unglücklich, einsam, hatte keine Freundschaften, war ein Störenfried zu Hause und unterdurchschnittlich in meinen schulischen Leistungen.

Zwischen zehn und elf gab es einige Besuche bei einer Kinderpsychiaterin. Später sagten mir meine Eltern, sie hätten mich zur Psychiaterin gebracht, weil ich unerziehbar und ein Störenfried sei. Sie betonten, dass ich das einzige von vier Kindern gewesen sei, dass ihnen so viel Ärger bereitet habe und dass, da sie alle vier Kinder gleich behandelt hätten, es auf der Hand lag, dass das Problem in mir läge und nicht auf sie als Eltern zurückzuführen sei.

Jahrzehnte später spürte ich die Psychiaterin auf. Ihrer Erinnerung nach hatte sie mich behandelt, »weil du dich noch immer als Junge gesehen hast.« Die Psychiatern klärte mich nicht darüber auf, was sie mit mir gemacht hatten. Ich war nach der Behandlung bei ihr ebenso zurückgezogen, ohne Freundschaften und unfähig, meinen Gefühlen Ausdruck zu verleihen, wie davor. Die Berichte existierten nicht mehr, aber sie erinnerte sich, dass ich sie verließ, weil meine Eltern frustriert waren über den Mangel an Fortschritt, wie auch immer man diesen definieren mag.

Mit 12 Jahren begann ich zu menstruieren und danach gab es keine Besuche beim Kinderendokrinologen mehr. Hätte ich tatsächlich den Mut gehabt zu fragen, was sie mit mir gemacht hatten, so hatte ich doch keinen Zugang zu irgendeiner Fachperson, die es hätte wissen können. In dieser Zeit dämmerte mir, dass man mir etwas Schreckliches und Geheimnisvolles angetan hatte. Ich begann differenziert genug zu denken, um zu begreifen, dass das Leben keine Glückseligkeit für mich bereithielt, auch wenn ich mit der Volljährigkeit jeder willkürlichen Bevormundung entfliehen wollte. Ich würde sicherlich niemals heiraten, und es fehlten jegliche Vorbilder von Lesben, ganz zu schweigen von Lesben mit einem glücklichen und erfülltem Leben. Ich hatte wiederholt heftige nächtliche Alpträume, in denen ich von Menschen gejagt wurde, die mich töten wollten. In diesen Träumen stand mein Geschlecht nicht fest (sollte ich mich auf die Frauen- oder auf die Männertoilette flüchten?), meine Genitalien waren zerstört und meine inneren Organe fielen zwischen meinen Beinen heraus.

Im Alter von 19 Jahren beschloss ich herauszufinden, was genau mir zugestoßen war, wer mir das angetan hatte und warum. Ich unternahm einen schwachen Versuch, meine Mutter zum Reden zu bringen. Doch sie wand sich geschickt heraus. Ich besuchte den Gynäkologen und bat ihn um seine Hilfe bei der Beschaffung der Krankenakte. Er willigte ein, mir zu helfen. Da ich inzwischen im Besitz seiner Korrespondenz bin, weiß ich heute, dass er meine Akte tatsächlich erhielt. Mir aber erzählte er, er hätte keine Antwort vom Krankenhaus erhalten. Ich war emotional zutiefst erschüttert, so verstört, dass es ihm hätte auffallen müssen. Ich vermute, dass das Ausmaß meines Schmerzes ihn erschreckte und dass er sich dem nicht gewachsen fühlte, wie ich wohl darauf reagieren würde, wenn ich die Berichte las. Er riet mir, beim Krankenhaus persönlich nach meiner Akte zu fragen.

Das tat ich, allerdings nur, um wieder gegen eine Mauer anzulaufen. Inzwischen war ich emotional so aufgewühlt, dass dies nicht nur mein Studium beeinträchtigte – ich studierte Physik im Hauptfach – sondern auch mein tägliches Leben und meine Gesundheit. Ich verließ die Hochschule und zog nach Kalifornien, weil ich gehört hatte, dass es dort offen lebende lesbische Frauen gab. Ich hatte eine Liebesaffäre mit einer Frau, aber meine sexuelle Dysfunktion und meine emotionale Verschlossenheit führten zu einer chaotischen, unglücklichen und kurzlebigen Beziehung. Ich war zutiefst deprimiert und dachte an Selbstmord.

Ich versuchte erneut, Zugang zu meinen medizinischen Unterlagen zu erhalten. Diesmal gab mir eine Frauenärztin einen dreiseitigen Kurzbericht. Zum ersten Mal in meinem Leben las ich darin das Wort »Hermaphrodit« und erfuhr alles, was sie vor mir geheimgehalten hatten, unter anderem die Zuweisung eines neuen Geschlechts und Klitorektomie.

Natürlich war dies eine ungeheuerliche Schande. Dies musste in den Köpfen der Erwachsenen vorherrschend gewesen sein, die mein Heranwachsen begleitet hatten. Die Tatsache, dass sie nie mit mir darüber gesprochen hatten, war der eindeutige Beweis dafür, dass dies etwas Unaussprechliches war. Ich verließ das Sprechzimmer der Ärztin wie durch einen Nebel taumelnd. Sie schrieb einen selbstgerechten Brief an das Krankenhaus und berichtete ihnen, wie gut ich mit meinem »wahren Geschlecht, d.h. weiblich« zurecht käme, und dass sie stolz auf ihre Arbeit sein könnten. Ich legte die Berichte beiseite und schaute sie die nächsten 13 Jahre weder an noch sprach ich mit jemandem darüber.

In diesen Jahren war ich sehr unglücklich. Ich hatte eine Reihe von Beziehungen mit Frauen, die alle von vornherein wegen meiner Unfähigkeit, emotional und sexuell präsent zu sein, zum Scheitern verurteilt waren. Ich studierte und arbeitete hart, verschmähte aber alles, was mich emotional berührte oder meine Ansichten beeinflusste. Ich studierte Mathematik am Massachusetts Institute of Technology und Japanisch in Harvard. Ich zog als geladene wissenschaftliche Beraterin der Regierung nach Japan. Ich war die Mitgründerin eines erfolgreich Hightech-Unternehmens. Wenn ich über meine innere Leere, meine

Einsamkeit und mein Unglück nachdachte, sagte ich mir, dass sich die Dinge mit zunehmendem Alter schon bessern würden.

Als ich Mitte dreißig war, wurde mir klar, dass dieser Fall nicht eintreten würde und dass 80 bis 100 Stunden Arbeit die Woche nicht mehr genügen würden, mich davon abzulenken, dass ich unglücklich war.

Ich kam zu der Erkenntnis, dass meine emotionale Verschlossenheit die Hauptursache für mein Unglücklichsein war. Ich beschloss, den Stier bei den Hörnern zu packen, und nahm an einem Trainingsprogramm für ehrenamtliche Krisenberater/innen für den Telefondienst teil. Die Ausbildung war eher experimentell als didaktisch angelegt und beinhaltete Rollenspiele. Dieser Prozess führte zu noch tieferem emotionalem Stress und Selbstmordgedanken, aber ich zwang mich, weiterzumachen. Ich wusste, wenn ich dieses Training durchhielt, könnte ich auf ein sinnvolles und glückliches Leben hoffen.

Mein Vater starb und ich reiste in die USA, um meine Mutter zu besuchen, die nun schon alt und gebrechlich war, um sie über die Einzelheiten meiner Geburt und meiner Medikalisierung zu befragen. Ich wollte alles wissen. Wer hatte wann was zu wem gesagt? Was hatten meine Eltern damals für Gefühle? Meine Mutter beantwortete meine Fragen so gut sie konnte, bestritt aber vehement, durch die Geschehnisse emotional beeinflusst worden zu sein, oder dass sie jemals auch nur einen zweiten Gedanken an diese Geschichte verschwendet hätte. Meine Interpretation ist, dass sie noch immer völlig von dem Geschehenen traumatisiert war, und nun von der Tatsache, dass das von ihr befürchtete Ergebnis eingetreten war – mir ging es schlecht, ich war wütend und ich konfrontierte sie mit den Folgen eines medizinischen Eingriffs, dem sie zugestimmt hatte. Nach diesem Besuch brachen meine Mutter und zwei meiner Schwestern jeglichen Kontakt mit mir ab. In der Zwischenzeit ist meine Mutter verstorben, ohne dass eine Versöhnung stattgefunden hätte. Meine Schwestern sind wütend, weil ich meine Mutter wegen Dingen, die doch so weit zurücklagen, dermaßen verletzt habe und haben sich von mir abgewandt.

Ich fragte die Intersex-Expert/innen an den Kliniken um Rat. Die meisten ignorierten mich einfach. Das überraschte mich, denn ich hatte erwartet, dass sie wenigstens neugierig sein müssten. Mit viel Hartnäckigkeit gelang es mir schließlich, mit einigen von ihnen zu sprechen, alles erfahrene und prominente Leute. Eine Ärztin reagierte auf meine Geschichte mit dem Kommentar, ich hätte eine wirklich »ausgezeichnete Behandlung« erhalten. Da ich das alles als ungeheuer grausam und inhuman erlebt hatte, empfand ich ihre Reaktion schlicht als schockierend. Ich begriff, dass klinische Intersex-Expert/innen keinen blassen Schimmer von Sexualität hatten, und mir daher auch keinen Rat geben konnten. Sie waren nicht in der Lage, mir auch nur einen Therapeuten oder eine Therapeutin mit Erfahrung oder Kenntnissen auf dem Gebiet der Intersexualität zu empfehlen. Obwohl einige versprachen, mich anderen intersexuellen Erwachsenen vorzustellen, hat dies nie jemand getan. Eine Ärztin gab mir gegenüber zu, dass sie zwar einer Reihe von Erwachsenen wiederbegegnet sei, die als Kinder unter ihrer Obhut an der Klitoris operiert worden waren, dass sie sie aber nie zu ihren Sexualfunktionen befragt hätte.

Ich begriff, dass ich mich der Scham entledigen musste, die mich behinderte. So begann ich, mit Freunden und Bekannten darüber zu sprechen, was mir widerfahren war. Innerhalb eines Jahres und nur durch Gespräche im persönlichen Umfeld hatte ich Kontakt mit sechs anderen Menschen mit ähnlicher Geschichte. Die medizinischen Einzelheiten unterschieden sich zwar, aber sie alle waren von Ärzten wegen ihrer Intersexualität auf eine Art und Weise behandelt worden, die sie als schädlich empfunden hatten und die sie verschämt und verstummt zurückließ.

Die Erkenntnis, dass Intersexualität tatsächlich relativ häufig ist, dass intersexuelle Erwachsene leiden, aber Intersex-Spezialist/innen ihnen nichts anzubieten haben – brachten mich dazu, die ISNA (Intersex Society of North America) zu gründen. Über 350 Erwachsene und Eltern von intersexuellen Kindern haben mittlerweile mit uns Kontakt aufgenommen. Es kommt häufig vor, dass wir, Briefe, E-Mails und Anrufe bekommen, in denen uns gedankt wird und in denen Menschen uns erzählen, dass der Kontakt mit der ISNA ihr Leben radikal verbessert hat.

Howard Devore

Ich bin inzwischen 40 Jahre alt und habe viel für meinen Heilungsprozess getan. Ich bin als Therapeut zugelassen und habe meine Erfahrung des unnötigen Leidens an der Intersextherapie dazu verwendet, um Mündigkeit von Patienten zu einem wichtigen Aspekt meiner Arbeit zu machen. Meine eigene Heilung ist durch die Zusammenarbeit mit Krebskranken noch ein ganzes Stück vorangeschritten, weil ich Menschen helfen konnte, unnötige medizinische Eingriffe zu vermeiden. Außerdem habe ich mich eingehend mit Sex und Sexualität befasst, was für mich sehr wichtig war, um zu einem Punkt zu kommen, von dem aus ich anderen Menschen helfen konnte, anstatt mich zu fühlen, als wäre ich allein auf der Welt. Dies half mir auch, zu begreifen, dass ich erfolgreiche Beziehungen haben konnte, Sexualität mit inbegriffen. Ein großer Teil der Niedergeschlagenheit und der Depressionen, die ich während meines Heranwachsens verspürte, fiel von mir ab als ich feststellte, dass sich die Ärzte und meine Eltern geirrt hatten. Sie glaubten, ich könne ohne normale Genitalien nicht glücklich sein. Als mir klar wurde, dass das nicht zutraf, änderte sich mein Leben von Grund auf.

Es war Mutters Aufgabe, mich zum Krankenhaus zu fahren und mich wieder abzuholen. Ich bin insgesamt sechszehn mal an meinen Genitalien operiert worden. Bis zum Alter von zehn Jahren schon zehn mal, ziemlich genau einmal pro Jahr. Es ist ziemlich schwierig für einen Vater, wenn sein Sohn von der Sexualnorm abweicht, und meinem fällt es bis heute schwer, darüber zu reden.

Es war schwer für meine Mutter, eine Hausfrau der fünfziger Jahre. Sie war diejenige, die all die Zeit mit den übermächtigen Ärzte-Teams zurechtkommen musste. Sie erzählte mir, wie das war, als ich geboren wurde, wie der Arzt kein Wort sagte und wie sie sich umwandte und die Schwestern zu Boden blickten, um ihr nicht in die Augen sehen zu müssen. Es wurde meinen Eltern nicht erlaubt, mich zu sehen, bis die Ärzte eine Reihe von Tests durchgeführt hatten und sich dazu durchringen konnten, mich als männlich zu klassifizieren.

Meine Kindheit war angefüllt mit Schmerz, Operationen, Hauttransplantationen und Isolation. Ich weiß noch, wie das war, wenn die Schulferien begannen, und die anderen Kinder irgendwo hinfuhren, um Spaß zu haben. Ich musste in den Ferien ins Krankenhaus, damit ich nicht zu viel vom Unterricht versäumte. Wenn die Ferien vorüber waren, kehrte ich in die Schule zurück, oft waren die letzten Operationsnarben noch nicht einmal verheilt. Manchmal hingen mir zu Schulbeginn noch die Schläuche aus dem Körper, man sah die Nähte und Narben, und ich konnte kaum laufen. Sie arrangierten für mich, dass ich die Lehrertoilette benutzen durfte. Keine Ahnung, was sie denen erzählt haben.

Ich kannte keine anderen Kinder, die so waren wie ich. Ich löcherte die Ärzte immer mit Fragen, aber sie antworten niemals darauf, außer dass ich vorsichtig sein und mich nicht beschweren sollte. Sie haben mir nie erzählt, dass es noch andere Kinder wie mich gab. Andere Kinder fuhren in die Ferien, ich fuhr in die Klinik. Kinder sind natürlich schnell darin, Andersartigkeit zu bemerken, und sie waren sehr grausam zu mir. Ich fühlte mich wie eine Missgeburt, eine Last für die gesamte Familie. Doch sie vermittelten mir, dass ich so zu tun hätte, als sei alles okay. Meine ganz private Hölle war etwas, womit ich allein fertig werden musste, und ich war sehr zurückgezogen und depressiv. Als Jugendlicher war ich nur noch hilflos und selbstmordgefährdet. Ich dachte, das sei ein guter

Ausweg. Ein wenig von dem, was in mir vorging, erzählte ich der Mutter eines Freundes, die Psychotherapeutin war. Sie schickte mich zu jemandem in die Sprechstunde, der mich evaluierte und feststellte, dass ich ernsthaft selbstmordgefährdet war.

Schon früh war ich sehr streng davor gewarnt worden, mich jemals anderen Kindern unbekleidet zu zeigen und sollte sie insbesondere nicht auf meine Genitalien schauen lassen. Natürlich hatten die anderen Kinder ziemlich schnell kapiert, dass ich über all die Jahre nicht die gleiche Toilette mit ihnen benutzte oder nach den Ferien nicht laufen konnte. Ich hatte Glück, dass ich in der Grundschule den anderen Kindern meine Genitalien nicht zeigen musste. In der Mittelstufe war mir mein Psychiater dabei behilflich, dass ich zwar am Pflichtunterricht in Sport teilnehmen, aber nicht mit den anderen Jungen duschen musste. Die hätten sicher ganz schöne Probleme gehabt mit dem, was sie da zu sehen bekommen hätten. Die Ärzte vertraten zwar die Meinung, man könne ein Kind mit uneindeutigen Genitalien nicht zur Schule schicken, aber die Genitalien, die sie mir dafür geschaffen hatten, sahen auf jeden Fall ziemlich merkwürdig aus.

Jedes Jahr operierten sie mich, und ich konnte zusehen und fühlen, wie die plastische Chirurgie jedes Mal wieder in sich zusammenfiel. Das hätte auch ihnen auffallen müssen – außer Arroganz und Inkompetenz gab es für viele der Eingriffe, die sie an mir ausführten, keinen Grund. Ich verbrachte viele Sommer mit chirurgischen Operationen, deren einziger Sinn darin bestand, den Urin aus meiner Penisspitze kommen zu lassen. Wenn sie meine Harnröhrenöffnung da gelassen hätten wo sie war: am Penisschaft nahe der Hoden, hätten mir mindestens zwölf Operationen erspart bleiben können. Und es traf nicht nur meine Genitalien. Sie entnahmen mir große Hautstücke von anderen Teilen meines Körpers, um eine Hautröhre zu schaffen, durch die ich pinkeln könnte, und die Stellen vernarbten ebenso.

Die Harnröhre, durch die die meisten Männer pinkeln, ist nicht aus normaler Haut, sondern aus speziellem Endothel, das den Kontakt mit Urin aushält und auch wenn es immer feucht und warm ist, nicht in sich zusammenfällt oder sich ständig entzündet. Die Röhre, die sie mir aus Haut von anderen Körperteilen schufen, löste sich ständig auf und ich bekomme regelmäßig Blasenentzündungen. Und ich muss mich immer noch hinsetzen beim Pinkeln. Ich war niemals ohne Fisteln, diesen Löchern in meinem Penis, wo die Methode versagt hatte. Die gesamte Harnröhre musste zweimal komplett erneuert werden, mit umfangreichen Hauttransplantaten. Wenn sie mich doch nur im Sitzen hätten pinkeln lassen, dann hätten weder ich noch meine Familie all das ertragen müssen – die Kosten, die Schmerzen, die wiederholten Operationen, die

Medikamente, die immer wiederkehrenden Transplantatabstoßungen und die Fisteln aus denen der Urin floss. Ich hätte gut damit leben können, aus dem Schaft meines Penis zu pinkeln statt aus der Spitze, aber dafür nicht in der Empfindsamkeit beeinträchtigt zu sein.

Das Versprechen, dass du im Stehen pinkeln wirst, ist einfach falsch, besonders wenn die Harnröhrenöffnung so weit unten sitzt. So ein langes Hautlappentransplantat heilt bei der starken Durchblutung der Genitalien einfach nicht ein. Ich glaube, sie wissen das längst, aber offensichtlich ist das Versprechen von Normalität und das äußere Erscheinungsbild der Genitalien für junge Eltern wichtiger als ein klares bewusstes Annehmen der Realität.

Anmerkung

1 Wilson und Reiner 1998

Kapitel 4

Ein globales Problem: Das heutige Ausmaß von weiblicher Genitalverstümmelung

In den letzten zehn Jahren sind mindestens 300 000 Menschen aus größtenteils afrikanischen Ländern, in denen die weibliche Genitalverstümmelung durchgeführt wird, in die USA eingewandert.[1] Die Frauen darunter sind für das US-amerikanische Gesundheitswesen bisher eine mehr oder weniger unsichtbare, stumme Personengruppe.[2]

Eine der Hauptursachen dafür liegt darin, dass die Frauen erst die Erlaubnis ihrer Ehemänner oder anderer männlicher Familienmitglieder benötigen, um medizinische Hilfe in Anspruch nehmen zu können. Es bedeutet eine weitere Einschränkung für sie, dass sie nur in deren Gegenwart untersucht oder behandelt werden dürfen. In vielen Gesellschaften, aus denen diese Frauen kommen, gilt eine Frau als entehrt, wenn ein anderer als der Ehemann ihren Körper berührt. Der Mann kann sich auf der Stelle von ihr scheiden lassen und sich dabei auf religiöse Gesetze berufen, die die Scheidung für Männer geradezu lächerlich einfach machen, während sie die Rechte von Frauen rigoros beschneiden.[3]

Weibliche Genitalverstümmelung ist in mindestens 28 Ländern Afrikas in allen Gesellschaftsschichten verbreitet.[4] Sie wird ebenfalls, mehr oder weniger sporadisch, auf der arabischen Halbinsel und gelegentlich auch in einigen Regionen Asiens durchgeführt. In Afrika allein, sind gemäß aktueller Schätzungen entlang einem durchbrochenen Gürtel quer über den Kontinent und entlang der Gesamtlänge des Nils 115-130 Millionen heute lebender Frauen genital verstümmelt worden.[5]

Diverse andere Schätzungen mögen um eine paar Millionen abweichen und die tatsächliche Anzahl betroffener Frauen ist des öfteren Gegenstand heißer Diskussionen. Ich bin jedenfalls der Meinung, dass das strenge Beharren auf statistischer Präzision, soweit es diese Zahlen betrifft, nichts weiter ist als pure Pedanterie und uns nicht weiter bringt. Die tatsächlichen Zahlen sind ohnehin nicht zu ermitteln, weil genaue Volkszählungen in den betroffenen Regionen, wo viele Völker weiterhin ein nomadisches Leben führen, nicht durchführbar sind. Alles, was wir wirklich wissen müssen ist, dass es Millionen über Millionen von Menschen betrifft und tagtäglich mehrere tausend (ca. 6000) weibliche Kleinkinder, Mädchen und junge Frauen genital verstümmelt werden.

> *»Wenn ein Mann durch religiöse, familiäre, ethnische oder medizinische Traditionen dazu gebracht worden ist, einen Teil seiner Geschlechtsorgane als hässlich, nutzlos, schmutzig oder sogar gefährlich zu missachten, so wird er nur allzu bereit sein, auch die weiblichen Genitalien als hässlich, nutzlos, schmutzig oder gefährlich anzusehen«*
>
> Hammond und Kimme

Erwähnen möchte ich hier, dass in Gesellschaften, in denen die weibliche Genitalverstümmelung allgemein durchgeführt wird, auch die Jungen beschnitten werden.

Das Alter, in dem Genitalbeschneidungen vorgenommen werden, variiert von einer afrikanischen Gesellschaft zur anderen, einige führen sie bereits im Säuglingsalter durch, andere vor der Einschulung und andere wiederum an Heranwachsenden oder aber kurz vor oder kurz nach der Hochzeit. In einigen Regionen Afrikas scheint der Brauch prozentual zurückzugehen. Doch durch die schnelle Wachstumsrate der afrikanischen Bevölkerung hat die tatsächliche Anzahl der Mädchen, die die Beschneidung erleiden müssen, ebenfalls proportional zugenommen.

Was auch immer die Ursprünge der weiblichen Genitalverstümmelung gewesen sein mögen, sie ist im heutigen Afrika eng verwoben mit beinahe flächendeckender Armut, Analphabetismus und dem sehr niedrigen sozialen Status von Frauen, abgesehen von privilegierten, gebildeten Frauen der gehobenen Gesellschaftsschichten. Folglich ist den meisten Frauen völlig fremd, dass sie überhaupt Menschenrechte haben und dass weibliche Genitalverstümmelung eine grobe Verletzung dieser Rechte darstellt. Auch wenn Frauen heute in vielen Teilen Afrikas das Wahlrecht besitzen und somit theoretisch politische Entscheidungen, die ihre Gesundheit und ihr Wohlergehen betreffen, beeinflussen könnten, halten doch fast alle an den rigiden Vorschriften einer überholten gesellschaftlichen Ordnung fest, die offensichtlich ihre Menschenrechte missachtet. Somit halten sie auch die traditionelle Definition ihrer untergeordneten Stellung in der Gesellschaft für unveränderbar.

In Gegenden, wo die weibliche Genitalverstümmelung bei mehr als 90 Prozent der Frauen vorkommt, scheint selbst ein höheres Bildungsniveau wenig oder auch gar keinen Einfluss auf die Verbreitung des Rituals zu haben. Die einzige bisher bekannte Ausnahme bildet da scheinbar Eritrea, wo sich mehr als 40 Prozent der Erwachsenen ein Ende dieser Praktiken wünschen. Der Widerstand gegenüber diesen Bräuchen ist, wie zu erwarten, am höchsten unter den gebildeten Einwohnern größerer Städte. In Gegenden, wo die Beschneidungsrate relativ niedrig ist, zeigen die Familien, die in der Lage sind, ihre Töchter auszubilden, auch wenig Neigung, sie genital verstümmeln zu lassen.

Dem möchte ich gegenüber stellen, dass in den USA, wo Bildung nicht nur zugänglich, sondern für Mädchen und Jungen obligatorisch ist, die Amerikanische Akademie für Kinderheilkunde kürzlich die therapeutische Klitorektomie bis zum Alter von 15 Monaten bei Mädchen empfohlen hat, deren Klitoris länger als 9,4 Millimeter misst, und dass diese Empfehlung von den meisten Eltern befolgt wird.

Die allgemeine Schulpflicht hat bisher auch nichts daran geändert, dass in US-amerikanischen Krankenhäusern routinemäßig und angeblich aus medizinischen Gründen die männlichen Beschneidung durchgeführt wird (worauf ich in den folgenden Kapiteln ausführlicher eingehen werde).

Weibliche Genitalverstümmelung ist von der Weltfrauenkonferenz in Peking als Menschenrechtsverletzung verurteilt worden, ebenso von der Internationalen Konferenz für Bevölkerungsentwicklung, der Weltgesundheitsorganisation WHO, von der Familienplanungsabteilung der Vereinten Nationen und von UNICEF. Trotzdem werden in der westlichen Welt täglich Klitorektomien vorgenommen, in den USA insgesamt 1 500-2 000 pro Jahr, an den winzigen Genitalien von Säuglingen, die das erlaubte Limit überschritten. Weil diese Eingriffe vom männlich dominierten medizinischen Establishment als »Rekonstruktive Chirurgie« definiert wurden, tauchen die Opfer nicht einmal in den internationalen Statistiken von weiblicher Genitalverstümmelung auf.[6]

Für alle Jungen, die mit einem Penis geboren werden, der weniger als 25 Millimeter lang ist, oder jene, die ihren Penis bei einer missglückten Zirkumzision völlig verloren haben, empfiehlt die Amerikanische Akademie für Kinderheilkunde ebenso, dass sie penektomiert, kastriert und einer »geschlechtsanpassenden Rekonstruktionschirurgie« sowie einer feminisierenden Hormontherapie unterzogen werden.

Anmerkungen

1 Horowitz & Jackson, (1997)
2 Garb, M., (1990)
3 Saadawi, N., (1982) S. 217-228
4 U.S. Department of State, (1997)
5 Ebd.
6 Greer, G., (1999) S.101

Kapitel 5

Weibliche Genitalverstümmelung bei Afrikanerinnen sowie die physischen und psychischen Konsequenzen

Schauplatz ist Manchester, ein angenehmer Londoner Vorort. Hier das Haus und der gepflegte Garten von Dr. Abdul Baten Jalal, einem angesehenen algerischen Arzt. Doch Nachbarn haben sich über durchdringende Schreie beschwert, die beinahe täglich von seinem roten Ziegelsteinhaus ausgehen. »Als ob Lämmer geschlachtet werden«, sagen sie schaudernd, aber Näheres können sie dazu nicht sagen. Der Arzt selbst verweigert strikt jede Aussage. Um herauszufinden, was in diesem mysteriösen Haus vor sich geht, ruft Jane Inebe, eine ugandische Sozialarbeiterin, den Arzt an. Im Verlauf des folgenden Gesprächs wird deutlich, womit der Mann seinen Lebensunterhalt verdient. Nachdem sie sich selbst als somalische Mutter von zwei Töchtern im Vorschulalter ausgegeben hat, fragt Jane Inebe: Können Sie meine Töchter beschneiden?« »Ich kann zwei pro Tag machen«, antwortet er, »ich beschneide sie, und ich nähe sie auch zu. Das wird Sie 150 Pfund pro Kind kosten. Kommen Sie am Freitag in meine Praxis.«

Unter dem Deckmantel der Tradition und britischem Recht zuwider handelnd, hat dieser Allgemeinarzt gerade zugestimmt, für umgerechnet 230 Euro zwei kleine Mädchen zu verstümmeln.[1]

»Es sind nicht nur ein oder zwei Ärzte, die das tun«, erzählt Frau Inebe Journalisten, »Sie sind überall zu finden. Sie sind immer noch besser als die alten Frauen, die es auch tun. Die meisten von ihnen sind halb blind und können nicht mal sehen, was sie da wegschneiden.«

Der Export weiblicher Genitalverstümmelung nach Amerika und Europa

Menschen lassen ihre Jahrtausende alten Bräuche nicht einfach hinter sich zurück, wenn sie Grenzen überqueren. Infolgedessen findet die heimliche genitale Beschneidung von afrikanischen Mädchen nun überall in Großbritannien, auf dem europäischen Festland, in Kanada und in den USA statt, wo sich Gemeinschaften afrikanischer Einwanderer befinden, die stetig größer werden. In England allein werden jährlich Tausende junger Migrantinnen dem Ritual unterzogen. Trotzdem ist bis heute in Großbritannien kein praktizierender Beschneider vor Gericht gestellt worden. Bisher ist nur bekannt, dass die Britische Medizinische Gesellschaft 1993 einen Gynäkologen aus der Harley Street in London aus ihrer Gesellschaft ausschloss, weil er genitale Verstümmelungen durchgeführt hatte.

Nach Schätzungen von Nawal Saadawi, einer bekannten ägyptischen Ärztin, Menschenrechtsaktivistin und Autorin, deren Buch *The Hidden Face of Eve* (Das verborgenen Gesicht Evas) anschaulich ihr eigenes Kindheitstrauma in Ägypten schildert, werden jährlich 40 000 dieser Eingriffe heimlich an Migrantinnen in den Vereinigten Staaten durchgeführt.[2]

DIE UNTERSCHIEDLICHEN BESCHNEIDUNGSARTEN

Die in Afrika üblichen Praktiken unterscheiden sich regional voneinander. Bei einigen Bevölkerungsgruppen ist die teilweise oder vollständige Entfernung der Klitoris gebräuchlich. Bei anderen beinhaltet das Verfahren das Herausschneiden (Exzision) der kleinen Schamlippen. Die drastischsten Beschneidungsformen finden sich am »Horn von Afrika« (Somalia, Dschibuti, Eritrea), in Nord- und Zentralsudan, Ägypten, Teilen von Kenia und Äthiopien sowie im subsaharischen Westafrika, Sierra Leone und Mali.[3]

In diesen Teilen Afrikas kommen alle zuvor genannten Beschneidungsformen vor. Zusätzlich gibt es Formen der Genitalverstümmelung, bei denen die äußeren Schamlippen ausgeschabt und die verbliebene Haut über der Wunde bis hinunter zum Damm vernäht, wird, so dass ein Keuschheitsgürtel aus dem eigenen Fleisch des Mädchens entsteht. Nur eine winzige Öffnung vom Durchmesser eines Strohhalms oder eines Streichholzes wird belassen, welche für den Urin- oder Menstruationsfluss ausreichen soll, aber oft nicht ausreicht.[4]

Diese weit verbreitete Beschneidungsart wird Infibulation oder Pharaonische Beschneidung genannt, basierend auf dem Glauben, dass sie dem Nildelta zur Zeit der Pharaonen entstammt. Der Ausdruck »Zirkumzision« meint eigentlich »Drumherumschneiden« und ist eine irreführende Fehlbezeichnung, die nahe legt, die weitaus drastischere weibliche Beschneidung mit der männlichen zu vergleichen. Wollte man die Pharaonische Beschneidung auf die männliche Anatomie übertragen, so hieße das die Amputation eines großen Teils oder des gesamten Penis, das Wegschneiden des weichen Gewebes an der Basis und Teilen des Hodensacks.

Um den Schweregrad männlicher Beschneidung zu definieren, könnte man zum Vergleich das Zerquetschen und Abreißen der Augenlider heranzuziehen, einen Eingriff, für den man wohl kaum Freiwillige unter den Befürwortern der männlichen Beschneidung finden würde, um die Harmlosigkeit dieses Verfahrens unter Beweis zu stellen.

Während Klitorektomien und Exzisionen von afrikanischen Völkern unterschiedlicher Religion und kultureller Orientierung vorgenommen werden, wird die Infibulation fast ausschließlich von Muslimen durchgeführt. Dabei handelt es sich eher um einen regionalen denn um einen religiösen Brauch, der mindestens 1200 Jahre älter als der Islam ist, und es wird angenommen, dass 80 Prozent aller weltweit lebenden Muslime ihn nicht praktizieren.

Allerdings können solche Schätzungen auch recht fern von der Realität liegen. Viele Aspekte des Lebens islamischer Frauen bleiben Außenstehenden verborgen, und dies gilt besonders für den Zustand ihrer Genitalien.[5] Auch wenn diese Praktiken nicht dem Islam entsprungen sind, so liegt doch auf der Hand, dass sie in islamisch geprägten Gesellschaften auf große Akzeptanz stießen. In Ländern, deren Regierungen unter dem Einfluss religiöser Fundamentalisten stehen, die stur auf Keuschheit und der strengen Unterdrückung weiblicher Sexualität beharren, gibt es zweifellos einen fruchtbaren Nährboden für die extremen Formen der Exzision und vor allem der Infibulationen.[6] In Somalia und Teilen Äthiopiens wird häufig noch die Introzision, eine noch drastischere und lebensgefährlichere Variante durchgeführt, bei der das untere Drittel der Vagina tief eingeschnitten oder bis auf die Muskulatur ausgeschabt wird. Den Frauen wird weisgemacht, dies erleichtere ihnen die Geburt. Natürlich ist genau das Gegenteil der Fall, und damit ist die tatsächliche Absicht erreicht, die weibliche Sexualität dadurch zu kontrollieren, dass man den Geschlechtsverkehr für die Frau so schmerzhaft wie möglich gestaltet, um sich weiterhin ihrer Treue und Keuschheit zu versichern.

Die Begründungen für weibliche Genitalverstümmelung

Jede Gesellschaft hat ihre eigenen Regeln und Verhaltenskodizes, an die sich alle Mitglieder halten müssen, um von der Gruppe akzeptiert zu werden. In den meisten afrikanischen Gesellschaften müssen Frauen für diese Akzeptanz einen hohen persönlichen Preis bezahlen.

In Gesellschaften, die genitale Beschneidungen in ihre Initiationsriten integrieren, werden Frauen nicht als solche geboren. Zur angesehenen Person und zur integrierten Frau wird ein Mädchen erst nach dem Vollzug des gesellschaftlich festgelegten Rituals, das ihm Würde und Status verleiht, was in der teilweisen oder vollständigen Entfernung der Genitalien gipfelt[7].

Für Menschen aus anderen Kulturen mag es schwer zu verstehen sein, warum diese äußerst schädigenden Praktiken noch immer weiter bestehen, aber weil genital verstümmelte Frauen in Gesellschaften aufgewachsen sind, in denen Genitalbeschneidung eine Selbstverständlichkeit ist, betrachten sie es als völlig normal und sind fest davon überzeugt, dass es absolut notwendig ist für ihre Gesundheit, ihr Wohlbefinden und ihre soziale Akzeptanz.

Die Menschen der westlichen Welt sind regelmäßig schockiert, wenn sie erfahren, dass auch gebildete Frauen und Männer unter den eifrigsten Verfechtern weiblicher Beschneidung zu finden sind und dass sie diese als wesentlichen Bestandteil ihrer Tradition und ihrer Zusammengehörigkeit rechtfertigen, wobei sie sie heftig gegen das verteidigen, was sie als einen weiteren imperialistischen Versuch werten, die afrikanische Identität zu zerstören. Leider sind im Laufe der Zeit tatsächlich unzählige solcher Versuche unternommen worden, angefangen von den Bemühungen christlicher Missionare bis zu den Gesetzen, die von unterdrückerischen Kolonialherren installiert wurden.

Der heftigste Widerstand gegen die westliche Einmischung bei den traditionellen Ritualen kommt meistens nicht von Männern, sondern von Frauen, deren eingegrenzte und beschränkte Lebensumstände ihnen kaum die Möglichkeit bieten, einen anderen Standpunkt zu vertreten, als den, der in ihrer Gesellschaft maßgeblich ist. Leider sind die Bemühungen westlicher Feministinnen, Veränderung zu bewirken, wie von Afrikanerinnen, die solcher Einflussnahmen überdrüssig sind, oft genug erklärt wird, allzu häufig ungeschickt, äußerst unsensibel, den afrikanischen Kulturen gegenüber ignorant, aufdringlich und selbstgerecht. Die erbitterte Rechtfertigung dieser Praktiken, auch von vielen afrikanischen Intellektuellen, wird eher verständlich, wenn man begreift, dass unbeschnittene Frauen historisch gesehen, vor allem in arabisch-islamisch geprägten Gesellschaften der südlichen Sahara als Sklavinnen, Prostituierte und andere nicht unter dem Schutz von Männern stehende Frauen niederer Stände betrachtet wurden. Ihr trauriges Los machte sie und – was weitaus tragischer war, ihre Kinder – zu einer leichten Beute für Vergewaltiger, Plünderer und Sklavenhändler.

»Wir müssen diesen Unsinn stoppen. (...) Gott gab uns Kinder als

Geschenk, damit wir sie richtig aufziehen, und nicht, um sie zu verstümmeln.«

Äthiopische Menschenrechtsaktivistin

Während es Männern frei steht, vorehelichen und außerehelichen Geschlechtsverkehr mit einer beliebigen Anzahl von Partnerinnen sowie mehrere Ehefrauen zu haben, »ist das einzig akzeptable Bild einer Frau, die ihren Platz in der Gesellschaft hat, das einer solchen, die beschnitten, fügsam, fruchtbar, ehefähig, hart arbeitend, asexuell und gehorsam ist.«[8] Sexuelles Verlangen und erotische Ansprechbarkeit werden als Gefährdung für eine »anständige« Frau gesehen, die es würdig ist, die Familie fortzuführen. In Gesellschaften, in denen Frauen beschnitten werden, bedeutet weibliche Sexualität eine solche Bedrohung der sozialen Ordnung, dass ihr ständig und vehement ein Riegel vorgeschoben werden muss. Frauen gelten als das wesentlich sexuellere Geschlecht, welches stärkerer äußerer und innerer Kontrollen bedarf als Männer. Die Lösung des Problems, so glaubt man, ist die Entfernung der anstößigen Organe, mit anderen Worten, die Entfernung der Genitalien.

»Die Ehre einer ägyptischen Familie liegt zwischen den Beinen einer Frau. Sie versuchen immer, die Kontrolle darüber zu behalten und sicherzustellen, dass die Tür geschlossen ist. Das ist total ungerecht und überhaupt sinnlos. Warum fügen sie uns weiterhin derartiges Leid zu?«

Eine pharaonisch beschnittene ägyptische Frau

In Gesellschaften, die die Pharaonische Beschneidung praktizieren, gilt die herausgeschnittene und perfekt geglättete Scham, deren Genitalhügel zur Ebene reduziert wurde, als schön und für Männer sexuell begehrenswert. Das intakte weibliche Genitale wird unter anderem als abstoßend, schmutzig und stinkend verachtet. Von der Klitoris wird angenommen, sie könnte die Manneskraft zerstören und den Säugling bei der Geburt töten. Viele Sudanesen glauben, dass die unbeschnittene Klitoris bis auf Gänsehalslänge heranwachsen und zwischen den Beinen baumeln würde, um mit dem Penis des Mannes zu wetteifern. Diese Vorstellung ruft bei den Männern große Furcht und Abscheu hervor.

Im Sudan, wo ich selbst den Hauptteil meiner Untersuchungen durchführte, scheint die Pharaonische Beschneidung den Menschen ein Gefühl großer Überlegenheit zu vermitteln. Die Sudanesen rühmen sich damit, ihre Mädchen »rein zu kratzen«. Die arabisch-islamischen Völker am Horn von Afrika unterscheiden sich selbst von den anderen, ihrer Meinung nach minderwertigen afrikanischen Völkern, durch diesen extrem zerstörerischen Eingriff, den sie an ihren Töchtern durchführen. Sie sehen auf ethnische Gruppen herab, deren Bräuche weniger drastische Eingriffe fordern, wie die partielle oder auch die vollständige Entfernung der Klitoris, und betrachten besonders jene Gesellschaften, die überhaupt keine Beschneidungen durchführen, als unwissend und schmutzig.[9]

Während dieses Gefühl des Stolzes und der Überlegenheit es den Menschen im Sudan ermöglicht, mit einer erwachsenen westlichen Frau wie mir offen über ihre Praktiken zu sprechen, ist dies in anderen Teilen Afrikas, beispielsweise in Kenia, Äthiopien, Somalia und Sierra Leone immer ein Tabu gewesen, oft unter der Androhung der Todesstrafe. Hier war ein Gelübde des Schweigens immer ein wesentlicher Bestandteil des Rituals.[10, 11]

Paradoxerweise sind Anhänger/innen der weiblichen Genitalverstümmelung davon überzeugt, dass diese Praktiken eine Fülle von – in Wirklichkeit überhaupt nicht existierenden – Gesundheitsvorteilen mit sich bringen. Weibliche Genitalverstümmelung soll die Reinlichkeit fördern, vor allen möglichen Krankheiten schützen, die Fruchtbarkeit erhöhen, eine ruhige und freundliche Persönlichkeit schaffen, Empfängnis und Niederkunft erleichtern(!), den so gefürchteten übel riechenden Ausfluss verhüten, parasitären vaginalen Erkrankungen sowie der Verunreinigung der Muttermilch vorbeugen.

Ferner wird geglaubt, die Infibulation bzw. Pharaonische Beschneidung beuge dem Gebärmuttervorfall vor, hielte Frauen vom vorehelichen und außerehelichen sexuellen Aktivitäten ab und steigere das sexuelle Vergnügen des Mannes.[12]

Dieses Glaubenssystem hat eine einzigartige Parallele in den Vereinigten Staaten, wo der größere Teil der Bevölkerung ähnliche Überzeugungen hegt, wenn es um die tief verwurzelte kulturelle Praxis der Entfernung der völlig gesunden Vorhaut des männlichen Neugeborenen geht. Dem Mythos angeblicher Gesundheitsvorteile, erhöhter sexueller Attraktivität und Leistungsfähigkeit, sowie der Vorbeugung einer ganzen Reihe von schrecklichen Erkrankungen, AIDS inbegriffen, wird auch angesichts erdrückender wissenschaftlicher Beweise, die diese Vorstellungen ad absurdum führen, Glauben geschenkt. Genau wie bei der weiblichen Genitalverstümmelung in Afrika, löst schon der bloße Gedanke an die Abschaffung dieser merkwürdig begründeten Penis-Häutung bei Neugeborenen bei den praktizierenden Ärzten in den USA große Furcht aus. Und wenn die vermutlich aufgeklärte Bevölkerung einmal ernsthaft darüber nachdenken würde: was soll Gutes dabei herauskommen, wenn dem hochsensiblen Penis eines Säuglings, der festgehalten wird und unbetäubt ist, die Vorhaut abgezogen wird, und welche unvorhersehbare Flut an nachteiligen psycho-sexuellen Folgen könnte dieser unwissende Akt zur Folge haben?

Obwohl ein infibulierter, glatter Schambereich bei Frauen unleugbar »aufgeräumter« aussieht als intakte Genitalien, ist tatsächlich das Gegenteil der Vorstellung von größerer Sauberkeit wahr. Menstruationsblut und Urin können nicht ungehindert abfließen und stauen sich in der eng zugenähten Vagina, die Ausscheidungsprodukte sammeln sich nach und nach hinter der vernähten Haut an und bieten einen perfekten Nährboden für Infektionen.

In den meisten afrikanischen Gesellschaften, die Genitalverstümmelung praktizieren, wird im Krankheitsfall einer Frau ihre Erkrankung übernatürlichen Kräften und dem Einfluss böswilliger Geister zugeschrieben.

Die Befürworter/innen dieser Praktiken sind zutiefst davon überzeugt, dass die von der Vulva produzierten Sexualsekrete übelriechend und unrein sind und dass, wenn einen Frau diesen Körperteil reinigt, ihre Hand derart kontaminiert wird, dass sie zur Nahrungszubereitung nicht mehr geeignet ist. Ein Mädchen, das nicht beschnitten ist, gilt im Glaubenssystem dieser Menschen als verdorben, nicht heiratsfähig und Mitleid erregend.[13]

Die Beschneiderinnen und Beschneider

Bei der ländlichen Bevölkerung sind die Ausführenden der Beschneidung zumeist medizinisch nicht ausgebildete alte Frauen mit nachlassender Sehkraft. Die Zeremonie findet generell auf dem Lehmboden einer Hütte statt, mit improvisierten, unsauberen Instrumenten und unter schlechten Lichtverhältnissen. Sie wird an Kleinkindern durchgeführt, die sich erfolglos wehren und mit Gewalt festgehalten werden.

Eine tragische Folge des steigenden Bewusstseins der gesundheitlichen Konsequenzen weiblicher Genitalverstümmelung stellt eine zunehmende Medikalisierung, das heißt, die Durchführung der Beschneidung in Krankenhäusern dar.

> *»Es muss alles dafür getan werden, die ›Medikalisierung‹ jeglicher Form weiblicher Genitalverstümmelung zu verhindern. Und das auf der Grundlage der wesentlichen ethischen Richtlinien der Medizin, wonach körperliche Verstümmelungen keinesfalls vom Gesundheitspersonal geduldet werden dürfen.«*
>
> WHO Informationsbroschüre, August 1996

Manche mögen sich da fragen, was für ein Mensch sein täglich Brot damit verdient, diese Eingriffe durchzuführen. Wer außerhalb einer solchen Kultur lebt, wird versucht sein, Beschneiderinnen undifferenziert als sadistische Monster abzutun. Die tatsächlichen Motive, einen solchen Beruf zu ergreifen, sind jedoch vielschichtig und komplex.

So wie manche Ärzte der westlichen Welt ergreifen auch einige afrikanische Beschneider und Beschneiderinnen diesen Beruf aus Geldgier, gepaart mit Geltungsdrang und Machtstreben. Andere wiederum schlagen diesen Weg aus tiefster und immer wieder bestärkter Überzeugung ein, dass sie mit der Beschneidung eine notwendige, wertvolle und daher auch stark nachgefragte soziale Dienstleistung anbieten.

In dem Krankenhaus der sudanesischen Hauptstadt Khartum, wo ich die Erlaubnis erhalten hatte, die Auswirkungen der weiblichen Genitalverstümmelung auf den Geburtsvorgang direkt zu studieren, war es kein Geheimnis, dass ich eine genital intakte Frau war. Alle Krankenschwestern und Hebammen waren versierte Beschneiderinnen, die wegen ihrer medizinischen Kenntnisse sehr gefragt waren. Dies verschaffte ihnen ein recht gutes Einkommen, und ihre Einkünfte aus dieser Tätigkeit überstiegen bei weitem das schäbige Gehalt, das ihnen vom Krankenhaus gezahlt wurde. Obwohl wir einen bemerkenswert freundlichen Umgang hatten und sie mich oft zu sich nach Hause einluden, spürte ich mehr als einmal so etwas wie eine – wahrscheinlich gerechtfertigte – Furcht, denn ohne jeden Zweifel mischte ich mich in eine Angelegenheit ein, die ihren Lebensunterhalt betraf. Es muss besonders erwähnt werden, dass ausnahmslos jede dieser Frauen in ihrer Kindheit der Pharaonischen Beschneidung unterworfen worden war und dass jede von ihnen fest daran glaubte, dass sie dies reiner, begehrenswerter und zu einer aufregenderen Sexpartnerin für ihren Mann gemacht habe.

Sie nannten mich »El Shadida«, die starke Frau. Zwischen uns entspann sich ein seltsames kleines Spiel, das unsere kulturell weit auseinander klaffenden Überzeugungen und unseren Sinn für das Absurde überdeutlich machte. Immer wenn ich am frühen Morgen im Kreißsaal ankam, trat die eine oder andere Hebamme an mich heran und fragte hinter vorgehaltener Hand in leisem Flüsterton, ob ich denn nun endlich beschnitten worden sei. Meine Rolle in der sich immer wiederholenden kleinen Farce bestand darin, in gespielter tiefster Verlegenheit meinen Kopf zu schütteln und mit verschämter Miene zu gestehen, nein noch immer nicht. Sie pflegte mich dann immer in Richtung des grässlichen Entbindungstisches zu drängen, an dem die Farbe abblätterte und der mit einem rissigen, eklig braunen Öltuch bedeckt war, und mir salbungsvoll die Beendigung meines schamhaften Zustandes anzubieten. Es würde schnell und professionell geschehen, pflegte sie zu versichern, und da sie ja wüsste, wie verzweifelt ich ihrer Dienstleistung bedürfe, würde sie mir einen exzellenten Preis machen. Die Last meines skandalösen Zustandes würde von meinen Schultern genommen, und ich wäre süß duftend und rein. Meine Rolle in diesem kleinen Drama erforderte nun, ihr überschwänglich und mit ausgesuchter Höflichkeit für ihr bewegendes Mitgefühl zu danken und dann meine kleine herzbewegende Rede mit einem nachdrücklichen »Aber trotzdem will ich lieber behalten, was ich habe« zu beenden.

Dies löste regelmäßig allgemeines Kreischen und Lachsalven aus, und nachdem wir unser gemeinsames Gelächter genossen hatten, begaben wir uns zum Teehäuschen, um wie gewohnt unseren Morgentee einzunehmen. Wir waren alle die besten Freundinnen, und auch wenn ich gelegentlich so meine Befürchtungen hatte, bezweifle ich, dass sie mir jemals etwas angetan hätten.

Unmittelbare Konsequenzen und Spätfolgen der weiblichen Genitalverstümmelung

In jüngster Zeit hat sich so einiges an Literatur zum Thema weibliche Genitalverstümmelung angesammelt. Der Vorgang der Beschneidung wurde durch Foto und Film dokumentiert und öffentlich gemacht. Im Vergleich dazu mangelt es bis heute an Dokumentationen der körperlichen und seelischen Folgen dieser Praktiken. Diese sind weitreichend, dauern ein Leben an und berühren jeden Aspekt eines Frauenlebens. Weil diese Rituale ganze Landstriche durchdrungen haben und hauptsächlich an ganz kleinen Mädchen vorgenommen werden, fehlt den Praktizierenden der Vergleich mit intakten Frauen, und so kann der Zusammenhang zwischen dem Eingriff und seinen zerstörerischen Konsequenzen für die körperliche und emotionale Gesundheit im späteren Leben der Frauen von der Bevölkerung nicht nachvollzogen werden. Das Unvermögen, diesen Zusammenhang herzustellen, ist absolut entscheidend für den Fortbestand dieser Praktiken.[14]

Sofort auftretende Komplikationen nach weiblicher Genitalverstümmelung

Wie nicht anders zu erwarten, zählen zu den sofort auftretenden Komplikationen des Eingriffs Blutverlust, Schock wegen unerträglicher, anhaltender Schmerzen, Infektionen, Blutvergiftung, Wundstarrkrampf, Gangrän und der verschlussbedingte Urinstau. Fisteln können sich entwickeln, wenn man dem sich wehrenden Mädchen die Harnröhre oder den Anus verletzt, was zu lebenslanger Inkontinenz führt.[15, 16, 17] Sie kann Lähmungen davontragen, wenn die Nerven oder Bänder ihrer Beine versehentlich durchtrennt werden.

Schwer beeinträchtigende Infektionen infolge des Eingriffs sind praktisch die Regel, wenn sich nach und nach immer mehr Harnrückstände hinter der vernähten Hautbrücke anstauen. Diese Infektionen können sich letztendlich über das gesamte reproduktive System und die Nieren ausbreiten. Häufig entwickeln sich noch weitere gynäkologische und uro-genitale Komplikationen. Diese können zu Wulstnarbenbildung und Steinen führen, die das Laufen dauerhaft beeinträchtigen, Abszesse und Zysten, Schmerzen beim Geschlechtsverkehr, Inkontinenz, eine mit Blut gefüllte und gestaute Vagina hervorrufen und zu einem frühen Tod führen können.[18, 19, 20, 21]

Selbst wenn ein beschnittenes Mädchen nicht zugenäht wurde, kann die Wunde von selbst spontan infibulieren, was häufig während des Heilungsprozesses geschieht.

Während genaue Statistiken über die Todesfälle, die dem Ritual zuzuschreiben sind weder existieren noch zu erstellen sind, liegen die medizinischen Schätzungen sehr hoch. Im Sudan schätzen Mediziner die Todesrate auf 10 bis 30 Prozent.

Wasser lassen und Menstruieren

Wenn ein Mädchen so zugenäht wurde, dass nur eine winzige Öffnung zum Damm hin verbleibt, die allein durch das Einlegen eines Strohhalms offengehalten wird, so kann sie ihren Urin nur noch durch angestrengtes Pressen Tropfen für Tropfen qualvoll herausquetschen.

Wenn ein Mädchen sexuell heranreift und die Menarche beginnt, verschlimmern sich die durch die enge Infibulation bedingten Probleme. Es ist für eine eng verschlossene Jungfrau nahezu unmöglich, ihr Menstruationsblut herauszupressen.[22, 23] Ein Großteil davon kann sich nach und nach hinter der Infibulation verklumpen und sich einfach dort ansammeln. Die normale vier- bis fünftägige Menstruation verlängert sich auf 10 bis 15 Tage. Während dieser Zeit hat das Mädchen oft solche Schmerzen, dass es unfähig ist, zur Schule zu gehen oder seiner Arbeit nachzukommen.[24]

Eheleben

Nach einer Eheschließung muss die Infibulation eines Mädchens vom Bräutigam aufgerissen werden. Er vollbringt dies gewöhnlich, indem er eine Öffnung schafft, die er anschließend schrittweise, mit immer wieder wiederholten vaginalen Penetrationsversuchen zu vergrößern versucht – über einen Zeitraum von höllisch schmerzhaften Tagen, Wochen oder sogar Monaten – bis diese Öffnung groß genug ist, um »normalen« Geschlechtsverkehr zu ermöglichen.

Obwohl es eine Schande für einen Mann darstellt, wenn er nicht in der Lage ist, seine Frau mit dem Penis zu öffnen, berichteten mir viele sudanesische Ärzte und Ärztinnen, dass dies tatsächlich den wenigsten gelingt, egal was sie uns glauben machen wollen. Der ärztlichen Meinung nach kann diese harte fibröse »Narbenwand«, aus der eine Infibulation besteht, nicht mit bloßem menschlichem Fleisch durchbrochen werden. Das zarte Areal, wo sich einst die weiblichen Genitalien befanden, wurde in straffes fibröses Narbengewebe verwandelt, welches mehr Ähnlichkeit mit gegerbtem Leder hat denn mit menschlichem Gewebe. Die traurige Wahrheit ist, dass die Männer unter diesen Umständen selber auf »ein kleines Messerchen« zurückgreifen müssen, oder wenn sie damit keinen Erfolg haben, diskret eine Hebamme für ihre Dienste und ihr Schweigen bezahlen.

Verschiedene Chirurgen, die ich interviewte, berichteten mir, wie sie bei dem Versuch, die genitalen Narben einer anästhesierten Patientin zu durchtrennen, mehrere Skalpelle zerbrochen hatten.

Entbindung

Die wahrscheinlich schwerwiegendste Folge der Schamlippenentfernung ist, dass sie die natürliche Anatomie derart verändert, dass der Geburtsverlauf erheblich beeinträchtigt wird, selbst bei Frauen, die nicht infibuliert wurden oder bei denen die Wundränder nicht von selbst zusammenwuchsen. Die Elastizität der Schamlippen ist für den Geburtsvorgang von zentraler Bedeutung, da sie den normalen Dehnungsprozess der Vagina und der Vulva unterstützt, der notwendig ist für die Geburt eines Kindes. Die Entfernung der Schamlippen zerstört die natürliche Fähigkeit, den Geburtskanal zu weiten. Im Endergebnis bedeutet die Beschneidung, dass sich dort, wo ursprünglich elastisches, labiales Gewebe war, nun sprödes, unelastisches Narbengewebe befindet. Wenn eine pharaonisch beschnittene Frau ein Kind gebiert, kann sich das Narbengewebe nicht mehr als vier Zentimeter dehnen, aber es sind zehn Zentimeter nötig, damit der Kopf des Säuglings passieren kann. Darum muss ein großer, nach vorn erweiterter Dammschnitt angelegt und nach der Geburt sofort wieder eng vernäht werden.

Ich war Augenzeugin bei mehr als hundert Geburten, die in Kreißsälen und auf den Lehmböden dörflicher Hütten stattfanden. Nicht eine einzige Geburt war möglich, ohne dass ein bis zu 7,5 Zentimeter langer Schnitt auf einer oder beiden Seiten der Infibulation vorgenommen wurde. Wenn die Geburten ohne Beistand verliefen, führte die verlängerte, ergebnislose Wehentätigkeit manchmal zum Einreißen innerer Organe, zu Blutstürzen, zur Sauerstoffunterversorgung des Gehirns des Säuglings bis hin zum Tod von Mutter und Kind.

Die qualvolle Prozedur des Geöffnetwerdens durch den Ehemann muss nach jeder Geburt wiederholt werden. Immer wieder auftretende Infektionen gehören wegen der unvorstellbar schlechten hygienischen Bedingungen, unter denen all diese Eingriffe stattfinden, offensichtlich dazu.[25]

Je drastischer die Beschneidungsform, um so schwieriger ist der Heilungsprozess nach der Entbindung, umso länger dauert er, und um so größer ist die Wahrscheinlichkeit, dass weitere Komplikationen folgen werden. Bei einer genital intakten Frau sollte die nachgeburtliche Wiederherstellungsphase nach sechs Wochen abgeschlossen sein. Bei der pharaonisch beschnittenen Frau kann der Heilungsprozess bis zu einem Jahr dauern. Die Wunden einiger genital verstümmelter Frauen heilen niemals. Demzufolge ist das Risiko, sich mit Hepatitis B oder AIDS anzustecken bei diesen Frauen ziemlich hoch – und das in Gesellschaften, die ihrem Sexualleben strenge Limitierungen auferlegen, während ihre Ehemännern sich sexuell frei entfalten können. Die heterosexuelle Übertragung von HIV nimmt in Afrika südlich der Sahara nach UNAIDS (2001) tatsächlich rasant zu, wo zirka 28 Millionen Menschen HIV-positiv oder bereits an AIDS gestorben sind. Auch wenn Studien bisher keinen Zusammenhang zur weiblichen Genitalverstümmelung hergestellt haben, so kann doch die Wahrscheinlichkeit eines Zusammenhanges nicht ignoriert werden.

SEELISCHE FOLGEN DER WEIBLICHEN GENITALVERSTÜMMELUNG

Insgesamt gibt es relativ wenig wissenschaftliches Material über die psychologischen Folgeerscheinungen der weiblichen Genitalverstümmelung und noch weniger Einigkeit über die emotionalen Auswirkungen dieser Eingriffe. Auf den folgenden Seiten will ich versuchen zu erklären, warum das so ist.

Das Leben von beschnittenen und infibulierten Frauen ist gekennzeichnet durch vorhersehbare, immer wiederkehrende Perioden, die angesichts des erwarteten und unentrinnbaren Schmerzes mit großer Angst, Phobie und Depression einhergehen.[26] Diese Perioden beginnen erwartungsgemäß mit dem bevorstehenden Beschneidungsritual und setzen sich mit der Menstruation, der Hochzeitsnacht und der Geburt jedes Kindes fort.[27]

Frauen sprechen über ihre Verstümmelung

Ich habe Hunderte von Frauen danach befragt, woran sie sich bei ihrer Beschneidung erinnern. Ihren Erinnerungen gemeinsam war das Entsetzen, der Schmerz und das Gefühl, betrogen worden zu sein, so stark, dass sie einem das Blut in den Adern gefrieren lassen. Dieses Trauma wird immer wieder lebendig und sehr detailreich erinnert. Bei den Lebensgeschichten, die ich im Sudan gesammelt hatte, trat häufig eine sehr starke Verbitterung zu Tage, wie die folgenden Beispiele zeigen:

Die interviewte Frau ist eine attraktive 21-jährige Hausfrau, die sich gut ausdrücken kann. Mariam hat 12 Jahre lang die Schule besucht, was ungewöhnlich ist in einer Gesellschaft, wo der Ausbildung von Mädchen kein besonders hoher Stellenwert beigemessen wird. Zum Zeitpunkt des Interviews waren 97 Prozent der Frauen Analphabetinnen. Im Alter von 11 Jahren wurde Mariam pharaonisch beschnitten, wobei ihr nur eine Öffnung von 1,25 Zentimetern belassen wurde.

Mariam sagt, dass sie überhaupt keinen Spaß am Sex habe. Sie weiß, dass dies dem Verlust ihrer Genitalien zuzuschreiben ist. Sie behauptet, keinerlei negative Gefühle ihrem Mann gegenüber zu haben. Ihr fehle einfach sexuelles Empfinden. Obwohl ihr Ehemann von der Familie ausgesucht und ihre Hochzeit arrangiert wurde, scheint sie ihn wirklich zu lieben und ist stolz ob seiner beruflichen und sozialen Erfolge. Mariam fügt hinzu, dass er ein äußerst rücksichtsvoller Liebhaber sei, dass sie ihn trotz seiner Bemühungen aber einfach nicht begehre. Sie habe auch keine erotischen Gefühle für andere Männer. Obwohl sie gerne mit Männern zusammen ist, wäre sie ein ganzes Stück glücklicher, wenn sie niemals mehr Verkehr haben müsste. Sie akzeptiert Sex widerwillig als ihre eheliche Pflicht, der sie so oft wie möglich aus dem Weg geht.

Beschneidung, so stellt sie vehement klar, ist ein Verbrechen. Da bei ihr die Beschneidung erst relativ spät vorgenommen wurde, ist sie sich dessen, was ihr genommen wurde, deutlich bewusst. Sie hat Bücher über Sexualität gelesen und weiß, dass sie einer großen Fähigkeit beraubt wurde. Ihre ohnmächtige Wut offenbart sich auf herzzerreißende Wiese, während sie darüber spricht. Sie kocht vor Wut auf ihre Eltern, die sie dieser schrecklichen Verstümmelung unterzogen haben. »Ganz egal, wen ich geheiratet hätte, es wäre genauso gekommen«, sagt sie und schüttelt traurig den Kopf. Verzweiflung und Verlust sind klar in ihr Gesicht geschrieben.

Sie hat zwei Töchter, die sie auf jeden Fall intakt lassen möchte. »Die Zeiten ändern sich«, sagt sie, »und sie sind noch sehr jung.« Sie glaubt, dass, wenn sie die Beschneidung immer wieder vertagt und die beiden Großmütter in Schach hält, ihre Strategie Erfolg haben könnte. »Ich hoffe, die alten Frauen sterben früh«, zischt sie trotzig. »Das würde die Dinge um einiges leichter machen.«[28]

In Khartum spreche ich mit Kadija, einer berufstätigen Frau, die in London studiert hat und mir gegenüber ihre Gefühle über dieses Ritual ausdrückt:

»Sie haben mich gefragt, wie die Pharaonische Beschneidung sich psychologisch auf Frauen auswirkt. Tja, ich denke, um eine Antwort auf diese Frage zu bekommen, müssten Sie mit einem gebildeten Mädchen sprechen, einer Frau mit genügend Lebenserfahrung – weit mehr als die meisten Frauen hier jemals bekommen. Sie wäre pharaonisch beschnitten worden und seelisch so verwundet und vernarbt, dass sie randvoll mit unterdrückter Wut wäre. Sie ginge mit ihrem Mann nur aus Pflichtgefühl ins Bett und bemühte sich, ihm nicht zu zeigen, wie sehr sie die ganze Angelegenheit hasst und dass sie nicht einmal etwas davon hat.

Sie würde nach einer platonischen Beziehung Ausschau halten und diesen Mann bis zum Wahnsinn lieben – aber niemals körperlich. Ihre Beziehung wäre extrem labil und leicht zu erschüttern. Sie würde so empfindlich sein, dass selbst kleinste Vorfälle sie aus dem Gleichgewicht bringen könnten. Sie hätte ein so überwältigendes Gefühl der Entbehrung, dass sie mit ihrer Wut nur sehr schwer umgehen könnte. Sie könnte wunderschön sein, gebildet, wirtschaftlich abgesichert und heiß begehrt, und würde sich dennoch grausam benachteiligt und betrogen fühlen, und nichts könnte sie zufrieden stellen.

Ihre Wut würde sich gegen die ganze Gesellschaft richten, aber ihr Ehemann würde das meiste davon abbekommen. Oh, er könnte gut zu ihr sein, und sie würde sagen, wie gut er zu ihr ist, aber den Rest würde sie verschweigen – und der würde so lauten: ›Aber ich kann ihn nun mal nicht lieben, ihn nicht und auch keinen anderen.‹

Einige Frauen, die sehr, sehr stark sind, leben mit diesen Gefühlen der Entbehrung, ihrer Wut und ihrer Unfähigkeit zu lieben, und niemand ahnt, wie sie sich wirklich fühlen. Sie sind innerlich abgestorben, doch niemand weiß, wie sie sich tatsächlich fühlen. Sie leben schlicht eine Lüge.

Wissen Sie, was mit der Wut passiert? Wenn sie älter werden, üben sie ihre Macht möglicherweise über jüngere Menschen aus. Sie berauben ihre Töchter und ihre Enkeltöchter dessen, was ihnen selbst geraubt wurde. Wenn sie ihren kleinen Mädchen dies zufügen, lassen sie einen weiteren Mann dafür leiden, was sie selbst mit ihrem Ehemann erlitten haben.

Primitive Menschen, die mit den Tieren leben, sind unbeschnitten, und doch leben sie als Menschen. Wenn man damit anfängt, Teile des menschlichen Körpers abzuschneiden, entfernt man Teile der Menschlichkeit, Teile des natürlichen Zustands. Man reduziert sie...« [29]

Erfahrungsberichte

»Ich erinnere mich noch immer lebhaft daran, so als wäre es gestern gewesen. (...) Sie erzählten uns, wir gingen zu einer Party oder so etwas Ähnlichem, doch schließlich befanden wir uns in einem Krankenhaus. Sie stürzten sich von allen Seiten auf mich – meine Mutter, meine Tante, meine Großmutter und zwei oder drei Krankenschwestern – hielten mich auf dem Tisch nieder und gaben mir dann eine Betäubung.

Ich hatte wirklich Angst, und ich erinnere mich an den Kerl, der da was abschnitt, was ich nicht fühlen konnte, aber ich schrie mir die Seele aus dem Leib. Und da hielt er das Abgeschnittene direkt vor meinen Mund und sagte, wenn ich nicht den Mund hielte, würde er das da in meinen Mund stecken. Ich werde das für den Rest meines Lebens nicht vergessen. (...) Zu Hause angekommen, binden sie deine Füße zusammen und deine Beine bis hoch zum Po, so dass du nachts nicht die Naht aufreißt. Eine andere Sache, an die ich mich noch immer lebhaft erinnere, war das Wasserlassen. Es war so schwierig. Ich hielt es und hielt es und hielt es für drei oder vier Tage an, und dann bekam ich eine Blaseninfektion, und meine Mutter und all die anderen kamen und versuchten mich dazu zu bewegen, zur Toilette zu gehen. Und letztendlich muss ich wohl aus dem Bett gefallen und, so wie ich war, unter den Esszimmertisch gekrochen sein. Und da fanden sie mich am nächsten Morgen, alles voller Urin, ich musste es wohl mitten in der Nacht erledigt haben.« [30]

»Meine Mutter trieb eine traditionelle Beschneiderin auf, die gut sehen und sich Betäubungsmittel, Nahtmaterial, Schmerzmittel und saubere Nadeln besorgen konnte. Die Operateurin und ihr Team kamen an einem frühen Morgen, sie trug eine von der WHO gespendete Hebammentasche für Geburtshilfe. *[Hervorhebung der Autorin]*

Ich bekam Angst und rannte los, um mich unter dem Bett zu verstecken, aber die Frau zog mich hervor. Die Tür war verschlossen, und sie zwangen mich auf den Boden. Die Frauen erklärten mir, dass sich Schreien oder Weinen für ein Mädchen nicht gehörte. Eine Frau hielt mir die Augen zu, und ich konnte mich überhaupt nicht bewegen. Die Operateurin gab mir zwar Spritzen, aber ich kann jetzt noch fühlen wie schrecklich es war. (...)

Frauen wird ein wesentlicher Teil ihres Seins und ihrer Kreativität genommen, und ihnen wird ein minderwertigerer und niederer Platz zugewiesen. Sie haben nicht die Möglichkeit, sich selbst zu definieren.«[31]

»Alles, woran ich mich erinnere, ist, dass ich Angst hatte, dass sie viele waren und dass etwas wie eine Eisenkralle meine Hand, meine Arme und meine Oberschenkel festhielt, so dass ich unfähig war, mich zu wehren oder wenigstens zu bewegen. Ich erinnere mich auch an die eiskalten Badezimmerfliesen unter meinem nackten Körper und an unbekannte Stimmen, die dann und wann unterbrochen wurden von einem metallischen Geräusch, das mich an den Fleischer erinnerte, wenn er sein Messer wetzte, bevor er ein Schaf schlachtete. Ich spitzte meine Ohren, um das kratzende, metallisch klingende Geräusch auszumachen. In dem Moment, wo es aufhörte, war es so, als würde mein Herz mit ihm aufhören zu schlagen. Ich konnte nichts mehr sehen und irgendwie schien auch mein Atem zu stocken. Ich stellte mir noch vor, wie das Ding, das das metallische Geräusch erzeugte, mir näher und näher kam. Irgendwie näherte es sich nicht meinem Hals, so wie ich es erwartet hatte, sondern einem anderen Körperteil. Irgendwo unterhalb meines Bauchnabels, so als würde es nach etwas Verborgenem zwischen meinen Oberschenkeln suchen. In diesem Augenblick wurde mir bewusst, dass meine Oberschenkel weit gespreizt worden waren und dass jedes meiner unteren Gliedmaßen so weit als nur irgend möglich vom anderen weggehalten wurde, von Stahlklauen gepackt, die niemals in ihrem Druck nachlassen würden. (...) Dann plötzlich senkte sich des Messers scharfe metallische Schneide zwischen meine Oberschenkel und schnitt ein Stück Fleisch aus meinen Körper heraus. Ich schrie laut auf, trotz der Hand, die meinen Mund zuhielt. Es war ein Schmerz, der meinen gesamten Körper wie ein glühendes Schwert durchfuhr. Nach einem kurzen Moment sah ich eine Blutpfütze rund um meine Hüften.

Ich rief meine Mutter um Hilfe an. Aber der größte Schock war, dass ich sie an meiner Seite stehend fand, als ich mich umsah. Ja, sie war es, daran gab es keinen Zweifel, dort inmitten dieser Fremden. Sie sprach mit ihnen und lächelte sie an, so als hätten sie nicht soeben an der Schlachtung ihrer Tochter teilgenommen.«[32]

»Ich wuchs in dem Glauben auf, Beschneidung sei etwas völlig Normales. Wie kannst du das in Frage stellen, wenn alle in deiner Umgebung genital verstümmelt sind? Erst als ich in die USA kam, lernte ich, dass es falsch ist und die Rechte der Frauen verletzt.(...) Das Schlimmste daran, beschnitten zu sein, ist für mich, dass ich einen Teil meines Körpers vermisse und mich nicht ganz fühle.«[33]

»Ich verließ Somalia als Teenager. Meine schlimmste Erfahrung machte ich, als ich mit 17 Jahren eine westliche Gynäkologin aufsuchte. Sie hatte noch niemals zuvor eine infibulierte Frau gesehen. Ich werde niemals den Ausdruck des Schreckens in ihrem Gesicht vergessen. ›Was ist Ihnen denn da passiert? Wie konnten Sie sich so verbrennen?‹, fragte sie. Als ich ihr erklärte, dass ich infibuliert sei, sagte sie: ›Wie brutal.‹ Das erste Mal in meinem Leben war ich richtig geschockt wegen meiner Verstümmelung.«

Somalische Mutter dreier Kinder, die heute in Kanada lebt

»Die Erinnerung an meine Beschneidung belastet mich wie ein ständig wiederkehrender Alptraum. Ich hatte immer ein Gefühl der Unsicherheit, so als würde bei jedem Schritt in die Zukunft etwas Unbekanntes auf mich warten. Ich wusste nicht einmal, ob noch weitere Überraschungen dieser Art für mich bereitgehalten wurden, von meiner Mutter und meinem Vater, meiner Großmutter und andere Menschen in meiner Umgebung. Die Gesellschaft hatte mich seit dem Tag meiner Geburt gelehrt, mich wie ein Mädchen zu fühlen, und dass man das Wort Bint [Mädchen] immer mit einem Stirnrunzeln ausspricht.«[34]

»Da gibt es nichts, was ich dagegen tun könnte, was mir passiert ist. Ich kann die Uhr nicht zurückdrehen. Es ist wie verkrüppelt sein. Das ist es, für den Rest deines Lebens ist dieser Teil deines Körpers verkrüppelt.«

Waris Dirie, Autorin und Sonderbotschafterin
der Vereinten Nationen

Die rekonstruktive plastische Chirurgie kann genital verstümmelten Frauen wenig bieten, abgesehen von der einfachen Öffnung der durch die Infibulation stark verengten Vagina. Die neuesten Entwicklungen in der rekonstruktiven plastischen Chirurgie werden in naher Zukunft vielleicht einigen genital verstümmelten Frauen die Wiederherstellung ermöglichen. Aber nur wenige Frauen werden sich eine solche Operation leisten können, und noch weniger Frauen werden willens sein, ihre Genitalien noch einer weiteren schmerzhaften Prozedur zu unterziehen. Für die meisten Frauen gilt leider: was weg ist, ist weg. Es kann nicht ersetzt werden.

Ergebnisse wissenschaftlicher Studien zu den psychologischen Auswirkungen der weiblichen Genitalverstümmelung

Eine Studie, die an somalischen Flüchtlingen in Italien durchgeführt wurde, vergleicht, wie sich der Beginn der Menarche bei infibulierten und nicht infibulierten somalischen Mädchen auswirkt.[35] Bei den unbeschnittenen Mädchen trat die erste Menstruation im Durchschnitt 15 Monate früher auf, als bei der infibulierten Gruppe. Dieser erstaunliche Unterschied gibt Grund zu der Annahme, diese Verspätung könnte zum Teil psychosomatisch bedingt sein. Die Menarche ist eine wesentliche Vorbedingung für die Eheschließung und wird mit gutem Grund als ein Ereignis angesehen, das durch den verlängerten Prozess der Entjungferung ungeheuerliche Schmerzen nach sich zieht.

Es kann ebenso angenommen werden, dass ein verspätetes Einsetzen der Menarche auf der psycho-somatischen Ebene beeinflusst werden kann durch eine verminderte psycho-sexuelle Stimulation, die durch die Entfernung großer Teile erogenen Gewebes und die darauf folgende Neigung der operierten Mädchen zu unterwürfigem Verhalten hervorgerufen wird, sowie durch eine gehörige Portion Angst vor dem Einsetzen der Menstruation.

Eine weitere Studie, die in Italien durchgeführt wurde, wertete künstlerische Darstellungen von beschnittenen Mädchen aus. Die Zeichnungen zeigen, dass die Selbstsicherheit und die Identität der Betroffenen auf der physischen und psychischen Ebene gestört sind. In den Bildern stellt sich das beschnittene Kind als zusammengeschrumpft dar, während die Beschneiderin oft als große, erschreckende und aggressive Gestalt gezeigt wird.

Die von den Betroffenen niedergeschriebenen Kommentare standen in bemerkenswertem Kontrast zu dem, was in den künstlerischen Darstellungen gezeigt wurde. Die Ängste und Anspannungen auf der tieferen emotionalen Ebene werden auf der rationalen verbalen Ebene in Schach gehalten und/oder der Vernunft untergeordnet. Das Ereignis wird verbal als festlicher Anlass beschrieben oder als Moment der Selbstbehauptung, der zur Erlangung einer sehr begehrten gesellschaftlichen Identität führt.

Nichtsdestotrotz nehmen die Aspekte von Angst und Aggression, die aus den künstlerischen Darstellungen herauszulesen sind, auch in späteren Jahren nicht ab. Selbst wenn die Beschneidung in jungen Jahren durchgeführt wurde und die Mädchen betäubt wurden, wie es bei den Betroffenen in dieser Studie der Fall war, mag es ihnen gelingen, die schmerzvollen Erinnerungen dieses traumatischen Erlebnisses zu verdrängen, jedoch nicht die tiefer gehenden Erfahrungen des Angriffs und der Aggression gegen die eigene körperlich-seelische Integrität.[36]

Die psychiatrischen Studien der ägyptischen Ärztin und Autorin Nawal El Saadawi, die sie an Opfern weiblicher Genitalverstümmelung in Ägypten durchführte, bringen sie zu dem unmissverständlichen Ergebnis, dass durch genitale Beschneidungen erheblicher psychologischer Schaden angerichtet wird. Sie fasst ihre Ergebnisse wie folgt zusammen:

»Die lebenslänglichen Auswirkungen dieses grausamen Rituals hinterlassen ihren Abdruck auf der kindlichen Persönlichkeit und begleiten sie während des Heranwachsens in die Jugend und in das Erwachsenenleben.«[37]

Ähnliche Untersuchungen bei sexuellem Missbrauch an Kindern

Science News[38] berichtete Mitte der neunziger Jahre von zwei Studien aus der Hirnforschung, die darlegen, dass bei einigen Überlebenden von schwerem sexuellem Missbrauch messbare Schäden der Hirnstrukturen festzustellen waren. Es wird vermutet, dass diese Schäden auf die exzessive Ausschüttung von Stresshormonen zurückzuführen sind.

In diesem Zusammenhang berichtete Money[39] über das Auftreten von Zwergwuchs, der erwiesenermaßen u.a. schwerem Kindesmissbrauch zuzuschreiben ist und ungewöhnlich häufig bei kenianischen Mädchen vorkommt.

Die Verinnerlichung des Beschneidungstraumas

Die Rituale, denen sich ein junges Mädchen unterwerfen muss, werden als Geheimnis verschleiert, so dass sie keine Vorstellung davon haben kann, was mit ihr geschehen wird. Auch wenn sie vielleicht ahnt, dass man ihr ins Fleisch schneiden wird, dass es wehtun und bluten wird, werden diese Aspekte vor ihr geheimgehalten oder zumindest beschönigt. Sie wird mehr oder weniger erfolgreich von diesen beängstigenden Bestandteilen des Ereignisses abgelenkt. Es sind die gesellschaftlichen Vorteile ihres bevorstehenden Erwachsenseins und ihrer Ehefähigkeit, in deren Genuss sie schon bald kommen wird, die ihr wie ein Köder hingehalten und freudig gefeiert werden. Der Tag der Beschneidung wird dem Mädchen als der wichtigste Tag ihres Lebens angepriesen, als Höhepunkt ihres Übertritts in das Leben einer geachteten Frau. Es herrscht festliche Stimmung, sie ist der Mittelpunkt aller Aufmerksamkeit und bekommt viele heißbegehrte Geschenke. Eine berauschende Angelegenheit für so ein kleines, unbedeutendes Wesen!

Ein Rückzieher oder gar Flucht sind absolut undenkbar. Das Mädchen ist ohnehin noch zu jung, um wegzulaufen. In den meisten afrikanischen Gesellschaften werden zunehmend immer jüngere Mädchen genital verstümmelt, weil sie leichter zu kontrollieren sind.[40]

Bis die Beschneiderin den ersten Schnitt ins Fleisch des kleinen Mädchens macht, hat dieses keine Ahnung von dem Ausmaß der genitalen Tortur, die es erwartet.

Angesichts des massiven Traumas, das hier stattfindet, scheint es selbstverständlich, mit tiefgreifenden Persönlichkeitsstörungen bei jungen Mädchen zu rechnen, die genital verstümmelt wurden. Beispielsweise, dass ein lebendiges und extrovertiertes Kind schüchtern, verängstigt und zurückgezogen wird. Darüber hinaus könnte man erwarten, dass die psychologischen Auswirkungen bei Mädchen, die zum Zeitpunkt der Beschneidung noch zu jung waren, um zu verstehen, was mit ihnen passierte, schwerwiegender sind.

Verzin[41] berichtete 1975, dass er dies oft mit verschiedenen Ärzten vor Ort diskutiert hatte und dass diese meist behaupteten, solche Veränderungen nicht beobachtet zu haben. Auch unter den vielen Ärzten, mit denen ich gesprochen habe, konnte sich nicht ein einziger an ein Mädchen erinnern, das zu ihm gebracht worden sei, weil es scheu geworden war und sich zurückgezogen hatte. Auch seien ihnen niemals Kinder gebracht worden, weil sie an Depressionen oder Ängstlichkeit litten.

Der Grund für diesen seltsamen Widerspruch ist in der einfachen Tatsache zu finden, dass solche Verhaltensweisen bei Mädchen nicht nur als völlig normal angesehen werden, sondern geradezu erwünscht sind.

Ein Arzt, in dessen Familie ich für einige Monate lebte und mit dem ich wiederholt das Thema besprach, auch soweit es seine eigenen Töchter betraf, erinnerte sich, dass der einzige Unterschied, den er nach der Pharaonischen Beschneidung seiner Töchter bemerkte, der war, dass sie, wie er es nannte, »weniger hyperaktiv« waren als vorher, und das war auf jeden Fall so, wie es sein sollte. Ebenso hatte er niemals mit seinen Töchtern über dieses Ereignis gesprochen, weder vorher noch hinterher, denn dies, so pflegte er dieses Thema zu beenden, sei schließlich »reine Frauensache«.

»Schweigen ist ein Text, der leicht missverstanden wird.«

A.A. Attanasio

Van der Kwaak[42] berichtet, dass Zurückhaltung bei den Somalis als höchste Tugend einer Frau geschätzt wird. Somalische Mädchen werden dazu erzogen, niemals über ihre Erfahrung mit der Infibulation zu sprechen und in diesem Zusammenhang auch niemals zu erwähnen, was von ihren Genitalien übrig blieb. Das gleiche gilt für Äthiopierinnen, Kenianerinnen, Gambianerinnen, Frauen aus Sierra Leone und zweifelsohne auch für andere afrikanische Gesellschaften, in denen die Genitalien entfernt werden.[43]

Es ist deshalb kein Wunder, dass der massive traumatisierende Angriff auf die physische und psychische Integrität eines Mädchens scheinbar nur geringfügige Auswirkungen hat, während er tatsächlich, zutiefst verinnerlicht, katastrophale Folgen hat.

Manche Beobachter/innen behaupten kategorisch, dass es beträchtliche Hinweise dafür gibt, dass sich ein Mädchen in den ersten ein oder zwei Jahren nach der Beschneidung von der Außenwelt zurückzieht. Wenn die Mädchen einige Jahre älter sind, weicht dies einem gewissen Stolz, der so lange anhält, bis die Komplikationen im Zusammenhang mit der Menstruation, dem Geschlechtsverkehr und der Geburt einsetzen. Offensichtlich wird ihr Selbstwertgefühl vorübergehend dadurch gestärkt, dass sie diese Tortur hinter sich gebracht haben, dass sie zu verantwortungsvollen, heiratsfähigen Frauen aufgewertet worden sind, ihrer Familie Ehre gemacht haben und die Anerkennung der Gemeinschaft verdient haben.

Ein weiterer Aspekt, der für das Verständnis des Beschneidungspänomens von Bedeutung ist, ist die Tatsache, dass Schmerz in afrikanischen Gesellschaften zum Leben dazugehört. Den meisten afrikanischen Männer und Frauen bleibt nichts anders übrig, als den Umgang damit früh zu lernen, wenn sie überleben wollen. Tapferkeit im Angesicht von Schmerzen wird positiv gewertet, und wer fürchterliche Schmerzen aushalten kann, ohne eine Miene zu verziehen oder laut aufzuschreien, gilt als mutig, stark und wertvoll.

Und was kommt dabei heraus?

»Als junge Mädchen konnten sie sich nicht selbst verteidigen und waren gezwungen, ihre Gefühle zu unterdrücken. Heute können sie diese Handlungen aufgrund dieser Unterdrückung als harmlos und notwendig rechtfertigen.«

Alice Miller

Die Auswirkungen des extrem traumatischen Übergriffs auf die seelische und körperliche Integrität eines Mädchens bereiten letztendlich den Boden für dessen Akzeptanz. Letztlich führt das zur erbitterten Verteidigung der gesellschaftlichen Normen, die verlangen, dass dieselben Übergriffe bei der nächsten Generation von Mädchen stattfinden.

»Wenn der Verstand der Menschen verschlossen, und die Erkenntnis ausgeschlossen ist, dann bleiben sie der Krankheit verhaftet.«

Ch`I Po, Meister der Akupunktur[44]

DIE SEXUALITÄT GENITAL VERSTÜMMELTER FRAUEN

»Warum soll ich nicht über meine Genitalien reden, wenn ich es will?«
Alice Walker

Auch zur sexuellen Befriedigung und Orgasmusfähigkeit von Frauen, die genital verstümmelt wurden, ist in der Literatur zur weiblichen Genitalverstümmelung kurioserweise sehr wenig zu finden. Die weit verbreitete, bisher aber nicht bewiesene Annahme vieler Menschen, die ihre Kinder beschneiden lassen, dass die Libido und die Sexualität dadurch gedämpft oder sogar völlig vernichtet werden, wird selten, wenn überhaupt, bestritten, weder von denen, die Klitorektomien zu diesem Zweck durchführen, noch von westlichen Feministinnen.

Aber was wäre, wenn diese Annahme völlig falsch wäre? Was, wenn das Beschneiden kleiner Mädchen in der Absicht, ihren Sexualtrieb und ihre Orgasmusfähigkeit zu zerstören, nichts weiter ist als eine grundlose Entwürdigung und Entmachtung, eine Form sozialer Kontrolle, die man ihnen nur so leicht aufoktroyieren kann, weil sie sich nicht wehren können?

»Wenn sie ein Mädchen davon abhalten wollen, an Sex zu denken, sollten sie ihr das Gehirn amputieren, nicht die Genitalien.«
Dr. Seham Abd el Salam, ägyptische Menschenrechtsaktivistin

Bei einigen beschnittenen Frauen scheint die genitale Empfindsamkeit herabgesetzt zu sein, aber dies ist beileibe nicht bei allen Frauen der Fall. Beim Sexualtrieb gibt es sogar Anhaltspunkte dafür, dass dieser weniger betroffen ist, sondern sich im Gegenteil eher verstärken kann. Das deckt sich zumindest mit den Beobachtungen von Burton, der dieses Phänomen bereits in den fünfziger Jahren ausgiebig untersuchte.[45] Burton mutmaßte, dass sexuelle Befriedigung zwar schwerer zu erlangen, aber trotz der genitalen Ablation nicht unmöglich sei. Meine eigenen Beobachtungen und Interviews mit sudanesischen Frauen weisen darauf hin, dass sie sich häufig obsessiv Gedanken darüber machen, wie sie zu sexueller Befriedigung gelangen könnten.

In ähnlicher Weise wird berichtet, dass beschnittene Männer dazu neigen, alles mögliche dafür zu tun, ihre künstlich herbeigeführte Beeinträchtigung zu überwinden und den Mangel an sexueller Triebhaftigkeit bei unbeschnittenen Männern als dysfunktional zu betrachten.[46]

Ich bin für mein anhaltendes Interesse an der Sexualität betroffener Frauen oft genug kritisiert und diskreditiert worden. Interessanterweise kam diese Kritik nicht von afrikanischen Frauen, die sich durch mein Anliegen hätten gekränkt fühlen können. Statt dessen hatten diese Frauen meist ein brennendes Interesse an ihrer Sexualität und da sie zuvor keine brauchbare Sexualaufklärung erhalten hatten, brachten sie mir oft echte Erleichterung und Dankbarkeit entgegen, weil ich ihnen half, ihren Körper und ihre Sexualität zu verstehen.

Die negative Kritik kam immer von westlichen FGM-Aktivistinnen, die Anstoß nahmen an meinem Interesse, und anscheinend davon überzeugt waren, dass meine Beschäftigung mit diesem Thema sensationslüstern sei. Solche Kritikerinnen neigen dazu, den Faktor Sexualität gegenüber wichtigeren Themen wie Frauengesundheit und Menschen-rechte als unerheblich zu betrachten. Sie reagierten sehr verärgert auf diesen Aspekt meiner Untersuchungen, weil sie annahmen, dass diese nur dazu dienten, eine ungeheure Menschenrechtsverletzung zu verharmlosen. Sie bestanden darauf, dass weibliche Genitalverstümmelung kein sexuelles Problem sei, sondern eine grobe Verletzung der Menschenrechte, weil es die Gesundheit der Frauen zerstöre.

Diesen Unterschied kann ich nicht so recht verstehen. Meiner Meinung nach kann man die grundlegenden Menschenrechte auf einen intakten, gesunden Körper und auf eine freudvolle, unbeschädigte und unbeschnittene Sexualität nicht voneinander trennen.

Sexuelles Interesse, Verlangen und Vergnügen sind meist nicht einfach zusammen mit den Genitalien zu amputieren, ganz einfach weil sie über das Gehirn gesteuert werden. Die Opfer weiblicher Genitalverstümmelung sind auch nicht notwendigerweise unfähig, zum Orgasmus zu gelangen, wie häufig vermutet und verbreitet wurde. Die Sexualität einer genitalverstümmelten Frau ist wie bei jeder Frau abhängig von der Intensität ihrer Gefühle für ihren Partner und davon, inwieweit sie die sozialen Normen, die die Sexualität einschränken, internalisiert hat. Die weitverbreitete Annahme, dass alle beschnittenen Frauen an sexueller Aversion leiden oder orgasmusunfähig sind, ist sowohl von der Forschung als auch von einer Fülle von Einzelfällen widerlegt worden.

Bei beschnittenen Frauen hängt die physische Erregbarkeit natürlich mit ihrer veränderten Anatomie zusammen. Die Art, wie eine Wunde heilt und wie die Narbenbildung verläuft, ist weitestgehend Glückssache. Vieles hängt davon ab, was unter der Oberfläche geschieht. Ausgeprägte Narbenbildung kann die Nervenbahnen blockieren und zur Gefühllosigkeit führen. Ebenso können Nerven eingeklemmt werden, und es kann zur Bildung von Neurinomen (Tumoren) kommen, die extrem schmerzhaft sind. Eine andere Möglichkeit ist, dass die Narbe sich über dem Nervenbündel bildet und zu einer äußerst erogenen Zone wird.[47]

Selbst bei Frauen, deren Genitalien ihre Erogenität behalten haben, steht es außer Frage, dass die extreme Veränderung der weiblichen Anatomie nicht ohne gesundheitsschädliche Folgen bleibt. Für viele Frauen – aber eben nicht für alle – bedeuten diese Veränderungen, dass sie es schwerer haben, zu sexueller Erfüllung zu gelangen. Durch die starke Verringerung von erogenem Gewebe fällt es ihnen zumindest schwerer, erregt zu werden. Aber nichtsdestotrotz sind bei vielen verstümmelten Frauen die sexuelle Empfindsamkeit und das sexuelle Verlangen erhalten geblieben, auch wenn ihre Genitalien im Laufe ihres Lebens wiederholt den schlimmsten Torturen unterworfen werden.

Ein ziemlich häufiges Problem bei infibulierten Frauen ist die Dyspareunie, was bedeutet, dass sie während des Geschlechtsverkehrs Schmerzen haben. Ob diese Schmerzen eher physiologischer Natur sind und damit zusammenhängen, dass die Schleimhäute trocken sind, weil das für die Lubrikation notwendigen Drüsengewebe entfernt wurde, oder damit, dass der Geschlechtsverkehr die Frau erneut traumatisiert, ist nicht immer ganz klar. Wahrscheinlich spielen beide Faktoren ein Rolle und verstärken einander immer wieder.

»Selbst wenn Frauen in Europa und Amerika von der Klitorisentfernung verschont geblieben sind, so bleiben sie doch immer Opfer der kulturellen und psychologischen Klitorektomie. (...) Sigmund Freud war wahrscheinlich der Berühmteste unter all diesen Männern, der die psychische und physische Beschneidung der Frau lehrte (...), als er darauf beharrte, dass die Reife und die geistige Gesundheit einer Frau bedeute, dass die auf die Klitoris gerichtete sexuelle Aufmerksamkeit sich von dieser abwenden und der Vagina zuwenden müsse.

Ohne Zweifel scheint die physische Amputation der Klitoris ein drastischeres und grausameres Ritual als die psychologische Entfernung zu sein. Nichtsdestotrotz können die Folgen dieselben sein. (...) Psychochirurgie kann sogar noch gemeiner und schädlicher sein, weil sie die Illusion der körperlichen Unversehrtheit aufrecht erhält, (...) obwohl tatsächlich die Freiheit verlorengegangen ist.«

Naawal el Saadawi, Ärztin und Autorin

Die Fähigkeit, sexuelle Erregung und Orgasmen zu erleben, ist ein hochkomplexer Prozess, im dem weit mehr als die Beschaffenheit der äußeren Genitalien eine Rolle spielt. Die psychologischen Aspekte, die in diesem Vorgang entscheidend sind, beinhalten eine Fülle von Gefühlen, Vorstellungen von Moral, Erfahrungen, Annahme oder Ablehnung von Erotik, Angst vor sexuell übertragbaren Krankheiten oder Schwangerschaft, Träume und Fantasien. Eine Kombination aus körperlicher

Reaktion auf sensorische Stimulation und ein subjektives Gefühl der Erregung führen einen psycho-physiologischen Zustand herbei, der einen Orgasmus ermöglicht.

Noch immer ist viel zu wenig darüber bekannt, wie das weibliche sexuelle Nervensystem tatsächlich beschaffen ist. Lange überfällige Forschungen haben kürzlich ergeben, dass es viel ausgeprägter und vielseitiger ist als bisher angenommen.

Es gibt bereits viele Erfahrungsberichte über das Orgasmuserleben von Menschen beiderlei Geschlechts, deren Wirbelsäule so beschädigt war, dass sie von der Taille abwärts gelähmt oder anderweitig insensiblisiert waren. Meine Interviews mit mehr als 400 beschnittenen und infibulierten Frauen ergaben folgendes:

90 Prozent der Frauen berichteten, dass sie im Laufe ihrer sexuell aktiven Jahre Orgasmen erlebt hätten, einige manchmal, andere häufiger und viele bei jedem Geschlechtsverkehr. Der Orgasmus rangierte auf der Erlebnisskala von ganz schwach bis zu multipel und sehr intensiv. Von den 90 Prozent berichtete ein Drittel der Frauen, dass die Narbengegend für sie am erogensten sei, ein Drittel benannte die Vagina, vermutlich den G-Punkt, und das restliche Drittel berichtete über Erregbarkeit in beiden Regionen.

Viele berichteten ebenso über höchst erotische Gefühle an ihren Oberschenkeln, am Bauch, an den Brüsten und am Hals. Einige berichteten über erotische Sensibilität an anderen Narben, die nichts mit ihrer Genitalverstümmelung zu tun hatten.[48]

Eine kürzlich von der Rutgers Universität in New Jersey an querschnittsgelähmten Frauen durchgeführte Studie ergab, dass es noch einen anderen Weg zum Höhepunkt gibt, eine Verbindung direkt vom Gebärmutterhals durch den Unterleib und den Brustkorb bis zum Hirnstamm. »Im Gegensatz zu dem, was man vielleicht annimmt, fanden wir heraus, dass die gelähmten Frauen in dieser Studie, die von der Brust an abwärts keinerlei Gefühl hatten, durchaus in der Lage waren, Orgasmen zu erleben«, berichtet die Studie.[49]

Im Verlauf meiner Forschungen im Sudan, hatte ich die Gelegenheit, einige Frauen zu interviewen, die zum zweiten Mal verheiratet waren, und sie nach den Unterschieden ihrer sexuellen Ansprechbarkeit auf ihre beiden Ehemänner zu befragen. Erwartungsgemäß sind Frauen in einer Liebesbeziehung, in der eine starke emotionale und körperliche Nähe zwischen den Ehepartnern wachsen konnte, viel eher in der Lage, ein zutiefst befriedigendes Liebesleben zu genießen. Wenn eine solche Nähe fehlte und die Frau von ihrem Ehemann weder sexuell angezogen wurde noch gut mit ihm zusammenpasste, waren die Orgasmen unbefriedigend, selten oder fanden gar nicht statt.

»Freiheit ist, wie du mit dem umgehst, was dir angetan wurde.«
Jean Paul Sartre

Diese Untersuchungsergebnisse führten mich zu dem Schluss, dass sich Liebe, Leidenschaft und sexuelles Begehren bei genital beschnittenen afrikanischen Frauen ebenso positiv auswirken wie bei intakten Frauen anderswo – ja, vielleicht sogar noch wichtiger sind.[50]

Vielen klitorektomierten und selbst infibulierten Frauen gelingt es, ein gesundes erotisches und emotionales Leben zu führen. Besonders »einfache« Frauen vom Land leben häufig eine reine und ungehinderte Sexualität, um die man sie von jedem Standpunkt aus beneiden möchte. Aber nicht alle beschnittenen Frauen haben dieses Glück. Eine Frau, die mir ein Interview gab, die irreparabel verstümmelt und meiner Erinnerung nach mit einem lieblosen selbstbezogenen Mann verbunden war, drückte es so aus: »Es ist so, als ob dein Ehemann einen Stock in ein Stück Leder steckt.«

Viele afrikanische Frauen sind stark, widerstandsfähig und voller Lebensfreude, trotz all der Lasten, die ihnen das Leben aufbürdet. Ich werde diejenigen, mit denen ich Laufe der Jahre in engeren Kontakt gekommen bin, immer dafür bewundern, wie sie ihr hartes Schicksal mit offensichtlichem Mut und scheinbar großer Gelassenheit meistern.

Viele von ihnen haben mir die Ehre ihrer Freundschaft erwiesen und mir ihre Lebensgeschichte anvertraut. Und ich, die ihnen Liebe und Bewunderung entgegenbringt, tröste mich mit dem Wissen, dass die meisten von ihnen, trotz der unvorstellbaren körperlichen und seelischen Torturen, die sie erleiden mussten, nicht der Fähigkeit beraubt wurden, Lust und sexuelle Befriedigung zu erfahren. Ich trauere um jene, die solche schweren körperlichen und seelischen Verletzungen davongetragen haben, dass Glück und sexuelle Erfüllung für sie unwiederbringlich verloren sind, und für die es keine Heilung gibt. Aus diesem Grund habe ich mein Leben der Aufgabe gewidmet, Wege zu finden, um Kindern dieser Welt das immense Trauma der genitalen Verstümmelung zu ersparen.

Anmerkungen

1 Mills, H., (1997)
2 New York Times International, (1996) S. 2
3 Lightfoot-Klein, H., (1989a)
4 Ebd.
5 Lightfoot-Klein, H., (1989a) S. 41
6 Ebd.
7 Obiora, L. A., (1997)

8 Koso-Thomas, O., (1987)
9 Ebd, S. 48
10 Barrie, (1998)
11 Ramsey, M., (1994)
12 Koso-Thomas, O., (1987) S. 9
13 Lightfoot-Klein, H., (1989c)
14 Lightfoot-Klein, (1989a)
15 Koso-Thomas, O. (1987)
16 Lightfoot-Klein, (1993a)
17 Verzin, J.A., (1975) S. 163
18 Dareer, A. el, (1982)
19 Koso-Thomas, (1987)
20 Lightfoot-Klein, (1989a)
21 Verzin, J.A., (1975)
22 Lightfoot-Klein, (1989a, 1991a, 1994)
23 Beck-Karrer, (1996)
24 Lightfoot-Klein, (1989a, 1991a, 1994)
25 Lightfoot-Klein, H., (1989a)
26 Lightfoot-Klein, H., (1989c) S. 79-91
27 Lightfoot-Klein, H., (1982 and 1983)
28 Lightfoot-Klein, H., (1989a) S. 248
29 Lightfoot-Klein, H., (1989a) S. 122
30 Washington Post, (1992)
31 Omer-Hashi, K. & Silver, J., (1993) S. 62
32 Saadawi, N. (1980) S. 7
33 Anonym, zitiert nach Ziv, (1997)
34 Saadawi, N., el. (1980) S. 8
35 Grassivaro-Gallo, P. (1985)
36 Grassivaro-Gallo, P. & Boscolo, E.M., (1985)
37 Saadawi, N., el. (1980)
38 Science News, (June 3, 1995) S. 340
39 Money, J., persönliche Korrespondenz (1997)
40 Lightfoot-Klein, H., (1989a) S. 215-16
41 Verzin, J.A., (1975)
42 Van der Kwaak, A., (1992)
43 Auf die Bedeutung dieser Information soll später näher eingegangen werden, denn sie weist darauf hin, dass wenn Frauen befähigt werden »über das Unaussprechliche zu sprechen«, dies der erste psychisch befreiende Schritt hin zu einer Ablehnung der Genitalverstümmelung ist.
44 Zitiert nach dem alten Klassiker Nei Ching
45 Burton, R., (1854) S. 108
46 Milos, M. (1998)
47 Die wachsende Zahl von Zungen-, Lippen-, Brustwarzen- und Schamlippen-Piercing wird von den jungen Frauen in der westlichen Welt oft damit erklärt, dass dies die Erogenität steigere.
48 Lightfoot-Klein, H. (1989a)
49 Komisaruk, B.R., (1997)
50 Lightfoot-Klein, H. (1989a, 1989b)

Kapitel 6

Wie Veränderung geschieht: Was funktioniert und was nicht

»Zweifle niemals daran, dass eine kleine Gruppe engagierter Menschen die Welt verändern kann, tatsächlich ist das der einzige Weg, der je funktioniert hat.«

Margaret Mead, Autorin und Anthropologin

In diesem Kapitel möchte ich die unterschiedlichen Möglichkeiten untersuchen, die kulturelle Kontinuität, die den Gemeinschaften, die weibliche Genitalverstümmelung praktizieren, so wichtig ist, von den Ritualen zu trennen, mit denen sie so eng verwoben sind.

Ich werde auf Strategien eingehen, die erprobt worden sind und sich in der Bewältigung dieser großen Aufgabe hinreichend bewährt haben, ebenso wie auf Strategien, die für die Zukunft erfolgversprechend erscheinen, und schließlich auf solche, die durchweg nicht zum gewünschten Ergebnis führten.

Politische Aktivitäten gegen weibliche Genitalverstümmelung in Afrika und in der westlichen Welt

Über einen 30 Jahre umfassenden Zeitraum haben Mediziner/innen und politische Aktivist/innen überall auf der Welt dazu beigetragen, auf weibliche Genitalverstümmelung als Menschenrechtsfrage und Problem für die reproduktive Gesundheit aufmerksam zu machen. UN-Initiativen haben das öffentliche Interesse geweckt und Regierungen unter Druck gesetzt, Maßnahmen gegen diese Praktiken zu ergreifen.

In Afrika haben sich die Regierungen von Benin, Burkina Faso, Ägypten, Kenia und Senegal öffentlich gegen diese schädlichen Eingriffe ausgesprochen[1], und in Kenia wurde 2001 ein Gesetz gegen Genitalverstümmelung und Zwangsverheiratung verabschiedet. Ob ein solches Gesetz auch an der Basis größere Auswirkungen haben kann, bleibt noch abzuwarten.

Besonders ermutigend ist ein Bericht aus Benin, wonach sich innerhalb der letzten Monate 75 Beschneiderinnen zu einer »Messer-

Niederlegungs-Zeremonie« getroffen haben. Alle konnten erfreulichere Bedingungen finden, unter denen sie ihren Lebensunterhalt verdienen konnten, und hatten dafür kleine Darlehen von Nicht-Regierungs-Organisationen erhalten.

Bis auf zwei Messern wurden alle in einem unmarkierten Grab in der Wüste vergraben, wo sie unauffindbar bleiben. Die verbliebenen zwei Messer wurden mir zugeschickt, in der Hoffnung, ich könnte sie dadurch von ihrer grausigen Vergangenheit reinwaschen, indem ich sie auf Anti-FGM-Konferenzen vorführte. Wenn ein Bild so viel wert sein könnte wie tausend Worte, so wurde dies begründet, könnten diese im Laufe ungezählter Jahre stumpf gewordenen traurigen Instrumente Tausende von Bildern wert sein.

Ich habe getan, worum ich gebeten wurde, die Messer wurden zu Instrumenten der Aufklärung und übermitteln bis heute ihre kraftvolle Botschaft.

Eritrea: Ein Beispiel für erfolgreiche Basisarbeit gegen weibliche Genitalverstümmelung

In Eritrea konnte die Beschneidungs- und Infibulationsrate gesenkt werden. Ein Grund dafür ist, dass in Eritrea heranwachsende Mädchen aus Angst vor Genitalverstümmelung massenhaft ihren Dörfern entflohen und sich der Eritreischen Befreiungsfront (ELF = Eritrean Liberation Front) anschlossen, weil die Bewegung als aufrechter Gegner dieser Praktiken galt. So kam es, dass junge Frauen und Männer Seite an Seite gegen Äthiopien kämpften. Offensichtlich hätten genitalverstümmelte Mädchen keine guten Kämpferinnen abgegeben, da sie mit viel zu vielen Gesundheitsproblemen belastet gewesen wären. Als diese jungen Frauen Jahre später in ihre Dörfern zurückkehrten, weigerten sie sich, sich der Genitalverstümmelung zu unterwerfen. Sie hatten mittlerweile nicht nur die nötigen Selbstverteidigungstechniken erlernt, sondern auch genug Standfestigkeit und Gleichberechtigung mit den Männern erlangt, um dafür zu sorgen, dass ihr Wille respektiert wurde.[2]

Ägypten, Somalia und Sudan: Große Ziele, kleine Schritte und Geheimnisse in den Hochburgen weiblicher Genitalverstümmelung

Im Ägypten der 60-iger Jahre, als die Frauen unter Präsident Nasser etwas mehr Aussicht auf Bildung und Beschäftigung hatten, nahm man an, dass die Klitorektomie- und Infibulationsrate zurückgehen würden. Doch die Vermutung, eine logische Konsequenz der Modernisierung und Entwicklung eines Landes sei eine Abnahme weiblicher

Genitalverstüm-melung, trifft nicht zu. Das zeigen Studien, die im Sudan durchgeführt wurden, wo die meisten Menschen sich noch immer für die extreme Pharaonische Beschneidung aussprechen.

Eine 1985 durchgeführte Studie[3] ergab, dass ein gewisser Zusammenhang zwischen dem Ausbildungsgrad und einer eher negativen *Einstellung* zur Beschneidung bestand, dass aber die Praxis der Infibulation weiter beibehalten wurde, auch wenn Frauen Zugang zu Bildung und Ausbildung hatten und sich dadurch ihr sozio-ökonomischer Status verbessert hatte.

So bedauerlich und doch wenig überraschend dies auch ist, möchte ich Menschen aus der westlichen Welt hier nochmals davor warnen, sich moralisch überlegen zu fühlen. Denn in den USA werden ebenfalls noch immer Beschneidungen an männlichen Neugeborenen durchgeführt – routinemäßig in Krankenhäusern oder aus religiösen Motiven – und das kommt nicht nur bei ungebildeten und schlecht informierten Leuten vor, sondern ebenso bei Gebildeten und ökonomisch Bessergestellten.

Diese scheinbar unbegreiflichen Phänomene könnten vielleicht auf einer Art universellem Level erklärt werden, in den Worten eines senegalesischen Ältesten über weibliche Genitalverstümmelung, die von seinem Volk praktiziert wird: »Es ist schwer, zuzugeben (...), dass etwas verkehrt ist, von dem du dein ganzes Leben gedacht hast, es sei richtig.«[4]

Es ist gut möglich, dass eine kleine, aber stetig wachsende Anzahl von Menschen der urbanen Oberschicht in Ägypten und im Sudan heimlich Scheinrituale abhält. Dabei wird die Beschneidung und Infibulation nur vorgetäuscht, während das Mädchen aber tatsächlich nur tüchtig gekniffen oder ihr ein kleiner ritueller Kratzer zugefügt wird, gerade so viel, um sie zum Schreien zu bringen. Die mutmaßliche Beschneiderin wird hinterher extrem gut bezahlt, nicht nur für ihre Dienste, sondern für ihr Schweigen. Dem kleinen Mädchen wird erzählt, dass es nun »ordentlich beschnitten« sei, und so erfahren auch die Nachbarn nichts weiter.

Diese Methode, mit der Tradition ganz heimlich zu brechen, ging bereits bei einer kleinen Minderheit des städtischen Bildungsbürgertums im Sudan um, als ich dort in den frühen 80-iger Jahren forschte. Ich nehme an, dass solche Scheinrituale inzwischen noch populärer sind.

Ich hatte kürzlich die Gelegenheit, mich mit einer in Kairo lebenden, finanziell unabhängigen Frau zu unterhalten, die im Alter von 65 Jahren gut von ihren Einkünften als bekannte Schauspielerin leben kann und regelmäßig in ägyptischen Seifenopern und Filmproduktionen zu sehen ist. Sie behauptete, alle ihre sechs Töchter intakt gelassen zu haben und dass diese Entscheidung nicht mehr so ungewöhnlich sei. Diese Praktiken würden Schritt für Schritt von der städtischen Bevölkerung aufgegeben, sagte sie, und dies nicht nur vom Bildungsbürgertum, sondern auch von deren Hauspersonal und Lieferanten. Letzteres sei eine logische Konsequenz, denn um Vorteile zu erringen, oder die soziale Leiter ein Stück emporzuklettern, indem man seine Töchter möglichst vorteilhaft verheiratet, folgten die unteren Klassen dem, was die Oberschicht täte.

Wenn ihre Behauptungen wirklich der Wahrheit entsprechen, bleibt zu fragen, mit was für Zahlen wir es hier zu tun haben. Sprechen wir von 20 Prozent oder 5 Prozent oder 0,1 Prozent? Bis heute weiß das niemand genau.

1996 wurde in der *New York Times* unter Berufung auf sudanesische Quellen angegeben, dass die Beschneidungsraten im Sudan von 96 Prozent auf 89 Prozent gefallen seien.[5] Darüber hinaus behauptet der Bericht, dass ein Übergang von der extremen Pharaonischen Beschneidung zu weniger drastischen Beschneidungsformen zu verzeichnen sei.

Leider müssen solche Berichte mit einer gewissen Vorsicht betrachtet werden, weil das vermutete Zurückgreifen auf eine mildere Beschneidungsform nichts weiter als eine Änderung der Bezeichnung sein könnte, ohne dass der Schweregrad der Operation sich tatsächlich verringert hätte. Solche Berichte können immer wieder irreführend sein, wenn sie ausschließlich auf Befragungen basieren und nicht auf persönlicher Inspektion oder Untersuchungen von nicht voreingenommenem medizinischem Fachpersonal.

Die Notwendigkeit, skeptisch zu sein, wird am folgenden Beispiel deutlich. Als ich meine Interviews im Sudan durchführte, hatte ich die Gelegenheit, mit zwei jungen Medizinstudentinnen zu sprechen, von denen mir eine erzählte, sie sei pharaonisch beschnitten worden, während die andere berichtete, dass sie auf die neue »moderate« Art und Weise beschnitten und genäht worden sei. Nachdem ich beide befragt hatte, was von ihren äußeren Genitalien übrig geblieben war und wie groß die verbliebene Öffnung sei, wurde schnell klar, dass das, was an den beiden jungen Frauen durchgeführt worden war, bis ins letzte Detail identisch war. Nur der Name des Verfahrens war geändert worden.

Meine Methode, an genaue Informationen heranzukommen, war die persönliche Anwesenheit bei Entbindungen und gynäkologischen und kinderärztlichen Untersuchungen. Mit anderen Worten, was auch immer mir erzählt wurde, ich traute nur meinen eigenen Augen oder auch mal den Berichten von ausländischem medizinischem Personal, das nicht unter dem sozialen Druck stand, ein falsches Zeugnis abzulegen.

Auf einem Seminar Anfang 2001 in Deutschland behauptete eine weiße Ethnologin, die mit einem sudanesischen Arzt verheiratet war, dass 50 Prozent der Familien in der sudanesischen Hauptstadt Khartum ihre Töchter nicht mehr infibulierten. Auf einem späteren Treffen sprach mich eine deutsche Gynäkologin an, die im Vorjahr für einige Monate in einem Kreißsaal der gleichen Stadt gearbeitet hatte und im Rahmen ihrer Tätigkeit die Möglichkeit hatte, einer beachtlichen Anzahl von Entbindungen beizuwohnen. Sie berichtete ganz im Gegensatz, dass sie während der gesamten Zeit nicht eine einzige nicht infibulierte Vulva gesehen hätte.

Hierbei muss sicher berücksichtigt werden, dass alle Patientinnen, die diese Frau gesehen hatte, erwachsene Frauen waren und dass so noch immer die Möglichkeit bestünde, dass die Behauptungen der Ethnologin auf die nächste Generation zutreffen können. Wir werden abwarten müssen.

Auch unter den gebildeten Städtern der somalischen Oberschicht beginnen sich kleine Brüche mit der Tradition abzuzeichnen. Kürzlich erzählte das Super-Model Iman, die aus einer somalischen Oberschichtfamilie kommt, wie sie glücklicherweise davon gekommen ist:

»Meine Mutter hat keinem erzählt, dass sie es bei mir nicht hat machen lassen. Sie schickte mich für einige Wochen weg und tat so, als hätte sie mich ins Krankenhaus gebracht. Wenn die Leute das herausgefunden hätten, wäre es ein Problem gewesen. Wenn es bei dir nicht gemacht wurde, wirst du wie Dreck behandelt.«

Eine Studie zu Ausbildung, ökonomischer Stärkung und Veränderungen in der Einstellung afrikanischer Frauen

»Es wird noch ein Jahrzehnt dauern, vielleicht auch zwei, bis sich die Praktiken ändern. Aber Schritt für Schritt entwickelt sich eine Sprache, die es vorher nicht gab, eine, die neuen Hoffnungen eine Stimme verleiht und in der neue Forderungen gestellt werden können.«

Barbara Becker, Zentrum für Bevölkerungspolitik und -recht

Die Ergebnisse einer Studie über Bevölkerungsentwicklung und Gesundheit[6], die in sieben afrikanischen Ländern durchgeführt wurde, ergaben, dass »die Einstellung der gebildeteren Befragten eine geringere Akzeptanz für genitale Beschneidung in sozio-ökonomisch besser gestellten Gruppen in fast allen untersuchten Ländern nahe legt. Dies gilt besonders für Eritrea, wo nur 18 Prozent der Frauen mit dem höchsten Bildungsniveau die Fortsetzung der Praktiken befürwortet, gegenüber 71 Prozent der Frauen ohne jegliche Schulbildung.«

Die Studie zeigt weiterhin auf, dass berufstätige Frauen im Sudan oder in Ägypten erheblich weniger geneigt sind, sich für einen Fortbestand der Beschneidungspraktiken auszusprechen.

All diese Ergebnisse zeigen, dass die Unterstützung von Programmen, die afrikanischen Frauen zu Bildung und Einkommen verhelfen, im Kampf gegen weibliche Genitalverstümmelung als absolute Priorität angesehen werden muss. Ebenso wichtig ist es, Kontrollmechanismen einzusetzen, um garantiert sicher zu stellen, dass die Gelder wirklich den Frauen an der Basis zugute kommen und nicht in den Taschen von Verwaltungsbeamten, professionellen Spendeneinsammlern, Werbeleuten und Politikern verschwinden.

Ägypten: Justitia ist auf einem Auge blind

In Ägypten verbot im Dezember 1997 das oberste Verwaltungsgericht Ärzten und anderem medizinischem Personal die Durchführung von genitalverstümmelnden Operationen. Unter der neuen Gesetzgebung riskieren sie drei Jahre Gefängnis, wenn sie das Gesetz übertreten; Krankenhäuser setzen gar aus Spiel, geschlossen zu werden.

Eine solche Gesetzgebung scheint in jeder Hinsicht ein großer Sieg für ägyptische Frauen zu sein. Aber ob es letztlich auch wirklich in die Tat umgesetzt wird und zu sinnvollen Veränderungen führt, bleibt noch abzuwarten. Das derzeitige Ergebnis könnte sein, dass es wieder nicht medizinisch ausgebildete Personen sein werden, die die Beschneidungen ausführen – zum noch größeren Schaden der Opfer.

Ägypten ist noch immer ein Land, in dem sich ein Mann für eine schäbige Summe freikaufen kann, wenn er ein Gesetz übertreten hat, das die Rechte von Frauen schützt. In ähnlichem Zusammenhang führte kürzlich die von Präsident *Husni Mubarak* geplante Aufhebung eines Gesetzes, das eine andere Form von Gewalt gegen Frauen beinhaltete, zu hitzigen Debatten im Parlament – eines Gesetzes (aus dem Jahre 1904), das seit Jahrzehnten Vergewaltigern Straffreiheit garantiert, wenn sie ihre Opfer heiraten. Dieses Gesetz wurde von seinen Befürwortern lange gerechtfertigt und als Möglichkeit zur Wiederherstellung der Familienehre des Opfers heftig verteidigt. Aber dies ist bisher kaum im Interesse des Vergewaltigungsopfers gewesen, besonders unter dem Gesichtspunkt, dass eine solche Heirat eine bloße Formalität ist. Es wird dem Vergewaltiger, genauso wie jedem anderen ägyptischen Mann lächerlich einfach gemacht, aus einer solch ungewünschten Ehe auszubrechen. Sobald die Hochzeitsfeierlichkeiten vorüber sind oder wann auch immer der Täter seines Opfers überdrüssig geworden ist, kann er sich auf der Stelle von der Frau scheiden lassen, was in der Regel auch geschieht. Das

Opfer muss seinerseits mit den lebenslangen Konsequenzen der Tat leben: der Möglichkeit körperlicher Folgeschäden, Geschlechtskrankheiten, AIDS, Schwangerschaft, dem seelischen Trauma und der Tatsache, dass sie nun noch schlechtere Heiratschancen hat – keine Kleinigkeit in einer Gesellschaft, wo die meisten Frauen außer der Ehe immer noch nur sehr wenige Optionen haben.

Das Erlassen von Gesetzen zum Schutz von Frauenrechten richtet in der Regel nicht viel aus, wenn diese nicht Hand in Hand mit Bildungsmaßnahmen und wirtschaftlicher Stärkung von Frauen gehen. Ohne dies ist eine Veränderung der gesellschaftlichen Einstellung gegenüber Frauen kaum möglich.

Die Verdrängung der Genitalbeschneidung in den »Untergrund« verläuft analog zu dem, was unausweichlich geschieht, wenn Schwangerschaftsabbrüche illegalisiert werden. Da die Nachfrage bestehen bleibt, werden die Eingriffe heimlich und zu exorbitanten Preisen von ungeübten Operateuren durchgeführt, was wiederum zu einer stark erhöhten Sterblichkeitsrate bei Frauen führt. Für die Wohlhabenden werden Beschneidungen weiterhin heimlich von Ärzten und Schwestern, wegen des befürchteten Risikos zu saftigen Preisen, durchgeführt. Tatsächlich ist das Risiko für die Ausführenden eher gering. Da es das Gesetz gestattet, die Eingriffe aus medizinischer Indikation vorzunehmen und die Indikation vom behandelnden Arzt gestellt wird, sind dem Missbrauch Tür und Tor geöffnet, und das Gesetz ist damit faktisch bedeutungslos.

Trotz der vehementen Opposition der konservativen Gesetzgeber stimmte das Parlament vor nicht allzu langer Zeit dafür, auch Frauen zu erlauben, die Scheidung einzureichen. Gegenwärtig können Frauen geschieden werden, wenn sie und ihr Ehepartner nicht zusammenpassen. Leider sind aber nur sehr wenige Frauen, egal wie sehr sie unterdrückt und ausgebeutet werden, in der wirtschaftlichen Situation, dieses Gesetz für sich zu nutzen, weil es von ihnen verlangt, den Brautpreis zurückzuerstatten, den ihr Mann für sie bezahlt hat, und auf alle finanziellen Ansprüche, inklusive Unterhalt zu verzichten.

Eine Erfolgsstory: Die Beendigung weiblicher Genitalverstümmelung bei den ägyptischen Kopten

Wesentlich hoffnungsvoller ist die Entwicklung bei der koptischen Bevölkerung Ägyptens, die 10 Prozent der 61 Millionen Einwohner/innen ausmacht. Es wird berichtet, dass die Bemühungen, die weibliche Beschneidung abzuschaffen, auf immer mehr Zustimmung trifft.[7]

In Tayeba, einer ländlichen Gemeinde im Niltal mit 17 000 Einwohner-/innen, hat man Berichten zufolge die weibliche Genitalverstümmelung weitestgehend aufgegeben, nachdem eine ägyptische Non-Profit-Organisation dort acht Jahre lang intensive Aufklärungsarbeit geleistet hatte. Ein wirklich großartiger Erfolg in einem Land, wo die Rate weiblicher Genitalverstümmelung zwischen 65 Prozent und 90 Prozent liegt.

> *»Es wird oft übersehen, dass da draußen in afrikanischen Dörfern und Gemeinden schon jede Menge Arbeit geleistet wird, die das Thema weibliche Genitalverstümmelung behandelt. Tatsächlich wird über vieles, was die indigenen Völker selbst gegen weibliche Genitalverstümmelung unternehmen, nichts in den Zeitungen geschrieben. Aber genau diese Arbeit ist das eigentliche Rückgrat der weltweiten Kampagne gegen diese Praktiken.«*
>
> HADITHI, Rainbo

Was den Bericht aus Tayeba für mich umso glaubwürdiger macht, ist die Tatsache, dass es bereits 1982 im benachbarten Sudan bei der Minderheit koptischer Christen eine Bewegung gab, die sich von der Genitalbeschneidung abwandte. Damals interviewte ich eine Reihe von gut ausgebildeten, gläubigen, selbst beschnittenen Studentinnen der Oberschicht an der Ahfad Universität in Omdurman. Diese jungen Frauen schworen, dass sie unter keinen Umständen der Beschneidung ihrer Töchter zustimmen würden und dass sie gegen diese Traditionen angehen würden, weil sie und ihre Familien von ihren religiösen Führern dahingehend aufgeklärt worden seien, dass das Christentum diese Praktiken nicht gutheiße.

Größtenteils sind die Kopten, die von den Bewohnern des Niltals auch als »biblische Menschen« verehrt werden, gebildeter und daher wohlhabender als die muslimischen Einwohner dieser speziellen Gegend. Die koptischen Kleriker haben mittlerweile durchgehend akzeptiert, dass weibliche Genitalbeschneidung nicht in ihrem Glauben verankert ist. Im Gegensatz dazu sind sich die islamischen religiösen Führer über dieses Thema noch immer höchst uneinig und das, obwohl es in ihren heiligen Schriften keinerlei religiöse Weisungen gibt, die die Entfernung der weiblichen Genitalien verlangen.

Der Erfolg der koptischen Hilfsorganisation (Coptic Evangelical Organization) ist eine Quelle der Hoffnung und ein praktisches Vorbild für Menschenrechtsvereinigungen, Gesundheitsorganisationen und all die anderen, die sich dafür einsetzen, weibliche Genitalverstümmelung zu beenden.

Externe Expert/innen und Aktivist/innen vor Ort sind sich einig, dass das Beispiel von Tayeba zeigt, dass das Problem an der Basis angepackt werden muss, indem nicht nur Frauen, sondern auch religiöse Führer und ebenso unverheiratete Männer aufgeklärt werden und auf breiterer Ebene der Status der Frauen in der Gesellschaft gestärkt wird. Die koptische Hilfsorganisation geht Genitalverstümmelung nur als eines von vielen Problemen an, die im Zusammenhang damit stehen, den Lebensstandard durch Alphabetisierung, Familienplanung und Gesundheitsvorsorge zu verbessern.

Mit finanzieller Unterstützung durch amerikanische, europäische und UN-Hilfsorganisationen bildet die Gruppe vor Ort Freiwillige aus, die helfen, das Programm nach dem Abzug des Teams fortzuführen und betreut die intensive Nachbereitung. Die Freiwilligen, zumeist im Dorf hochangesehene ältere Frauen, haben sich als extrem wichtig für das Projekt erwiesen. Sie machen wöchentliche Hausbesuche, um Frauen grundlegende Kenntnisse über Familienplanung und Gesundheitsvorsorge zu vermitteln, lange bevor sie vorsichtig das Thema Beschneidung zur Sprache bringen.

Der letzte Bericht der Hilfsorganisation spricht von einer einmaligen Erfolgsrate von 70 Prozent in acht koptischen Dörfern im oberen Niltal. Bis jetzt konnten diese Angaben noch nicht offiziell bestätigt werden.

Kenia: Ein Land auf der Schwelle zur Veränderung

Im Gegensatz zu seinem Vorgänger Präsident Kenyatta, einem Befürworter weiblicher Genitalverstümmelung, setzte sich der inzwischen ehemalige kenianische Präsident Daniel Arap Moi Jahrzehnte lang gegen diese Praktiken ein. 1991 ergab eine in Kenia durchgeführte Studie, dass 78 Prozent der heranwachsenden Mädchen diesem Ritual unterzogen worden waren, im Gegensatz zu 100 Prozent der Frauen über 50 Jahre.[8] Eine jüngere Studie, die 1998 veröffentlicht wurde, behauptet einen anhaltenden Trend zur Aufgabe dieser Bräuche feststellen zu können, schätzt aber, dass mindesten 50 Prozent der kenianischen Bevölkerung ihnen noch immer anhängt.[9]

Trotz der Bemühungen von Moi, die überlieferten Rituale abzuschaffen, bleiben sie eine ungeheure Macht bei vielen Völkern in den ländlichen Gebieten Kenias. Aus diesem Grund halten sich die Dorfältesten oft nicht an Regierungsanweisungen, sagen das eine, tun aber etwas anderes.

Hier ein Fall zur Veranschaulichung:

1998 wurde in Zeitungen darüber berichtet, dass ein 12-jähriges Mädchen von drei ihrer Verwandten entführt worden war, nachdem ihre

Eltern das Beschneidungsritual für sie abgelehnt hatten.[10] Sie wurde von diesen Verwandten zu einer traditionellen Beschneiderin gebracht, die ihre Genitalien gemäß den regionalen Bräuchen beschnitt. Kurz darauf setzten schwere Blutungen und folglich Bewusstlosigkeit ein, und das Mädchen wurde in das Kreiskrankenhaus von Kenhancha gebracht, wo ihr Zustand noch einige Tage kritisch blieb.

Die drei verantwortlichen Verwandten wurden von der Polizei verhaftet und wegen Körperverletzung angeklagt. Die Beschneiderin, von der allgemein angenommen wurde, dass sie ihr Heil in der Flucht über die nahe Grenze in das benachbarte Tansania gesucht hatte, wurde verfolgt, aber angeblich nicht gefasst.

Angesichts der offensichtlichen Bemühungen des Bezirkskommissars, die Verantwortlichen für den beinahigen Tod des Mädchens strafrechtlich zu verfolgen, liest sich seine folgende Anweisung wie blanker Hohn: »In dem Bemühen, Mädchen vor der Ansteckung mit AIDS zu schützen, hat [der Bezirkskommissar] alle Dorfältesten angewiesen, dafür Sorge zu tragen, *dass jede zu Initiierende ihr eigenes Instrumentarium zur Beschneidung mitbringt.*«[11] Er ordnete dem medizinischen Personal des Bezirkes ebenfalls an, dafür zu sorgen, dass das Instrumentarium ordnungsgemäß sterilisiert werde.

Während seine Besorgnis über die Möglichkeit einer Ansteckung der Opfer mit AIDS und anderen Infektionskrankheiten durchaus echt sein mag, fragt man sich doch, was diese Anweisung wohl den Beschneiderinnen, die die verstümmelnden Operationen durchführen, und den Verwandten, die ihnen die Kinder ausliefern, vermittelt. Leider hat eine solche Politik alle Merkmale eines Freifahrtscheins, vorausgesetzt, es passieren keine so peinlichen Ausrutscher, dass man sich mit deren Konsequenzen herumschlagen muss.

Was unternehmen kenianische Frauen, um ihre wenig beneidenswerte Situation zu verbessern? Als Seble Dawit, eine äthiopische Menschenrechtsaktivistin, 1992 durch Afrika reiste, berichtete sie über die damals vorherrschende Stimmung. Sie bemerkte bei den Frauen eine gewisse »Ungehaltenheit« bezüglich ihrer Lebenssituation. Oder, wie es eine junge Frau ausdrückte, ihnen kam langsam der Gleichmut abhanden, mit dem sie ihr »Frauenschicksal« ertrugen. Dies war vor allem in der jüngeren Generation auffällig und hier wiederum besonders bei denen, die in den Genuss von Bildung gekommen waren. Was ihnen zu fehlen schien, war Dawits Wahrnehmung nach ein Konzept, dass für Frauen auch andere Optionen offen ständen, dass überhaupt verschiedene Möglichkeiten für sie existierten. Dies ließ damals noch auf sich warten.

1997, fünf Jahre später, berichteten kenianische Zeitungen über die bescheidenen Anfänge von »behutsameren Initiationsriten«.[12] Kenianische Frauen hatten in Zusammenarbeit mit amerikanischen Gesundheitsaktivistinnen eine Art Jugendweihe für Mädchen gestaltet, die keine genitale Beschneidung enthielt. Asha Mohamud, eine der Organisatorinnen, die zur Entwicklung dieses Ersatzrituals beitrug, ist zuversichtlich, dass:

> *»Mädchen, die an diesem neuen Ritual teilgenommen haben, sich wünschen werden, dass auch ihre eigenen Töchter wieder daran teilnehmen. So sollte es schrittweise möglich sein, der Genitalverstümmelung in Kenia ein Ende zu bereiten.«*

Die erste Zeremonie fand 1996 statt, und 1997 hatten bereits über 100 Mädchen daran teilgenommen. 1998 nahm noch eine relativ bescheidene Anzahl von Mädchen an diesem Ersatzritual teil, aber bereits im folgenden Jahr vervierfachte sich ihre Anzahl.[13] Ein späterer Bericht erwähnt die Anzahl 1200.

Die Mädchen werden in die traditionellen Weisheiten ihres Volkes eingeführt, die ihre Rolle als Frau und ihre Sexualität betreffen, ohne dass sie dabei in irgendeiner From genital beschnitten werden.

Ein weiterter Vorteil des Ersatzrituals ist, dass es eine attraktive und positive Alternative zur Beschneidungszeremonie darstellt, ohne als grobes imperialistisches Verbot daherzukommen. Der Schlüssel zum vermuteten Erfolg könnte sein, dass alle Familienmitglieder der Initiantin miteinbezogen werden, Männer und Frauen gleichermaßen; sowie auch andere einflussreiche Gemeindemitglieder, die alle an der Gestaltung und der Ausführung des Projekts teilhaben.[14]

Anfang 2002 gewann eine 17-jährige kenianische Frau eine Klage gegen ihre Mutter, die Dorfbeschneiderin, auf Unterlassung ihrer Beschneidung. Dies war das erste Urteil dieser Art, das das Oberlandesgericht, eine der höchsten Instanzen Kenias, jemals erlassen hatte.

Angespornt durch diesen Erfolg zogen 16 Mädchen aus derselben Region ebenfalls gegen ihre Eltern vor Gericht, um auf Unterlassung zu klagen und sich so vor der Beschneidung zu schützen. Nicht nur, dass sie alle gewannen, sie erhielten auch die volle Unterstützung des Gerichtes.

Sierra Leone: Widerstand gegen die Veränderung

Es gibt kaum ein überzeugenderes Beispiel für die Macht überholter Traditionen als Sierra Leone, wo eine kleine Gruppe von Frauen bisher ohne sichtbaren Erfolg daran arbeitet, die Praktiken zu beenden. Soweit bekannt, sind in Sierra Leone über 90 Prozent der Frauen beschnitten.

Diese beinahe flächendeckende Verbreitung der Genitalverstümmelung macht es ihren Befürwortern leicht, die kleine Gruppe, die für die Beendigung der Rituale eintritt, als suspekt und von außen gesteuert zu bezeichnen.

Als eine Zeitung in der Hauptstadt Freetown eine Serie von Artikeln gegen diesen Brauch veröffentlichte, wurde sie zur Zielscheibe des feindseligen Protests einer Frauengruppe, die sich darauf eingeschworen hatte, das Ritual zu verteidigen. Diese Frauen machen es zu ihrer Aufgabe, die Bevölkerung vor der verhassten imperialistischen Einflussnahme von außen zu warnen[15].

Als 600 Mädchen in Freetown öffentlich zwangsbeschnitten wurden, veröffentlichte die Zeitschrift *For di People* eine kritische Stellungnahme zu diesem Ereignis. Tausende von verärgerten Frauen prangerten die Berichterstattung an und gingen auf die Straße, um zugunsten der Beschneidung zu demonstrieren. Mariama Barrie,[16] ehemalige Bürgerin von Sierra Leone und heute leidenschaftliche Anti-FGM-Aktivistin, starb im Alter von 10 Jahren beinahe selbst, als man sie diesem Ritual unterzog. Sie beschrieb mir anschaulich, wie sie von der wütenden Menge angegriffen und fast umgebracht wurde, als sie erfolglos versuchte, zunächst die Massenbeschneidung und dann die Demonstration zu verhindern. Barrie, die mittlerweile US-Bürgerin ist, erzählte mir, dass das Einzige, was sie gerettet habe, ihre laute Verkündung gewesen sei, dass sie unter dem Schutz der amerikanischen Botschaft stünde und den Demonstrantinnen mit möglichen Repressalien drohte, falls ihr etwas zustieße – höchst unwahrscheinlich, aber ein wirksamer Bluff, der ihr das Leben rettete.

Eine von den Vereinten Nationen herausgegebene Studie zur Lebensqualität offenbarte, dass Sierra Leone weltweit an vorletzter Stelle rangiert. Sierra Leone hat eine der höchsten Sterblichkeitsraten der Welt in Zusammenhang mit Fehlgeburten und Schwangerschaftskomplikationen. Trotzdem wird die weibliche Genitalverstümmelung gerade von jenen Frauen erbittert verteidigt, die diese selbst erleiden mussten. Einer der Gründe für ihre vehemente Opposition scheint wenigstens zum Teil der zu sein: Würde man die Masseninitiationsriten aussetzen, wären diese Überlebenden um die sehnlich erwartete Zeit der Festgelage und Feierlichkeiten betrogen. Dies ist keine Kleinigkeit, wenn man die armselige und entbehrungsreiche Lebenslage der meisten dieser Frauen berücksichtigt, und man muss sich sicherlich erst damit beschäftigen, bevor Veränderung möglich ist.

Oder um mit den Worten von Amy Kendoh zu sprechen, einer aktiven Gegnerin von ausländischer Einflussnahme:

»Ich bin jetzt 50 Jahre alt, und dies ist das erste Mal, dass jemand kommt und mich fragt, warum wir diese Zeremonien abhalten. Es ist egal, was andere Leute denken, weil wir glücklich mit unseren Bräuchen sind. Wir werden unser Leben auch weiter so führen.«[17]

Burkina Faso: Eine staatlich unterstützte Anti-FGM-Kampagne

In Burkina Faso machte die Regierung kürzlich die verbindliche Zusage, Beschneidungspraktiken ein Ende zu setzen. Nach Jahren gezielter Kampagnen, die überwiegend von den Niederlanden, Dänemark, Kanada und UN-Körperschaften wie der UNICEF großzügig finanziert wurden, kann dieser Brauch, ein Thema über das kaum gesprochen wurde, nun öffentlich diskutiert werden. Folglich ist der Beginn einer langsamen Veränderung von Einstellungen zu verzeichnen. Noch immer sind 66 Prozent der Frauen beschnitten, im Verglich zu 70 Prozent vor 20 Jahren – sicherlich kein beeindruckender Wandel, selbst wenn man davon ausgehet, dass diese Daten korrekt sind. Der Erlass eines Gesetzes, das die Praktiken illegalisiert, ist leider nach hinten losgegangen, indem die Mädchen jetzt noch jünger sind, wenn sie der Beschneidung unterzogen werden.

Die intensive Anti-FGM-Kampagne unter der Schirmherrschaft des Sozialministeriums von Burkina Faso hat die Meinungsmacher, Polizeikommissare, Hebammen und Beschneiderinnen mit einem Schwall von Radio- und Fernsehprogrammen regelrecht bombardiert. Der anhaltende Druck, dem die Bevölkerung durch diese Programme ausgesetzt war, führte selbst unter aufgeklärten Städter/innen nicht selten zu großem Unmut.

Leider gibt es keine einfache Lösung des Problems. Aufklärung bzw. Bildungsmangel ist unzweifelhaft das eigentliche Problem. Nach offiziellen Angaben gehen in Burkina Faso 35 Prozent der Jungen zur Schule, verglichen mit weniger als 10 Prozent der Mädchen, und wahrscheinlich sind sogar diese armseligen Zahlen noch etwas aufpoliert.

Es gibt in der Bevölkerung eine starke Sehnsucht nach kultureller Kontinuität, und die Genitalbeschneidung wird als Schutzmaßnahme gegen eine sexuelle Freizügigkeit betrachtet, die den Zusammenhalt der sozialen Strukturen gefährden könnte. Dazu kommt noch die reelle Gefahr, der Mädchen ausgesetzt sind, wenn sie zur Schule geschickt werden. In Gesellschaften mit starker sexueller Repression, werden Mädchen häufig schon im Grundschulalter von ihren Lehrern missbraucht.[18]

Wie auch immer, das neue Gesetz hat zu einer Reihe von Verhaftungen von Beschneiderinnen geführt, die zu einigen Monaten Haft und für afrikanische Verhältnisse gepfefferten Geldstrafen verurteilt wurden.

Alles in allem, scheint die Angst vor der Polizei einen geringen Abschreckungseffekt zu haben.

Kanada: Strenge Gesetze, wenig Erfolg

Siebentausend ehemalige somalische Staatsbürger/innen leben heute in Kanada, wo weibliche Genitalverstümmelung seit 1997 strafrechtlich verfolgt wird. Das Gesetz verbietet auch, ein Kind außerhalb des Landes zu bringen und die Verstümmelung andernorts durchführen zu lassen. Theoretisch werden die Mädchen bei ihrer Wiedereinreise nach Kanada medizinisch untersucht und ihre Eltern könnten angezeigt werden. Diese Vorschrift kann aber nicht praktisch umgesetzt werden, weil der kanadische Staat nicht das Recht hat, die Genitalien kleiner Mädchen zu untersuchen. Nach Meinung vieler Expert/innen blüht und gedeiht die weibliche Genitalverstümmelung auf kanadischem Boden.

In Kanada darf ein Arzt völlig legal eine Infibulation öffnen, um die Entbindung oder den ehelichen Verkehr zu erleichtern, aber er darf sie nicht wieder zusammennähen. Dies kann bei betroffenen Frauen, die seit ihrer Kindheit infibuliert sind, große emotionale Erschütterung auslösen.

Frankreich: Verschärfung der Gesetze gegen weibliche Genitalverstümmelung

1994 wurde in Paris »Mama« Hawa Greou, eine Beschneiderin aus Mali von einem französischen Gericht zu eine Bewährungsstrafe von einem Jahr verurteilt – nicht mehr als ein Klaps auf die Finger für die genitale Verstümmelung von 48 Kindern. Ein Gesetz, dass jede Form von körperlicher Verstümmelung unter Strafe stellt, existiert in den französischen Gesetzbüchern schon seit einiger Zeit. Die genitale Verstümmelung afrikanischer Mädchen blieb dabei jedoch irgendwie ausgespart, nicht nur wegen des vorgeblichen Widerwillens des Gerichts, sich in Praktiken anderer Kulturen einzumischen, sondern auch aus viel weniger ehrbahren, rassistischen Motiven und einem generellen Mangel an Interesse am Schicksal afrikanischer Frauen.

Die Verhängung einer Bewährungsstrafe von nur einem Jahr wurde von der Menschenrechtsaktivistin Linda Weil-Curiel als skandalös verurteilt, sie nannte es eine klare Aufforderung an die Beschneider/innen afrikanischer Mädchen, ihr ungesetzliches Handwerk auf französischem Boden auszuüben.[19]

Im Februar 1999 unternahm Mariatou S., eine 23-jährige Jurastudentin westafrikanischer Herkunft, den mutigen und bisher einmaligen Schritt, dieselbe Beschneiderin erneut anzuzeigen. Hawa Greou hatte auf Geheiß der Mutter der Klägerin 15 Jahre zuvor, als Mariatou gerade acht Jahre alt war, deren Genitalien ohne jede Betäubung in der Küche ihres Appartements in Paris verstümmelt. Gemeinsam auf der Anklagebank saßen mit der 52-jährigen Hawa Greou auch Mariatous Mutter, sowie 25 andere Eltern von Opfern, zumeist aus Mali oder dem Senegal, die die Dienste der Beschneiderin ebenfalls in Anspruch genommen hatten.

Zu ihrer Verteidigung brachte Hawa Greou vor, dass es ihr nicht bewusst gewesen sei, etwas Unrechtes zu tun und dass sie in dem Glauben gehandelt habe, dem Mädchen einen notwendigen und wertvollen Dienst zu erweisen, der sie heiratsfähig mache und sie vor einem Abgleiten in die Prostitution bewahre. Aber Mitschnitte von Telefongesprächen(!) belegten, dass sie und die mitangeklagten Eltern sich absolut im Klaren darüber waren, dass jede Form von schwerer und gefährlicher Körperverletzung, Genitalverstümmelung eingeschlossen, vor dem französischen Gesetz einen Straftatbestand darstellt.

Diesmal befand das Gericht gegen Greou und verurteilte sie zu acht Jahren Gefängnisstrafe für die genitale Verstümmelung von 48 Minderjährigen. Die Mutter der Klägerin wurde zu zwei Jahren verurteilt. Die Mütter und Väter der anderen Opfer erhielten Freiheitsstrafen zwischen drei und fünf Jahren.

Dieses Urteil repräsentiert eindeutig einen Sieg für Menschenrechtsaktivist/innen. Hier hatten endlich die moralische Entrüstung und immense Tapferkeit einer einzelnen Person dazu geführt, dass ein klarer Standpunkt gegen die genitale Verstümmelung von Minderjährigen eingenommen wurde, die bis dahin mehr oder weniger ungehindert in einem viel zu nachsichtigen Rechtsstaat stattfinden konnte. Auch wenn man kaum hoffen kann, dass dadurch weibliche Genitalverstümmelung unter afrikanischen Einwanderern in Frankreich aufhört, so ist doch die Botschaft, dass den Täter/innen nun eine harte Strafe blüht, deutlich und könnte in einem gewissen Maß zur Abschreckung dienen. Wie sehr, bleibt abzuwarten.

Senegal: Ein Erfolgsprogramm namens TOSTAN

Aus dem Senegal gibt es Ermutigendes zu berichten.[20] Im südlichen Senegal, einem Land, in dem 20 Prozent der Bevölkerung genitale Beschneidung praktizieren, zeigen sich dramatische Veränderungen. Diese Veränderungen sind einem 18-monatigen Aufklärungsprogramm zu verdanken, das in erster Linie von UNICEF und der deutschen Nichtregierungsorganisation (I)NTACT finanziert und von TOSTAN, einer afrikanischen NGO, ausgeführt wurde.

Dieses Programm, bei dem Frauenrechte und Frauengesundheit Priorität haben, hat dazu geführt, dass eine ständig steigende Zahl ganzer Dörfer der Bambara diese Bräuche beenden und sich aktiv daran beteiligen, die Nachbardörfer ihrem Beispiel folgen zu lassen. (I)NTACT berichtete 2001 in seinem Rundbrief zum Jahresende, dass die Anzahl senegalesischer Dörfer, die die Beschneidungsrituale aufgegeben hatten, 2001 auf 108 angestiegen war und noch immer kontinuierlich ansteigt.

> *»Wissen Sie eigentlich, dass die Wörter, die im Jargon der Entwicklungshelfer und in akademischen Schriften niemals vorkommen, Liebe und Respekt sind? Tatsächlich ist einer der Hauptgründe, dass dieses Programm so gut läuft, der gegenseitige Respekt und die Liebe zwischen den Dorfbewohner/innen und TOSTAN. Wenn Leute anders vorgehen – ›Hört mit der Verstümmelung auf!‹, ›Lasst uns die Menschen dazu bringen dies oder das zu tun‹ –, dann hat das häufig einen Bumerangeffekt, weil diese Sprache vermittelt, dass alles, was man will, ist, diese Menschen zu ändern, und das heißt, sie nicht so zu akzeptieren, wie sie sind. Wenn man dagegen sein Gegenüber respektiert, liebt und ihm vertraut, die richtige Entscheidung zu treffen, geschieht dies ganz von allein.«*
>
> Molly Melching, TOSTAN

Der Erfolg dieses Programms war das Ergebnis eines Alphabetisierungsprogramms und der gemeinsamen Erörterungen zum Thema Menschenrechte mit den Frauen, sowie die zunehmende Anzahl von Männern, die auch an der Basis mitwirken wollten.[21] Die Kernpunkte des Programms waren: Problemlösung, Vertrauensbildung, Selbstbewusstseins- und Selbstbehauptungstraining. Die Beendigung der Beschneidungspraktiken war letztlich darauf zurückzuführen, dass sich Frauen ihrer Rechte bewusst wurden. Noch entscheidender war, dass TOSTAN den Dorfbewohner/innen die Entscheidung überließ, ob die weibliche Genitalverstümmelung abgeschafft werden sollte. Am 31. Juli 1997 verkündete das Dorf Maliconda der Welt seine einmalige, einstimmige, kollektive Entscheidung, die Beschneidung nicht mehr zu praktizieren und forderte andere Dörfer auf, seinem Beispiel zu folgen.

Natürlich hatte es im Vorfeld dieser Entscheidung Widerstand unter den Männern gegeben, aber die senegalesischen Frauen boten den Gegnern die Stirn. Maimouna Troare, die 60-jährige Vorsitzende der senegalesischen Frauenorganisation, machte den Männern klar, dass »wenn die Trommeln anders schlagen, sich auch die Tänze ändern müssen« und blieb trotz allem Gegenwind standfest. Höchstwahrscheinlich ist es dieser Standfestigkeit zu verdanken, dass die senegalesische

Regierung im Januar 1999 die Verabschiedung eines Gesetzes verkündete, das alle Formen der weiblichen Beschneidung verbietet.[22]

An dieser Stelle muss klargestellt werden, dass diese dramatischen Veränderungen dadurch unterstützt wurden, dass die Bambara im Senegal eine Minderheit bilden. Sie sind umgeben von nicht-beschneidenden Völkern, überwiegend von den Wolof, und diese einfache Tatsache hat sicherlich auch dazu beigetragen, den gesellschaftlichen Druck zu verringern, dem die senegalesischen Bambara ausgesetzt sind, zumindest soweit es die Beendigung der Beschneidungsrituale betrifft.

Im Gegensatz dazu zeigen die Bambara in Mali, wo schätzungsweise 90-95 Prozent aller Frauen beschnitten sind, keinerlei Anzeichen dafür, diese Bräuche in naher Zukunft aufzugeben.

Uganda: Der Ältestenrat der Sabini

In ähnlicher Weise scheinen sich bei den Sabini in Uganda Veränderungen abzuzeichnen. Die Sabini leben in einer abgelegenen Bergregion Ugandas, einem Land, in dem weibliche Genitalverstümmelung nur fünf Prozent der Bevölkerung betrifft. Dort wandelten sich die Männer der Ältestenvereinigung der Sabini von Befürwortern zu Gegnern dieser Praktiken.

Noch ein Jahrzehnt zuvor waren die Sabini, deren Anzahl bei der Volkszählung von 1991 auf 130 000 geschätzt wurde, so überzeugt von diesen Bräuchen, dass diese obligatorisch waren. Die internationale Nachrichtenagentur *Reuters* hatte damals berichtet, dass Jugendliche beiderlei Geschlechts versucht hatten, diesem Ritual zu entkommen, indem sie aus ihren Dörfern flohen, und dass sie systematisch gejagt, eingefangen und gefesselt an die Beschneider/innen ausgeliefert wurden.[23] Dies brachte die Sabini in Konflikt mit der damaligen Regierung von Uganda, die sich für Frauen- und Menschenrechte einsetzte. Leider führten die daraus resultierenden Spannungen seinerzeit nur zu erhöhtem Widerstand bei der Bevölkerung.

Um so bemerkenswerter, dass 1992 die Klanführer der Sabini eine Ältestenvereinigung bilden sollten, um mit der systematischen Aufarbeitung der Traditionen ihres Volkes zu beginnen.

Zurückzuführen ist dies weitgehend auf die beherzte Pionierarbeit von Frances Kuka, die 1969 mit der engagierten Fortbildung von Lehrer/innen begann und schließlich zur Außenministerin und Ministerin für Gleichstellung und kulturelle Angelegenheiten ernannt wurde. Sie sorgte dafür, dass die Beschneidung von Mädchen im Aufarbeitungsprozess der Vereinigung höchste Priorität hatte. Wie nicht anders zu erwarten, stießen die Bemühungen der Ältesten auf Widerstand, und weil sie nicht die notwendigen finanziellen Mittel für eine erfolgreiche Basisarbeit hatten, drohte ihr Bildungs- und Aufklärungsprogramm für die ländliche Bevölkerung zu scheitern. Glücklicherweise stießen 1995 die Vereinten Nationen mit dem Bevölkerungsfond und der notwendigen finanziellen Unterstützung dazu.

Es ist schon lange meine persönliche Überzeugung, dass Sanktionen und andere Strafmaßnahmen nicht besonders dienlich sind, um eingeschworene Traditionalisten zur ersehnten Umkehr zu bewegen. Solche Maßnahmen rufen nur Unmut hervor, und es sind immer zuerst die Frauen in einer Gesellschaft, die darunter zu leiden haben. Dagegen wirken sich finanzielle Hilfen für Bildungs-, Gesundheits- und Wirtschaftsprogramme durchaus positiv aus. Wenig überraschend tun auch Auszeichnungen und internationale Anerkennung ihre Wirkung. Hier noch einmal das Beispiel der Sabini:

Seit 1996 konnten die Beschneidungen bei Mädchen bereits nach einem Jahr um 36 Prozent gesenkt werden, als sich die Familien über die negativen Folgen der Verstümmelung klar wurden.

Im Juli 1998 erhielt die Ältestenvereingung der Sabini den UN-Bevölkerungspreis. Diese Auszeichnung untermauert das Argument, das seit der UN-Bevölkerungskonferenz 1994 in Kairo immer häufiger zu hören war: dass die Rechte von Frauen, einschließlich des Rechts, weder Folter noch Misshandlungen ausgesetzt zu sein, nicht für sie selbst erstrebenswert sind, sondern auch, weil sie einen großen Einfluss auf das weltweite »Überbevölkerungsproblem« haben. Humane Lebensbedingungen und die Befreiung der Frauen von genitaler Verstümmelung wirken sich effektiver auf die Beschränkung des Bevölkerungswachstums aus als Zwangssterilisationen, die westliche Regierungen so gerne durchgeführt sähen.[24]

Ghana: Der Erfolg eines Anti-FGM-Programms

1998 veröffentlichte eine Zeitung in Ghana folgendes:

»Diese falschen und gefährlichen Bräuche, wie zum Beispiel die weibliche Genitalverstümmelung (...) sind gottlose und unmenschliche Taten, die Frauen seelisch herabsetzen und ihnen jede Menschenwürde nehmen.«[25]

Eine klare Anerkennung der Unmenschlichkeit und der psychologischen Schäden der Genitalverstümmelung ist von äußerster Wichtigkeit für den Kampf gegen diese Praktiken. In vielen Teilen Afrikas gewinnt dieses Konzept zunehmend an Boden, sowohl bei den Opfern als auch bei den ehemaligen Befürwortern.[26]

Die ghanaische Wohlfahrtsvereinigung für Frauen versucht, zuträgliche Praktiken wie das Stillen, die Pflege alter Menschen und geschlechtsspezifische Mädchenbildung zu fördern und die Verarmung von Frauen durch einkommensproduzierende Aktivitäten zu verhindern. Ähnliches wird über Programme berichtet, die in Liberia (FGM-Rate schätzungsweise 50-60 Prozent), Tansania (10 Prozent) und Burkina Faso (70 Prozent) durchgeführt werden. Bis jetzt liegen aber noch keine Berichte darüber vor, ob diese Maßnahmen die Menschen dazu bewegen konnten, die Verstümmelungspraktiken aufzugeben.

Die *New York Times* berichtete 1996 über eine Untersuchung zum aktuellen Stand der Genitalverstümmelung in Afrika, nach der drei Viertel aller Frauen in Mali, von denen 93 Prozent selbst beschnitten sind, sich für die Fortführung der Tradition aussprechen. Ein Jahr später hingegen berichtete die kanadische Zeitung *Ottawa Citizen*, dass ein kleines kanadisches Hilfsprojekt, gegründet von der Organisation »Foster Parents Plan of Canada«, das mit einem Anfangsbudget von nur 20 000 Dollar startete, vermutlich bereits eine beachtliche Anzahl von Mädchen in Mali vor der Beschneidung gerettet hätte. Dieses Projekt hatte Frauen in 20 malischen Dörfern davon zu überzeugen versucht, dass die traditionellen Bräuche in direktem Zusammenhang mit den erhöhten Sterblichkeitsraten von Mutter und Kind bei der Geburt stehen. Die Mitarbeiter/innen konnten 25 Beschneiderinnen überzeugen, die Praktik öffentlich in einer »Messer-Niederlegungs-Zeremonie« beizulegen, über die in ganz Mali in den Medien berichtet wurde.

In dem Bewusstsein, dass auch die besten Programme nur so lange überleben, wie die notwendigen Mittel fließen, setzt »Foster Parent Plan« seine Bemühungen fort, genügend Spenden zu sammeln, um das Projekt auf 130 weitere Dörfer auszudehnen.

Gambia: Rituale ohne Messer

Im westafrikanischen Gambia haben die Bemühungen, die Beschneidungsraten zu senken, einigen Erfolg gezeigt. Auch hier wird von einem »Alternativritual« berichtet, das es den Menschen ermöglicht, die weibliche Beschneidung aufzugeben, ohne ihre kulturelle Identität zu verlieren.

> *»Das Ereignis trägt zum Zusammenhalt der Gemeinschaft und zur Solidarität zwischen jüngeren Frauen und den weisen älteren bei, und stärkt die bereits bestehenden Frauengruppen, von denen wiederum die gesamte Gemeinschaft profitiert. Die zu initiierenden Mädchen berich-*

ten, dass sie das Gefühl gehabt hätten, in dem zweiwöchigen Ferienlager etwas Großartiges über ihre Tradition‹ gelernt zu haben; und die älteren Frauen konnten ihren Status als weise Älteste wiedererlangen, die wegen ihrer spirituellen Kenntnisse verehrt werden, ohne stigmatisiert zu sein, weil sie eine traditionelle Pratik‹ ausführen, die immer stärker unter Beschuss gerät. Durch die Wiederbelebung einer in ihrer Wahrnehmung vom Untergang bedrohten Kultur – ohne das Element der genitalen Beschneidung – konnte das Jugendlager das von manchen angeführte Argument wiederlegen, dass das Ende der weiblichen Beschneidung‹ auch das Ende der Kultur‹ bedeute. Vielleicht sind Ersatzrituale nicht überall einsetzbar, aber in Gambia verdient es dieses Experiment ernsthaft, als Strategie in Betracht gezogen zu werden, nicht nur zur Beeinflussung der Beschneidung, sondern auch als Beitrag zur Stärkung der Frauen. Außerdem trägt es dazu bei, traditionelle Praktiken, die als positiv verstanden werden, zu bewahren, während es gleichzeitig die häufig hitzigen Debatten über kulturelle Autonomie und Authentizität entschärft.«

Ylva Hernland[27]

Die Arbeit von FORWARD in Großbritannien

FORWARD, eine expandierende Organisation mit Hauptsitz in London, die von Afrikanerinnen aus verschiedenen beschneidenden Kulturen geleitet wird, berichtet über Fortschritte an verschiedenen Fronten. Sie konnten Spenden für laufende Projekte in Gambia, Nigeria und Tansania sammeln, ebenso für Projekte in London und Deutschland, wo viele afrikanische Migrantinnen leben. FORWARD hat viel zum wachsenden Gesundheitsbewusstsein afrikanischer Frauen beigetragen und dieses Thema auf die Tagesordnungen von Regierung und Lokalpolitik gebracht. FORWARD landete einen bahnbrechenden Erfolg, als der Verein dafür sorgte, dass die weibliche Genitalverstümmelung als eine Form von Kindesmissbrauch in das britische Kinderschutzgesetz aufgenommen wurde.

Initativen in Deutschland

In Deutschland setzen sich seit einiger Zeit neben internationalen Organisationen auch diverse lokale (Frauen)Vereine und Gruppen gegen Genitalverstümmelung ein. Der gemeinnützige Verein (I)NTACT wurde 1996 unter anderem von Christa Müller, der Ehefrau des Politikers Lafontaine, gegründet, um finanzielle, technische und organisatorische Hilfe zu leisten. (I)NTACT will möglichst viele Menschen in Deutschland über die Beschneidung von kleinen Mädchen aufklären, sich aber ausdrücklich »nicht in fremde Kulturen einmischen«, so dass die Organisation keine eigenen Aktionen oder Maßnahmen vor Ort durchführt.

Eng mit (I)NTACT arbeitet FORWARD Germany zusammen. Dieser seit 1998 existierende Verein zeichnet sich dadurch aus, dass zwei Drittel der Vorstandsfrauen afrikanischer Herkunft sind. Ferner ist der Verein TERRES DES FEMMES seit vielen Jahren und seit 1995 mit einer speziellen AG zum Thema gegen Genitalverstümmelung aktiv. Weitere Hinweise zu Vereinen in Deutschland, Österreich und der Schweiz finden sich im Anhang.

Das Verbot weiblicher Genitalverstümmelung in den USA

In den USA verbot der Kongress im September 1996 die Beschneidungsriten als »kriminelles Vergehen«. Zu verdanken war dies besonders den hartnäckingen und lästig werdenen Artikeln, die A. M. Rosenthals wiederholt in der *New York Times* veröffentlichte, in denen er die amerikanische Trägheit und den offensichtlich sorglosen Umgang mit dem Thema anprangerte. Ebenso trug aber das langjährige Engagement der Abgeordneten Patricia Schroeder und des Senator Harry Reid dazu bei.

Der Kongress wies die einzelnen Bundesstaaten an, Neuankömmlinge aus Ländern, wo diese Rituale praktiziert werden, darüber zu informieren, dass Eltern, die eine Beschneidung für ihre Töchter in den Vereinigten Staaten arrangieren, ebenso wie Beschneider/innen, die diese ausführen, mit einer Gefängnisstrafe von bis zu fünf Jahren rechnen müssen.

Bis heute ist den Behörden keine Beschneidung angezeigt worden, und so waren bisher auch noch keine Strafmaßnahmen erforderlich, obwohl es so gut wie sicher ist, dass genitale Beschneidungen großflächig im Verborgenen durchgeführt werden, so wie in allen westlichen Ländern, wo viele afrikanische Migrant/innen leben. Ob die Beschneidungsrate durch Strafandrohung beeinflussbar ist, ist bis heute nicht erwiesen.

Genaue Zählungen sind natürlich nicht möglich, aber die Zentren für Krankheitsbekämpfung haben kürzlich Schätzungen veröffentlicht, wonach mehr als 150 000 Frauen und Mädchen afrikanischer Herkunft, die nun in den USA leben, entweder eine Genitalbeschneidung droht oder bereits an ihnen vorgenommen wurde. Die Gesundheitsämter der einzelnen Bundesstaaten bekamen den Auftrag, ein Programm zu entwickeln, das Migrant/innen über die gesundheitlichen Folgeschäden dieser Praktiken aufklärt, und ein solches Programm ist bereits angelaufen.

Ein zusätzlicher Aspekt der neuen Gesetzgebung ist, dass es amerikanischen Repräsentanten bei der Weltbank und ähnlichen internationalen

Geldinstituten auferlegt, die Vergabe von Darlehen an Regierungen abzulehnen, die keine Aufklärungsmaßnahmen zur Bekämpfung dieser Praktiken durchführen. Die Vertreter dieser Institute sind sich dessen bewusst, dass der Erfolg dieser Strategie im wesentlichen von der Diplomatie abhängt, mit der sie verfochten wird. Wenn damit das Problem deutlich gemacht wird, könnte das Vorgehen konstruktiv sein. Wenn wieder mal der westliche weiße Zeigefinger erhoben wird, ist es kontraproduktiv. Menschenrechtsaktivist/innen zufolge, haben die Banken bisher nur schäbig geringe Summen zur Unterstützung von Gruppen investiert, die sich der Bekämpfung der Beschneidung widmen.[28] Dies muss sich ändern. Die finanzielle Unterstützung solcher Programme muss oberste Priorität haben, wenn Beschneidungspraktiken beendet werden sollen.

Die Rolle der Männer bei der Bekämpfung von weiblicher Genitalverstümmelung

Der Beitrag afrikanischer Männer, die schon immer eine wichtige Rolle bei der Beendigung von weiblicher Genitalverstümmelung hatten, sollte unter keinen Umständen ignoriert werden. Vor einiger Zeit sorgte ein sudanesischer Mann für Schlagzeilen, als er ein Gerichtsverfahren gegen seine Frau anstrengte, weil diese ihre Töchter dem Ritual unterzogen hatte, während er außer Landes war.[29] Dieser Fall ist von besonderer Bedeutung, insbesondere wenn man die Geschichte der sudanesischen Gesetzgebung im Zusammenhang mit weiblicher Genitalverstümmelung betrachtet. Denn während das Strafgesetzbuch von 1925 die Beschneidung der äußeren Genitalien einer Frau (außer der Klitoris) noch unter Strafe stellte, wird in der Fassung des Gesetzes von 1990 Genitalverstümmelung gar nicht mehr benannt.

Unter diesem neuen rückschrittlichen Gesetz, das weibliche Genitalien nicht einmal erwähnt, gibt es überhaupt keinen Schutz mehr für die genitale Unversehrtheit einer Frau. Die Entscheidung jedes Falls, der die Beschneidung und die Infibulation der weiblichen Genitalien beinhaltet, ist vollständig von der Einstellung des jeweiligen Richters abhängig. Er darf recht willkürlich darüber befinden, dass die Beschneidung und Infibulation der Genitalien nicht eine Verstümmelung darstellt, sondern lediglich eine »erweiterte kosmetische Korrektur«, und so in keiner Weise einer Straftat gleichkommt. Da möchte man sich doch fragen, ob die Welt jemals einem Ende der Verstümmelung von Frauen und Mädchen entgegensehen darf.

Was aber die Rolle von Männern in diesem Prozess angeht, so kam eine Studie der John Hopkins School of Public Health[30] zu dem Schluss, dass Männer in nicht industrialisierten Ländern gegenwärtig generell mehr Interesse an Familienplanung und reproduktiver Gesundheit haben, als bisher angenommen. Es liegt auf der Hand, dass ihnen Angebote und Informationen zur Verfügung stehen müssen, die direkt auf sie zugeschnitten sind. Die Studie ergab, dass in acht von zwölf Ländern, zumeist in Afrika, mindestens 70 Prozent der Männer Familienplanung befürworten und dass sie zunehmend ihre reproduktiven Entscheidungen *gemeinsam* mit ihren Ehefrauen treffen, anstatt für sie.

In vielen Ländern der Südhalbkugel haben Männer bei allen Entscheidungen, die die reproduktive Gesundheit von Frauen betrafen, traditionell die dominantere Rolle gespielt. Die o. g. Studie legt jedoch nahe, dass Männer nun bereit sind, sich an der Lösung zu beteiligen, statt das Problem zu vergrößern. In der Vergangenheit haben Männer Frauen oft den Zugang zu Gesundheitsinformationen versperrt, indem sie ihnen die Erlaubnis, Gelder, Transport oder andere Ressourcen verweigerten, die sie gebraucht hätten, um sie zu bekommen, aber dies scheint sich jetzt zu verändern.

Programme zur reproduktiven Gesundheit, die Männer direkt ansprechen, können sie ermutigen, Beratung zur Verhütung in Anspruch zu nehmen, um so dazu beizutragen, die geschätzten 75 Millionen unerwünschter Schwangerschaften pro Jahr zu verhindern. Zwei von fünf Schwangerschaften in den beobachteten Ländern waren unerwünscht.

Sicherlich sind solche Programme auch ein Schritt zur Aufklärung der Männer über die schmerzhaften, zerstörerischen Auswirkungen von weiblicher Genitalverstümmelung auf Männer und Frauen in Beziehungen, ebenso wie auf Mutter und Kind während des Geburtsvorgangs.

»Wir Männer wissen nicht, was los ist, und die Frauen verbergen diese Informationen vor uns. Darum waren Männer in der Vergangenheit nicht besorgt. Jetzt diskutieren die Frauen dieses Thema mit den Männern, und die Männer sind überrascht und schockiert. Sie haben nicht gewusst, dass die Gesundheitsprobleme, an denen ihre Frauen und Töchter litten, etwas mit FGM zu tun hatten.«

Demba Daware, muslimischer Religionsführer aus Senegal

DIE VERÄNDERTE SITUATION VON FRAUEN ALS BASIS FÜR DIE BEKÄMPFUNG VON WEIBLICHER GENITALVERSTÜMMELUNG

Ausbildung und Stärkung von Frauen

Überall auf der Welt steigen Frauen geradezu kometenhaft in Machtpositionen auf. Seit 1975, dem Jahr, in dem die erste UN-Weltfrauenkonferenz stattfand, haben Frauen weltweit an Macht gewonnen. Besonders zwischen 1987 und 1995 ließ sich ein dramatischer Anstieg von weiblicher Teilhabe an politischer und wirtschaftlicher Macht verzeichnen, auch in afrikanischen Ländern.

Besonders im Mittleren Osten und den afrikanischen Ländern südlich der Sahara sind in den letzten zehn Jahren ebenso wesentlich mehr Mädchen zum Schulunterricht angemeldet worden, wie »Population Action International« berichtet.

Trotzdem gibt es in 51 Ländern dieser Erde noch immer eine gewaltige Kluft zwischen den Geschlechtern, beispielsweise in Pakistan, wo 75 Millionen weniger Mädchen als Jungen an Schulen eingeschrieben sind. Im Gegensatz dazu gibt es zur Zeit 18 Länder, meist in Lateinamerika, wo wesentlich mehr Mädchen als Jungen zur Schule gehen.

Traurigerweise gibt es noch immer eine materielle Schattenseite des Frauenstatus. Die meisten Armen dieser Welt sind Frauen. Wenn der Maßstab für Armut beim Lebensstandard von Frauen angelegt wird, sind Frauen wesentlich ärmer als Männer. Sie werden noch immer hauptsächlich für schlecht bezahlte Tätigkeiten ausgebildet, und in der Mehrheit armer Länder, von denen viele auf dem afrikanischen Kontinent liegen, stirbt immer noch eine von 50 Frauen an Komplikationen in Zusammenhang mit Schwangerschaft und Geburt. Ein trauriger Umstand, dessen Ursache weitgehend in der weiblichen Genitalbeschneidung zu finden sein könnte, gekoppelt mit schlechter Ernährung und all den anderen Missständen, die mit extremer Armut einhergehen.

In den meisten Ländern Afrikas, sowie vielen anderen Trikont-Ländern, sind Regierungen extrem instabil, und die Machtverhältnisse können sich über Nacht ändern. Folglich unterliegen alle Fortschritte auf dem Gebiet der Menschenrechte und besonders der Rechte für Frauen dem Auf und Ab der politischen Diktaturen und/oder der Kontrolle religiöser Fundamentalisten über die Bevölkerung, so wie in den letzten Jahren in Ägypten, im Sudan, in Afghanistan, in Somalia, im Iran und Irak zu beobachten war.

Frauenrechte in der islamischen Welt

Auf Konferenzen in der islamischen Welt gewinnt das Konzept, dass Demokratie, Frauenrechte und technischer Fortschritt dem Islam nicht widersprechen, rapide an Boden. In Bahrain, einem kleinen Land mit 500 000 Einwohnern, das an Saudi-Arabien grenzt, sind heute 37 Prozent der Regierungssitze mit Frauen besetzt. Der Premierminister, der in London studiert hat, sieht einer neuen »Arabischen Renaissance« entgegen. »Ich persönlich begrüße die Gleichberechtigung der Frau«, erklärt er, »Frauen haben eine Menge beizusteuern. Die Gesellschaft auf nur ein Geschlecht zu beschränken, erscheint mir einfach lächerlich.«[31] Diese neue Einstellung verbreitet sich rund um den Persischen Golf, in Länder, die bis vor 40 Jahren noch abgelegene Wüstenmonarchien waren und deren wirtschaftlicher Erfolg von der restlichen islamischen Welt nicht ignoriert werden kann.

Schrittweiser Wandel in Saudi-Arabien

Selbst in Saudi-Arabien, wo die Kontrolle der weiblichen Sexualität traditionellerweise strengstens gehandhabt wird, beginnen die ersten kleinen Veränderungen im Untergrund zu rumoren[32]. Obwohl saudiarabische Frauen noch immer von Kopf bis Fuß mit schwarzem Tuch verschleiert sind, dürfen sie nun einen Universitätsabschluss erwerben, selbst ein Unternehmen besitzen und eine limitierte, aber zunehmende Anzahl von Berufen ergreifen.

In einem nicht nachvollziehbaren Widerspruch zu diesen Fortschritten für saudische Frauen steht das scheinbar unverrückbare und streng angewendete Verbot, das ihnen das Fahren eines Autos verbietet. Für die strenge Einhaltung des Verbotes oder der *Fatwa* sorgen mächtige religiöse Hardliner, die die Überzeugung vertreten, dass die Fahrerlaubnis Frauen Gelegenheiten verschaffen könne, eines »sündigen und unbescheidenen Verhaltens« zu frönen.

Weil dieses Verbot nicht nur für Frauen, sondern auch für Männer ein Hindernis darstellt, weil sie entweder die beträchtlichen Kosten für einen Vollzeitchauffeur aufbringen oder ihre Frauen und Kinder selbst zur Schule und zur Arbeit fahren und auch wieder abholen müssen, gibt es einen zunehmenden politischen Druck, die Vorschriften zu lockern. Nicht gerade eine klare Anerkennung der Menschenrechte für Frauen, aber auch ein Weg, Veränderung zu bewirken. Die jüngsten Anträge fordern die Fahrerlaubnis bei Tageslicht für verheiratete Frauen über 35, die Kinder haben.

Auch andere Aspekte des Lebens haben begonnen, sich zu verändern. So hat zum Beispiel kürzlich ein großes Hotel in Dhahran Frauen für die

Rezeption eingestellt. Nur vor wenigen Jahren wäre es für jede anständige Frau undenkbar gewesen, auch nur einen Fuß in ein Hotel zu setzen.

Iran: Neue Gesichter und neue Stimmen

»Ein 25-jähriger Transsexueller aus Teheran, der gerade erst zur Frau geworden war, wollte wieder sein altes Geschlecht zurück, als ihm klar wurde, wie schlecht Frauen im Iran behandelt werden.«

Chuck Sheperd[33]

Es ist noch gar nicht so lange her, da wurde der Begriff »Gemäßigter Iraner« in offiziellen Kreisen lachend als Widerspruch in sich abgetan. Aber die Auszählung der Stimmen zur Parlamentswahl im Iran im Februar 2000 brachte einen überwältigenden Sieg für die Reformer. Die gemäßigten iranischen Parteien konnten mehr als 70 Prozent der Stimmen für sich verbuchen und beendeten so die 21 Jahre währende Herrschaft der Hardliner im Parlament.[34] Bleibt abzuwarten, welche Vorteile diese neue politische Konstellation für Frauen bringt.

Im September 2002 konnte jedenfalls ein Schritt in die richtige Richtung gemacht werden. Zahra Langroudi, eine iranische Frau, gründete mit nur geringen Auflagen ihr eigenes Taxiunternehmen für Frauen und wurde gleichzeitig dessen erste Fahrerin. »Taxifahren ist sicherlich kein Top-Job« sagt sie, »aber es ist ein Fortschritt für Frauen. Es ist der erste Schritt, um das männliche Monopol zu beenden. Dies könnte der Beginn einer größeren Veränderung sein, nach der sich die Frauen sehnen.«

Die Kehrseite der Medaille: Die Ausbreitung von weiblicher Genitalverstümmelung in einigen Regionen Afrikas

In einigen Teilen Afrikas ist leider eine entmutigende Entwicklung bezüglich weiblicher Genitalverstümmelung zu beobachten. Genitalbeschneidungen waren bisher unbekannt bei der Gemeinschaft der Itsekiri in Nigeria[35, 36]. Die Itsekiri sind umgeben von Anhängern einer wirtschaftlich besser gestellten islamischen Sekte. Inzwischen sind Ehen zwischen Itsekiri und dieser Gruppe von Muslimen üblich. Im Allgemeinen wird die Ehefrau nach der Geburt des ersten Kindes auf Geheiß der Schwiegereltern beschnitten.

Ähnliches hat sich in den letzten drei Jahrzehnten im Sudan abgespielt. Dort finden immer häufiger Eheschließungen zwischen den indigenen Völkern der respektive im Süden und Westen lebenden unbeschnittenen Nuba und Darfar mit den überlegenen, beschneidenden

Muslimen statt, die in ihr Gebiet eingedrungen sind. Immer mehr Familien der Nuba und Darfar verstümmeln und infibulieren ihre Töchter, um ihnen eine vorteilhafte Heirat zu ermöglichen.

Was wir von der Geschichte lernen können: Die Abschaffung anderer inhumaner Praktiken

Es hat in der oft grausamen Geschichte der Menschheit schon andere, scheinbar unüberwindbare, inhumane Praktiken gegeben. Eine davon ist die Sklaverei, die bis in die Antike zurückverfolgt werden kann und die in der westlichen Welt erst im späten 19. Jahrhundert abgeschafft wurde. In den USA blühte der transatlantische Sklavenhandel über 300 Jahre lang. Heute existieren allerdings weltweit andere Formen der Sklaverei – beispielsweise Menschenhandel – von denen Frauen und Kinder wieder besonders betroffen sind.

Das Füßeeinbinden bei Frauen in China und seine Parallelen zu weiblicher Genitalverstümmelung

Einige der Theorien, die im Zusammenhang mit der Infibulation und ihrer angeblichen Steigerung des sexuellen Vergnügens (für den Ehemann) genannt werden, decken sich seltsamerweise mit denen, auf die sich das Füßeeinbinden stützte. Diese befremdliche Tradition, die ausschließlich auf das chinesischen Festland begrenzt war, hielt chinesische Frauen Jahrhunderte lang gefangen, bis in das 20. Jahrhundert hinein. Es wird vermutet, dass dieser Brauch von den Konfuzianern zwangseingeführt wurde, weil er die Bewegung von Frauen stark einschränkte, sie an das Haus fesselte und so ihre Treue und Keuschheit sicherstellte. Unter der Herrschaft der Konfuzianer blieben die Füße keiner »anständigen« chinesischen Frau uneingebunden. Paradoxerweise entkamen die unseligen Mädchen, die dazu bestimmt waren, Konkubinen oder in die Prostitution verkauft zu werden, der Fußeinbinderei ebenso wenig wie ihre begünstigteren »anständigen« Schwestern.

Der Gang einer infibulierten afrikanischen Frau ist ziemlich einzigartig und unverwechselbar. Sie geht schlurfend, langsam und mit offensichtlichen Schmerzen, lässt ihre Füße dicht über den Boden gleiten und ist kaum in der Lage, ihre Beine anzuheben.

Das Gehen war bei den chinesischen Frauen, denen die Füße eingebunden worden waren, auf ein ähnlich schmerzhaftes Schlurfen reduziert. Indem man ihnen in frühester Kindheit den Rist des Fußes brach und anschließend die Füße fest einband, schuf man einen verkrüppelten erwachsenen Fuß von nur acht Zentimetern Länge. Um ihnen die Tortur zu versüßen, wurde der Mythos ersonnen, dass der Gang, den Frauen durch die Verkrüppelung ihrer Füße zwangsläufig hatten, eine besondere Entwicklung ihres Venushügels und der vaginalen Reflexe zur Folge hätte, was sie zu begehrenswerteren Sexualpartnerinnnen mache und ihre Aussichten auf eine vorteilhafte Verheiratung erhöhe.

Die Ähnlichkeiten in den Theorien, die zur Rechtfertigung dieses grausigen Rituals herangezogen wurden, und denen, die man für die weibliche Genitalverstümmelung bemühte, sind oft erstaunlich. Keine »anständige« Familie ließ die Füße ihrer Tochter uneingebunden. Frauen mit uneingebundenen, natürlichen Füßen galten als viel zu hässlich, um verheiratet zu werden und wurden gnadenlos verhöhnt und beschämt.
Chinesische Intellektuelle kämpften viele Jahre gegen diese Bräuche an, ohne jeden sichtbaren Erfolg.

Gegen Ende des 19. Jahrhunderts entwickelten schließlich christliche Missionare vor Ort, die sich Jahre lang abgemüht hatten, ihre Konvertiten von diesen verkrüppelnden Bräuchen abzubringen, eine Methode, die schließlich einen unglaublichen Erfolg hatte.
Ihre Arbeit bestand aus drei Teilen:

Sie begannen mit einer Aufklärungskampagne, die den Menschen darlegte, dass der Brauch des Füßeeinbindens einzigartig für China sei und in keinem anderen Land dieser Erde praktiziert wurde. Zweitens wurden die gesundheitlichen Auswirkungen des Füßeeinbindens auf Frauen und deren schädliche Folgen für das Wohlergehen der gesamten Familie und letztendlich des ganzen Landes erläutert. Obwohl diese beiden Schritte die Menschen mit neuen und wertvollen Informationen versorgte, blieben sie dennoch ohne große Wirkung, weil den Familien nicht die Angst nehmen konnten, dass ihre Töchter womöglich unvermittelbar blieben, wenn ihre Füße nicht eingebunden würden.

Der letzte und wichtigste Schritt war die Gründung von »Naturfuß-Gesellschaften«, deren Mitglieder öffentlich gelobten, die Füße ihrer Töchter uneingebunden zu lassen und ihren Söhnen nur die Ehe mit solchen Mädchen zu erlauben, deren Füße uneingebunden seien. Dieses Manöver war verblüffend erfolgreich. 1895 wurde es auf Landesebene ausgeweitet. Die »Anti-Fußeinbindungs-Gesellschaft« von Shanghai gewann beinahe über Nacht 300 000 neue Mitglieder und nur 15 Jahre später hatte die gesamte städtische Bevölkerung in dieser Region des weitläufigen Landes den Brauch vollständig aufgegeben, und viele Menschen der ländlichen Gebiete folgten ihrem Beispiel.

Einige der konservativeren Familien, die eine Gegenbewegung fürchteten, entschieden sich, einen Mittelweg zu gehen und ihren Töchtern die Füße nur »halb« einzubinden, eine Maßnahme, die den Fuß zehn

Zentimeter lang werden ließ anstatt der acht Zentimeter, die durch die extreme Einbindung erreicht werden konnten. Die Töchter der »halbeingebundenen« Frauen wurden schon nicht mehr angerührt.

In den abgelegenen Dörfern des konservativen Nordens von China, der letzten Bastion des Füßeeinbindens, konnten die Überreste dieser Bräuche mit der Kulturrevolution 1911 hinweggefegt werden, indem sie ganz verboten wurden. In diesen Gegenden sind noch heute einige sehr alte Frauen mit eingebundenen Füßen anzutreffen, aber im Grunde lässt sich sagen, dass das Füßeeinbinden abgeschafft wurde.

In ähnlicher Weise haben einige der gebildeteren Familien in den afrikanischen Gesellschaften, die besonders drastisch infibulieren, so dass idealerweise nur ein halber Zentimeter Vaginalöffnung verbleibt, ebenfalls damit begonnen, einen Mittelweg zu beschreiten, indem sie ihren Töchtern eine etwas weniger enge Vaginalöffnung belassen – eine Modifikation, die hoffentlich zu einer Aufgabe dieser Praktiken innerhalb der nächsten Generation führt.

»Ja, ich weiß, die pharaonische Beschneidung ist nicht gut für die Mädchen, und ich wünschte, es würde aufhören, aber dies sind nur meine persönlichen Gefühle. Die pharaonische Beschneidung ist Brauch bei meinen Leuten, und niemand wagt es, gegen Bräuche zu verstoßen. Was geschehen müsste, damit ich meine Töchter nicht beschneiden lasse? Wenn alle anderen damit aufhören, werde ich auch aufhören.«

Sudanesischer Händler, dessen drei ältere von fünf Töchtern pharaonisch beschnitten wurden[37]

Die Möglichkeit, dass ein Vorgehen ähnlich der in China so erfolgreich angewendeten Methode eine ebenso schnelle Wirksamkeit bei Anti-FGM-Kampagnen in einigen Teilen Afrikas haben könnte, ist bereits diskutiert worden[38]. Ein Gelingen oder Versagen wird in erster Linie von den folgenden Faktoren abhängig sein:

Geht man von einer Gemeinschaft aus, in der verschiedene Gruppen untereinander heiraten, und ist die Aufklärungsarbeit abgeschlossen, muss der Anteil der Familien, die öffentlich verkünden, ihre Töchter unbeschnitten zu lassen, eine gewisse kritische Masse erreichen, auch wenn dies nicht notwendigerweise die Mehrheit sein muss, um effektiv zu sein. Eine solche kritische Masse kommt in der Stadt schneller zusammen als auf dem Land. Während einige Theoretiker/innen dies der Tatsache zuschreiben, dass es für die Bewohner/innen einer Stadt leichter ist, eigene Wege zu beschreiten, ohne dauernd durch die Familie und die Nachbarn kontrolliert zu werden, bieten andere, die dieses Phänomen eingehender studiert haben[39], eine ganz andere und meiner

Meinung nach viel plausiblere Erklärung an: Im Gegensatz zum Leben auf dem Lande führt das Stadtleben zu einem weitaus größeren Angebot an potenziellen Ehepartnern. Selbst in einer Stadt mit zehntausend beschneidenden Familien bedeuten 100 Familien, die ihre Mädchen unbeschnitten lassen, eine viel größere Wahrscheinlichkeit, einen passenden, ähnlich eingestellten Mann zu finden, der dieses genital intakte Mädchen heiratet. Aber die Verstädterung ist keine Notwendigkeit für Veränderung. Im Senegal, bei den Maliconda (siehe S. 106), wo dieses öffentliche Abschwör-Verfahren »neu erfunden« wurde und seine ersten Erfolge bei der Landbevölkerung hat und wo mindestens 31 Gemeinden weibliche Genitalverstümmelung abgeschafft haben, stehen alle Zeichen dafür, dass es weitere Kreise ziehen und womöglich auf dem Land genauso erfolgreich sein wird wie in den Städten.

> *»Die Menschen, die [weibliche Genitalverstümmelung] praktizieren, sind ehrenwerte, aufrechte und moralische Menschen, die ihre Kinder lieben und ihnen das Beste wünschen. Darum tun sie es und darum werden sie sich entscheiden, damit aufzuhören, wenn ein sicherer Weg gefunden ist, damit aufzuhören. Da mit [weiblicher Genitalverstümmelung] früher oder später Schluss sein wird, ist es besser, wenn wir uns früher darum bemühen als später. Lasst uns gute Wege finden, damit aufzuhören, und lasst die Menschen, die es immer noch tun, wissen, dass wir und ihre anderen afrikanischen Nachbarn herausgefunden haben, wie man damit aufhört.«*
>
> Gerry Mackie[40]

Um einen sicheren und schnellen Weg zu finden, der den Menschen die Unsicherheit nimmt, wenn es um die Beendigung von weiblicher Genitalverstümmelung geht, muss man ihre Ängste vor dem, was damit zusammenhängt, verstehen und alle notwendigen Schritte unternehmen, um sie dahingehend zu beruhigen. Wenn sie begriffen haben, dass die Aufgabe der weiblichen Beschneidung weder ihre gesellschaftliche Stellung, noch ihre Ehre oder den Wert ihrer Töchter gefährdet, wird es keine Gründe geben, damit fortzufahren, und dann können die Menschen damit aufhören.

PIONIERINNEN

Die Badri Familie

Im Sudan hat die Badri Familie von sich reden gemacht, die den Beschneidungsbräuchen seit drei Generationen aus dem Weg geht.

Der Begründer dieser Familientradition, Babiker Badri, gründete 1907 die erste Mädchenschule im Sudan, weil er wollte, dass sein weiblicher Nachwuchs eine angemessene Ausbildung erhielt. Für diese visionäre Ketzerei schlug ihn der Pöbel halb tot.
Er überlebte jedoch und widmete sein Leben weiterhin dem Kampf für die Emanzipation und Verbesserung der Lebensqualität von Frauen.
Zwei Nachfahrinnen dieses außergewöhnlichen Mannes erzählen hier ihre Geschichten:

»Ich unterscheide mich von den meisten sudanesischen Frauen darin, dass ich nicht beschnitten bin. Ich habe diesen Unterschied das erste Mal bemerkt, als eine der anderen Studentinnen der Ahfad-Universität eine Studie über die Zusammenhänge zwischen diesen Praktiken und den bei Frauen üblichen Gesundheitsproblemen durchführte.

Ich erinnere mich noch, es war während der Mittagspause, als eine Gruppe von Kommilitoninnen auf mich zugerannt kam, um mir zu erzählen, dass da eine Studentin sei, die mir Fragen stellen wolle. So beeilte ich mich, sie zu treffen. Später fand ich heraus, dass sie die Mädchen gefragt hatte, ob es vielleicht eine unbeschnittene Studentin gäbe, die sie interviewen könnte, und sie hatten sie an mich verwiesen.

Zu Hause fragte ich meine Mutter, wie denn diese Mädchen hätten wissen können, dass ich unbeschnitten sei. Mutter erzählte mir, dass es im Sudan ziemlich bekannt sei, dass die Familie meines Vaters ihre Töchter nicht diesem Ritual unterzog.

Nach diesem Ereignis versuchten verschiedene Mädchen von der Uni mich immer wieder davon zu überzeugen, wie wichtig es sei, beschnitten zu sein. Es sei für eine Eheschließung unumgänglich und wenn ich es nicht machen ließe, käme ich für keinen Mann als Ehefrau in Betracht, behaupteten sie. Ich muss ihnen wohl irgendeine Antwort gegeben haben, aber ich erinnere mich nicht mehr daran.

Im Anschluss an ein Frauenstudien-Seminar sprach ich einmal mit einer Freundin über das Thema. Sie erzählte mir, dass sie infibuliert sei und sehr gelitten hatte, besonders bei der Geburt ihrer ersten Tochter. Ich war schockiert, als sie mir sagte, dass sie ihre kleine Tochter infibulieren wolle, genauso wie man es auch bei ihr getan hatte. Das konnte ich nun überhaupt nicht verstehen. ›Warum?‹, fragte ich sie. ›Wie kannst du es ertragen, ihr so etwas Schrecklichem anzutun, nach allem, was du selber durchgemacht hast?‹ Sie sagte: ›Sie muss leiden, so wie ich es tat.‹

Und dann erzählte sie mir, wie wunderschön sie aussehe, dort wo man ihr die Genitalien abgeschnitten hatte, weil sie so flach sei wie die

Fläche ihrer Hand. Mit einem breiten Lächeln hielt sie ihre Handfläche hoch. Sie war so stolz darauf.

Bis heute kann ich ihre Einstellung nicht verstehen. Sie war schließlich keine ungebildete Frau. Sie hatte eine höhere Ausbildung genossen. Nachdem sie selbst so hatte leiden müssen und nachdem sie über die gesundheitsschädigenden Folgen dieser Praktiken wusste, könnte man erwarten, dass sie alles daran setzen würde, ihre Tochter vor solchem Leid zu bewahren.

Nicht beschnitten zu sein, war niemals ein Problem für mich. Das kommt daher, dass ich immer die liebevolle Unterstützung meiner Familie und als Vorbild ihren erfolgreichen Widerstand gegen diese Bräuche vor Augen hatte.

Im Gegensatz zu all den Warnungen der Mädchen, die versucht hatten mir einzureden, unbeschnitten bekäme ich keinen Mann ab, ist dies nie so gewesen. Seit der achten Klasse haben mir Männer Heiratsanträge gemacht.« [41]

»Einer Familie von Pionieren zu entstammen, hat seinen Preis für mich gehabt. Können Sie sich vorstellen, wie es ist, als unbeschnittenes Mädchen in einer Gesellschaft aufzuwachsen, in der alle Gleichaltrigen beschnitten sind? Das ist so, als würde man in einem riesigen Gefangenenlager leben, wo alle Gefangenen schrecklich gefoltert werden, und du bist die einzige, die der Folter entkommen ist, nur du darfst mit einem intakten Körper weiterleben.

Ich komme aus einer gebildeten Familie. Mein Großvater väterlicherseits war bereits lange vor meiner Geburt ein Gegner der weiblichen Genitalverstümmelung. Die Mädchen in der weitläufigen Familie meines Vaters sind niemals beschnitten worden.

Wie mein Großvater, so war auch mein Vater in jeder Hinsicht ein sehr außergewöhnlicher Mann, ganz anders als der typische sudanesische Vater. Er war höchst gebildet, sprach drei Sprachen fließend, hatte in Deutschland Ingenieurwissenschaften studiert, war bemerkenswert weltoffen und idealistisch und liberal in seinem Denken und Handeln. In einem Land, wo Frauen so gut wie keine Rechte, kein eigenes Einkommen und nur wenig Zugang zu Bildung und Ausbildung haben, hat er seine sechs Töchter genauso erzogen wie seinen einzigen Sohn. Er glaubte aus vollem Herzen, dass unsere Erziehung zu unserer persönlichen Freiheit beitragen würde und ermutigte uns alle in gleichem Maße, unabhängig zu werden.

Meine fortschrittlichen und weltoffenen Eltern haben aus Liebe gehei-

ratet und wurden dazu von ihren Eltern ermutigt – und das in einer Gesellschaft, in der Liebe als irrelevant galt und die Ehen von Familien arrangiert wurden. Auch heute noch werden die meisten Ehen im Sudan arrangiert, und das junge Paar hat zu der Wahl, die die Eltern getroffen haben, wenig oder gar nichts zu sagen.

Meine Mutter wurde im nördlichen Teil von Äthiopien geboren, wo weibliche Genitalverstümmelung unbekannt ist. Sie hatte davon noch nie etwas gehört, bis sie als Erwachsene in den Sudan kam und meinen Vater heiratete. Sie wurde viel gehänselt und gnadenlos gepiesackt, besonders von den älteren Frauen der ultra-konservativen Kleinstadt, in der ich aufwuchs, und ich kann mich gut erinnern, wie sie auf sie herabsahen und schlecht über sie redeten, weil sie unbeschnitten war.

Mich selbst oder meine Schwestern haben sie nie derartig belästigt. Sie müssen angenommen haben, dass es bei uns gemacht worden war, weil unser Vater schließlich Sudanese war. Unsere Mutter instruierte uns, wenn immer jemand fragen sollte, ob wir beschnitten seien, zu antworten, dass wir es seien. Wir Mädchen mussten unser glückliches Geheimnis sorgsam hüten, um den Gemeinheiten zu entgehen, die unsere Mutter zu erleiden hatte. Selbst nach all diesen Jahren wurmt es sie noch immer, wenn sie sich daran erinnert, wie grausam die Frauen zu ihr waren.

Ich kann mich erinnern, wie ich als kleines Mädchen mit meiner Mutter zu einer Beschneidungsfeier ging. Uns Kindern wurde befohlen, uns vom Zimmer, wo die Beschneidung stattfand, fern zu halten. Es gab viel laute Musik, Trommeln und Tanzen, aber wir konnten das verzweifelte Schreien des Mädchens über den ganzen Krach hinweg hören.

Später sahen wir sie auf ihrem Bett liegen, angetan mit ihren besten Sachen, sie sah aus wie eine kleine Prinzessin, und alle kümmerten sich um sie. Das ist alles, woran ich mich erinnern kann. Sie muss schreckliche Schmerzen gehabt haben, aber ich kann mich nicht an ihren Gesichtsausdruck erinnern, und vielleicht ist das auch besser so.

Ich bin froh, dass ich nicht beschnitten bin und mit meinem Mann ein normales Eheleben führen kann. Ich werde meiner Familie ewig dankbar sein, dass sie mir dieses grausige Schicksal erspart haben. Aber ich kann mein Glück nicht ungetrübt genießen, weil ich weiß, dass so viele andere Frauen ein Leben lang Schmerz und Leid ertragen müssen. Auch wenn es dir erspart blieb, vergisst du niemals all die anderen. Es ist eine Art Schuldgefühl der Überlebenden.«[42]

Jane Frances Kuka

Auf einem Treffen der Vereinten Nationen 1998 sprach Jane Frances Kuka, kürzlich in Uganda zur Ministerin für Gender und kulturelle

Angelegenheiten berufen, über ihren lebenslangen Kampf gegen die weibliche Genitalverstümmelung, der schon in ihrer frühen Kindheit begann:

»Ich bekam schon ziemlich früh etwas von der weiblichen Genitalbeschneidung mit, als ich ein Mädchen von 5 oder 6 Jahren war. Ich erinnere mich noch sehr lebhaft daran, weil es vielen meiner Freundinnen widerfuhr. Als ich in die erste Klasse ging, war ich noch zu jung, um den Brauch zu verstehen. Als ich zum Teenager heranwuchs, stieg der kulturelle Druck, durch weibliche Genitalverstümmelung ›initiiert‹ zu werden. Irgendwie konnte ich meine Mutter und die anderen davon überzeugen, damit zu warten, bis ich meine Ausbildung beendet hatte.

1969, nachdem ich mein Studium am Lehrer-Kolleg abgeschlossen hatte, wurde der Druck auf jeden Fall stärker. Damals brachte ich das Argument vor, dass ich doch als Lehrerin nicht vor meinen Schülerinnen infibuliert werden könne, ohne an Würde und Respekt zu verlieren, die ich brauchte, um eine gute Lehrerin zu sein. Ich kam wieder einmal davon, war aber immer noch einem ständig steigenden sozialen Druck ausgesetzt.

Als ich einen Sabini-Mann heiratete, dachten viele Leute, dass es nun aber an der Zeit sei, mich zu beschneiden. Aber ich überzeugte meinen Mann, dass unser künftiges Eheleben ganz und gar von seiner Bereitschaft abhing, mich in meiner Entscheidung zu unterstützen, mich nicht beschneiden zu lassen.

Ich begann meine Arbeit als Lehrerin außerhalb meines heimatlichen Distriktes Kapchorwa. In diesen anderen Distrikten war ich weniger Anfechtungen ausgesetzt, weil sie dort keine weibliche Genitalverstümmelung praktizierten. Aber mit der Zeit fühlte ich mich verpflichtet, in meinen Heimatbezirk zurückzukehren und mich gegen die Tradition weiblicher Beschneidung auszusprechen.

Ich war betroffen von der Not und dem Elend der Frauen dort, die Opfer dieser tiefverwurzelten, völlig überholten Bräuche und Einstellungen geworden waren, die nicht einfach mit einem Gesetz oder einer Verordnung abzuschaffen waren.

Als Ausbilderin für Lehrer/innen klärte ich meine Schüler/innen und andere Menschen meines Umfeldes über die Risiken dieser inhumanen Praxis auf. Als Direktorin einer pädagogischen Fachhochschule sorgte ich später dafür, dass alle meine Student/innen aufgeklärt waren und sich gegen weibliche Genitalverstümmelung einsetzten.

Anfang der siebziger Jahre und bis 1985 äußerte sich die ugandische Regierung nicht zu diesem Thema. Zur gleichen Zeit bildete ich Hunderte von zukünftigen Lehrer/innen darin aus, gegen weibliche Genitalverstümmelung einzutreten. Ich war davon überzeugt, dass Bildung Mädchen die Möglichkeit bot, sich von diesem Problem zu befreien. Bei jeder sich bietenden Gelegenheit ermutigte ich junge Mädchen, zur Schule zu gehen, und dann, Lehrerinnen zu werden.

Die derzeitige Regierung kam 1986 an die Macht und machte sich stark für Frauen- und Menschenrechte. Zu dieser Zeit startete ich gerade eine breit angelegte Kampagne gegen weibliche Genitalverstümmelung in meinem Distrikt. Wir legten ebenso großen Wert auf die gesellschaftliche Gleichstellung der Geschlechter. Ich organisierte viele Frauen-Selbsthilfegruppen und ermutigte führende weibliche Persönlichkeiten, politisch aktiv zu werden. Ich traf mich mit den örtlichen Vertreter/innen der WHO und überredete sie, mich in meinem Kampf gegen weibliche Genitalverstümmelung zu unterstützen. Zusammen stellten wir eine große Kampagne auf die Beine, um diese Praktiken unverzüglich zu beenden. Unsere Aktivitäten riefen heftigen Widerstand seitens der Ältestenräte, Klanführer und des Bezirkrates hervor. Sie behaupteten, dass sich ›Ausländer‹ in unsere Kultur einmischten. Die Sabini fühlten sich angegriffen, weil Außenstehende sich Urteile über sie anmaßten und ihre Kultur madig machten.

Als Reaktion auf unsere Bemühungen erließ der Bezirksrat 1988 sogar ein Gesetz, wonach jede ortsansässige Frau sich dem Eingriff unterwerfen sollte. Sie drohten, alle Frauen, die dies ablehnten, zwangsweise zu beschneiden. Da wurde uns klar, dass wir keinen Erfolg haben würden, ohne die Männer, die den meisten dieser Institutionen vorstanden, mit ins Boot zu nehmen. (...)

Während andere Frauen um mich herum buchstäblich aufgegriffen und zur Zwangsbeschneidung verschleppt wurden, gelang es mir, unter Polizeischutz zu entkommen und mich unverzüglich mit der Ministerin für Frauenbelange in Verbindung zu setzen. Wir stiegen zusammen in einen Helikopter und flogen in meinen Bezirk, um die Frauen vor Ort zu retten.

Wir fanden einige Frauen in Fesseln, in Vorbereitung für das Beschneidungsritual, und befreiten sie. In den entlegeneren Gebieten waren die Frauen schon beschnitten worden, bevor wir dort ankamen.

Die Ministerin berief eine Sitzung für die Bezirksverwaltung ein. Unter ihrem Druck stimmte der Bezirksrat zähneknirschend zu, das neue Gesetz wieder abzuschaffen und die weibliche Beschneidung wieder der individuellen Entscheidung zu überlassen.

Ich verließ dieses Schlachtfeld mit der Überzeugung, dass diejenigen, die die Macht haben, diese niemals freiwillig abgeben werden. Die Frauen in den Dörfern mussten sich besser organisieren, oder sie würden weiterhin leiden und keine eigene Stimme in der von ihnen gewählten Regierung haben. Eine Strategie für Überzeugungs- und Basisarbeit musste her. (...)

Ich setzte meine Basisarbeit zur Aufklärung über weibliche Genitalverstümmelung fort. Wir stellten die Gefahren dieser Praxis heraus, besonders da sie Kinder betraf. (...)

1996 ließ ich mich für die Parlamentswahlen aufstellen (...) und errang einen überwältigenden Sieg mit über 80 Prozent der Stimmen. Mein Sieg war nicht nur ein persönlicher, sondern auch ein Sieg für die Frauen von Kapchorwa und ein Sieg über die starke kulturelle Verwurzelung von weiblicher Genitalverstümmelung.«

Aja Tounkara Diallo Fatimata

In den letzten 25 Jahren hat die Gynäkologin Aja Tounkara Diallo Fatimata, die das Initiationsritual der Beschneidung im Alter von acht Jahren in Guinea-Bissau am eigenen Leib erfuhr, Tausende von Mädchen davor bewahrt, sexuell verkrüppelt zu werden.

20 Jahre nach ihrer eigenen Verstümmelung begann sie, gegen die Praktik zu vorzugehen, und gab ihren Trick an Hebammen und traditionelle Beschneiderinnen in ganz Afrika weiter. Die Methode ist ganz simpel: Vortäuschung des Eingriffs.

Doch ihr reichte es nicht, sich nur gegen die »überlieferten Bräuche« auszusprechen. Sie hatte den Eindruck, dass sowohl westlichen als auch afrikanischen Aktivist/innen die zerstörerischen Auswirkungen des Eingriffes auf die weibliche Gesundheit weit weniger wichtig waren, als ihre eigenen Ziele in Bezug auf die Rechte von Frauen.

Ihre Herangehensweise war, die Eltern davon zu überzeugen, diesen Eingriff nicht an ihren Töchtern durchführen zu lassen. Wenn die Eltern dann vorbrachten, dass, wenn sie es nicht tun ließen, ihre Verwandten einen Weg finden würden, die Mädchen gewaltsam beschneiden zu lassen, brachte sie die Simulation als praktische Alternative zur Sprache. Mit dieser Methode könnte man die besorgten Verwandten beschwichtigen, dass der überlieferten Tradition genüge getan werde, die sie für das Wohlergehen des Mädchens für unabdingbar hielten. Viele Eltern stimmten der simulierten Beschneidung zu, bei der keine tatsächliche Verletzung stattfand.

Aja Tounkara zufolge und im Gegensatz zu dem, was viele westliche Feministinnen annehmen, sind es in der Regel nicht die Männer, die die Beschneidung ihrer Töchter und Bräute fordern. Sie berichtet, dass es in

Guinea-Bissau eher die Männer sind, die die Fortsetzung des Brauches verhindern möchten und die am ehesten bereit sind, die Beschneidung ihrer Töchter zu simulieren.[43]

Dr. Irene Modupe Thomas

Dr. Iren Modupe Thomas studierte an renommierten Institutionen in ihrem Heimatland Nigeria und machte 1954 in England ihren Facharzt in Gynäkologie. Ihre Einstellung spiegelt sich im Folgenden wider:

»Für jemanden aus einer gebildeten Familie, die daran gewöhnt ist, durch Hinterfragen und Diskussionen mehr zu erfahren und die Dinge besser zu verstehen, ist es völlig unbegreiflich, wenn ihr gesagt wird, dass man in traditionellen und kulturellen Dingen das Unabänderliche zu akzeptieren habe und keine Fragen stellen darf, selbst angesichts von Tod oder offensichtlichen lebenslangen Behinderungen bei den Überlebenden.

Für mich wurde klar, dass meine medizinische Ausbildung einen neuen Impuls, eine neue Ausrichtung bekommen musste, und ich erwartete den Tag, an dem sich eine Handvoll klar denkender Menschen, allesamt Afrikaner/innen, erheben würden, um folgende grundsätzliche Fragen zu stellen:

Warum verursachen wir soviel Schmerz, Trauma, Schock und schwere Verletzungen, die zu permanenter Beeinträchtigung in einigen Fällen – und in anderen Fällen sogar zum Tod führen, nur um eine schlechte Tradition und die Kultur unserer Vorfahren aufrechtzuerhalten?

Wer profitiert von diesen Bräuchen?

Wer hat jemals in größerem Maße darunter gelitten, dass ihre Eltern nicht mit der Tradition konform gingen?

Es sei nur eine Frage der Zeit, tröstete ich mich selbst, bis der Tag käme, an dem sich nicht nur die Möglichkeit einer sinnvollen Debatte ergeben würde, sondern dass diese auch wie eine Fackel über den ganzen afrikanischen Kontinent erstrahlen würde, bis jeder Mensch in Afrika, der sich darum scherte, Männer und Frauen, Alt und Jung, sich der gemeinsamen Forderung anschließen würde, diese schlechten und erniedrigenden Praktiken zu beenden.«[44]

Anmerkungen

1 Kiragu, K., (1995)
2 Lightfoot-Klein, H., (1989a) S. 51.

3 Bijleveld, C., (1985)
4 *Christian Science Monitor*, (3. Juni 1998) S. 1.
5 *New York Times*, (28. Dez. 1996) S. 8.
6 Carr, D., (September 1997)
7 *Washington Post*, (21. Juni 1998)
8 Chelala, C., *The Lancet*, (1998)
9 *Christian Science Monitor,* 3. Juni 1998
10 Daily Nation, (4. Dez. 1998)
11 Hervorhebung der Autorin
12 *East African Weekly*, (3.-9. Nov 1997)
13 *Daily Nation,* (4. Dez. 1998)
14 Chelala, C., (1998)
15 French, H. (3. Feb. 1997)
16 Barrie, Mariama, persönliches Interview
17 French, H., (31. Jan 1997) S. A4
18 Als ehemalige Lehrerin an einer Highschool in der New Yorker Innenstadt kann ich bezeugen, dass der sexuelle Missbrauch Minderjähriger durch Lehrer sich keinesfalls auf Afrika beschränkt, sondern in Schulen weltweit vorkommt.
19 Heusch, P., (17. Feb. 1999)
20 Hecht, D., (3. Juni 1998)
21 Persönliches Interview mit Molly Melching, (1999)
22 Crosette, B., (18. Jan. 1999)
23 Lightfoot-Klein, (1989a) S. 50
24 *Guardian Weekly* (19. Juli 1998) S. 12
25 *Ghanaian Times*, (16. Nov 1998)
26 Ebd.
27 Ylva Hernland, *Cutting Without Ritual*, (2000)
28 Dugger, C., (1996).
29 Abusharaf, R.G., (1998a)
30 *Tucson Citizen*, (22.-23. Dez 1998)
31 Goyer, G.A., (28. Feb 2000)
32 Liesman, S., 1999
33 News of the Weird, (3. Juli 2000)
34 Omestad, T., *U.S News and World Report*, (6. März 2000)
35 Persönliches Interview mit Chuck Mike, einem Afroamerikaner, der in Nigeria lebt und mit einer Itsekiri verheiratet ist. Er ist Produzent und Regisseur von Anti-FGM Aufführungen mit und für Einheimische (1998)
36 Obiora, L.A. (1998)
37 Aus einem Interview, das 1980 während der Beschneidungsfeier der anderen beiden Töchter in Port Sudan gemacht wurde.
38 Mackie, G., (Dez. 1996)
39 Ebd.
40 Ebd.
41 R.B., persönliche Gespräche, (1999)
42 Eine persönliche Mitteilung aus den Jahren 1997-1998. Badria Bedri ist Amerikanerin, kommt ursprünglich aus dem Sudan und lebt heute als Diät-Assistentin in Arizona. Sie hat zwei Töchter.
43 *San Diego Union Tribune*, (1.1.1997), zitiert aus *Awaken, Equality Now-Newsletter,* Juni 1997
44 Dr. Irene Modupe Thomas, jetzt über 80 Jahre alt, die noch immer ihren lebenslangen Kampf gegen FGM von England aus fortsetzt, wohin sie ins Exil flüchten musste, weil sie wegen ihres couragierten öffentlichen Einsatzes mit dem Tod bedroht wurde.

Kapitel 7

Meinungsbilder

Weibliche Genitalverstümmelung und die Betroffenheit westlicher Feministinnen

»Es ist nur legitim, die Welt nach den eigenen Empfindungen lebenswerter zu gestalten. Und wer den Gedanken daran nicht ertragen kann, dass kleinen Mädchen die Genitalien weggeschnitten werden, hat das Recht und die Pflicht, alles zu tun, damit diese Praxis abgeschafft wird.«

Ines Laufer, Terre des Femmes

Ob sich Menschenrechtsaktivist/innen der Industrienationen in die Bewegung gegen die weitverbreitete Praxis der weiblichen Genitalverstümmelung einbringen sollten, steht eigentlich nicht mehr zur Debatte. Zu Beginn des neuen Jahrtausends ist weltweit eine stetig wachsende Menschenrechtsbewegung auf dem Vormarsch, die sich besonders für die Menschenrechte für Frauen und Kindern engagiert. Im Zusammenhang mit dieser überwältigenden Aufgabe lehnen immer mehr Aktivist/innen der westlichen Welt die Vorstellung ab, dass Rituale, die an nicht einwilligungsfähigen Kindern durchgeführt werden – ob diese nun in Ländern der Südhalbkugel, in Europa oder USA stattfinden – sie nichts angingen. Hinter dem Widerstand vieler Afrikanerinnen gegenüber dem, was sie als westliche Einmischung in ihre Angelegenheiten betrachten, steckt eine wohlbegründete Angst, die auf den schlechten Erfahrungen vieler Jahrhunderte basiert, dass eine solche Einmischung auf lange Sicht einmal mehr zu einer Form der Kontrolle und Erniedrigung der Afrikaner führen wird.

»Der Westen hat so getan, als hätten sie plötzlich eine neue gefährliche Seuche entdeckt, die sie dann auf internationalen Frauenforen als Sensation zelebrierten, mit dem Ergebnis, dass in den betroffenen Gemeinschaften eine Atmosphäre von Überempfindlichkeit entstand. Sie haben es als unwiderlegbaren Beweis der Barbarei und Gemeinheit der unterentwickelten Länder dargestellt. (...) So wurde die Primitivität der Araber, Muslime und Afrikaner mit einem Streich schlüssig nachgewiesen.«

Nahid Toubia, sudanesische Chirurgin

Bei mehr als einer Gelegenheit haben sich beachtlich viele afrikanische und arabische Frauen lautstark über die zunehmend leidenschaftliche Beschäftigung des Westens mit dem Thema beschwert. Diese empfinden sie – bedauerlicherweise nicht ohne Provokation – als persönliche Verunglimpfung und Herabsetzung ihrer Kultur. Im Gegenzug haben sie die westliche Besorgnis als eurozentrische und pathologische Sexbesessenheit seitens der Möchtegern-Reformer abgekanzelt.

Was bringt Frauen der westlichen Welt dazu, so hartnäckig darauf zu pochen, dass die genitalverstümmelnden Bräuche abgeschafft werden? Welche Angst steckt dahinter und treibt sie an? Würden sie derart heftig auf die Genitalbeschneidungen reagieren, wenn diese ausschließlich in den entlegensten Gebieten Afrikas stattfinden würden, bei den sogenannten »primitiven« Völkern, deren einziger Kontakt zur Außenwelt, wenn überhaupt, mit einer Handvoll engagierter Missionare stattfand? Das glaube ich kaum.

Was Frauen der westlichen Welt wohl eher entsetzt, ist die Tatsache, dass in dem Maß, in dem die afrikanische Bevölkerung wächst, die Unterdrückung der Frauen, die in vielen dieser Gesellschaften weiterhin besteht, den westlichen Frauen immer näher rückt, und so ihre neugefundenen, noch sehr wacklige Position verhältnismäßiger Sicherheit ins Wanken bringt. Die Verstümmelung von Mädchen wird nicht nur in abgelegen afrikanischen Dörfern oder in der Einsamkeit eines Wüstenzeltlagers vollzogen, sondern ebenso in afrikanischen Hauptstädten bei der gehobenen und universitär gebildeten Oberschicht.

Dies ist um so beängstigender, da immer mehr politische Flüchtlinge und Opfer von Dürre, Überschwemmungen, einer desaströsen Wirtschaftslage und Hunger nach Europa und Amerika kommen. Das bedeutet, dass die Beschneidung in einer immer näher zusammenrückenden Welt zunehmend heimlich nebenan stattfindet. Haben sie doch erst vor kurzem selbst begonnen, sich von der Unterdrückung zu befreien, fürchten sich westliche Frauen – möglicherweise zu Recht – vor diesem Ungeheuer, das sich mitten unter ihnen ausbreitet. Sie fürchten vielleicht zu Recht um die Sicherheit ihrer Töchter und Enkeltöchter.

Und so, ob wir es nun mögen oder nicht, sitzt der Westen mit im Boot und ist aufgerufen, so lange weiterzumachen und seine Anstrengungen zu intensivieren, bis sich all diese Ängste in Luft auflösen können.

Es wird immer deutlicher, dass die Themen, die diese problematische Aufgabe umfasst, äußerst komplex sind, und bevor irgendetwas erreicht werden kann, muss der Westen sich von der hartnäckigen Vorstellung verabschieden, er könne die »Kinder Afrikas« aus der Wildnis führen, so wie einst Moses die Kinder Israels aus Ägypten, und dass die Afrikaner dankbar folgen würden – denn, wie uns die Geschichte wiederholt gelehrt hat, dies wird nicht geschehen. So ist es vielleicht die klügere Strategie, mit Achtsamkeit und Liebe zu hören, was Afrikaner/innen uns zu sagen haben, und ihnen großzügig moralische und finanzielle Unterstützung zu gewähren, wenn sie sich selbst auf den Weg in das dritte Jahrtausend machen.

Um es noch einmal ganz deutlich zu sagen: Es ist wichtig, dass wir lernen, den verschiedenen Stimmen Afrikas zuzuhören, und dass wir dies tun, ohne wütend zu werden oder zu bewerten, auch wenn uns das, was wir zu hören bekommen, nicht immer gefällt. Wir müssen uns immer wieder selbst daran erinnern, dass wir lernen wollen zu verstehen, weil es nur mit Verständnis zu einer Lösung kommen kann.

Zur Verteidigung der weiblichen Beschneidung

Hier nun einige dieser ganz unterschiedlichen Stimmen:
Das folgende anonyme Statement eines Afrikaners, der sein Geschlecht nicht angibt, aber höchstwahrscheinlich ein Mann ist, erschien kürzlich auf einer Internetseite. Es war überschrieben: *Zur Verteidigung der weiblichen Beschneidung.* Das zugrundeliegende Wertesystem, dem hier Ausdruck verliehen wird, ist repräsentativ für die überwältigende Mehrheit der Menschen, die in Gesellschaften leben, die weiterhin beharrlich der weiblichen Genitalverstümmelung anhängen.

»Ich habe gerade Ihre Internetseite gesehen, auf der Sie das Foto eines jungen Mädchens zeigen und fragen: ›Sollte sie beschnitten werden?‹ Ihre Kommentare suggerieren die Antwort ›Nein‹.

Aber warum sollte das so sein? Die Beschneidung ist seit Tausenden von Jahren bei afrikanischen Frauen populär. Westliche Interessengruppen haben afrikanische Nationen zu erpressen versucht, die Bräuche zu verbieten, aber immer wenn derartige Maßnahmen ergriffen wurden, füllten sich die Straßen mit glücklichen beschnittenen Frauen, die für das Recht demonstrierten, dass auch ihre Töchter von denselben Segnungen profitieren dürfen.

Hier nun einige der wesentlichen Vorteile, die ein Mädchen von dem Beschneidungsritual hat:

- *Es ist ein Initiationsritual und ein Beweis des Erwachsenseins. Heute ist sie noch ein Mädchen und morgen schon eine Frau.*
- *Es erhöht ihren Status in der Gemeinschaft, zum einen wegen der erhöhten Reinheit, die die Beschneidung mit sich bringt, und zum anderen wegen der Tapferkeit, die die Initiantinnen zeigen müssen.*

- *Es verleiht Reife und impft sie mit positiven Charaktereigenschaften, inklusive der Fähigkeit, Schmerz zu ertragen und einer demütigen Haltung.*
- *Die Beschneidung ist ein erfreuliches Ereignis, bei dem das Mädchen im Mittelpunkt der Aufmerksamkeit steht und viele Geschenke und wertvolle moralische Ratschläge von den älteren Mitgliederen der Gemeinschaft erhält.*
- *Sie schafft einen Bund zwischen den Generationen, weil sich alle Frauen dieser Gemeinschaft dem Ritual unterzogen haben und nun eine wichtige gemeinsame Erfahrung teilen.*
- *Das Gewissen des Mädchens kann niemals durch lustvolle Gedanken oder Gefühle oder Versuchungen wie Masturbation erschüttert werden.*
- *Es gibt so gut wie kein Risiko für voreheliche Beziehungen, die mit einem gebrochenem Herzen oder mit der Stigmatisierung und den sozialen Problemen eines außerehelichen Kindes enden (dies gilt vor allem für die komplette Beschneidung, d. h. alles unreine Gewebe ist entfernt und das Mädchen wird bis zur Hochzeitsnacht zugenäht).*
- *Die Bindung zwischen Mann und Frau ist viel enger, weil keiner von beiden jemals Sex mit einer anderen Person hatte, und ihre Beziehung wird von Liebe statt primär von Begehren getragen sein, weil die Frau kein körperliches, sondern nur emotionales Verlangen hat.*
- *Es gibt keinen Anreiz für außerehelichen Geschlechtsverkehr, also sind diese Ehen sicherer.*
- *Es gibt viel weniger Vergewaltigungen (dies gilt wiederum besonders für die vollständige Beschneidung).*
- *Das eheliche Band ist auch deshalb enger, weil die Beziehung nicht auf Beischlaftechniken und Leistung beruht.*
- *Für die Kinder ist besser gesorgt, weil es weniger Anreiz gibt, eine Ehe aufzulösen und weil sich der Ehemann dessen viel sicherer sein kann, dass die Kinder von ihm sind.*
- *Es gibt in der heutigen westlichen Gesellschaft viele Übel, die leicht durch die Einführung einer allgemeinen weiblichen Infibulation zu Beginn der Pubertät ausgerottet werden könnten. Denken Sie an den positiven Einfluss auf die Rate der ungewollten Schwangerschaften bei jungen Mädchen in den USA, die mit dem Anstieg der Verbrechensrate und der Ghettoisierung, besonders bei Minderheiten, in Verbindung gebracht wird. Man würde friedlichere und zufriedenere Frauen schaffen – im Moment wird den Frauen weisgemacht, dieser kleine Hautknubbel, ein rudimentärer Penis, hätte enorme phallische Kraft. Für die meisten hat er dies eben nicht und dadurch entsteht Unzufriedenheit.*

Also, um nun die Frage auf Ihrer Internetseite zu beantworten: Ja, ich glaube, das Mädchen auf dem Bild sollte beschnitten werden. Es wird ihr gut tun und sie wird es Ihnen danken.«

Drei Frauen antworten

Im Gegensatz dazu das Statement in Gedichtform von Dahabo Elmi Muse, einer somalischen Dichterin und Aktivistin, die den Schrecken am eigenen Leib erfuhr:

Pharao, der verflucht wurde von Gott
Der nicht den Worten Moses folgte
Der sich abwandte von der guten Thora
Die Hölle war sein Lohn!
Ertrinken war sein Schicksal!

Verflucht sei die pharaonische Beschneidung,
Brutales Schlachten, blutig,
Schnippeln, Nähen, Schneiden des Fleisches!
Der abscheulich Akt kam nie vom Munde des Propheten,
Niemals bekannt bei den Hadithen,
Und nicht gepredigt vom Koran.

Wenn ich noch denke an die Hochzeitsnacht
Als ich von Liebkosungen, süßen Küssen und Liebe träumte,
Nein, nichts von dem!
Schmerz und Leiden harrten meiner!
Da lag ich stöhnend und
Gekrümmt, wie ein verwundet Tier,
Opfer des weiblichen Schmerzes.

Wenn die Furcht dann nach mir greift,
Wenn der Zorn sich auf mich stürzt,
Wenn der Hass zu meinem Gefährten wird,
Sagen sie es sei doch nur der Frauen Schmerz,
Vergänglich wie der Frauen Los.

Die Reise geht weiter,
So wie die Ehe reift
So wie ich mich ihr ergebe und die Trauer schwindet,
So schwillt auch meine Lebensmitte.
Ein Hauch Glückseligkeit,
Hoffnung auf ein Baby, ein neues Leben!
Ach, dieses neue Leben gefährdet meines.
Bringt den Tod mir nah und das Verderben!

Es seien ihrer drei, so pflegte Großmutter zu sagen,
Der Tag der Beschneidung,
Die Hochzeitsnacht
Und die Geburt
Die drei Plagen einer Frau!

Ich flehe um Gnade, als mein geschundenes Fleisch reißt.
Es gibt sie nicht.
»Pressen!« So sagen sie,
»Es ist doch nur ein Frauenschmerz,
Vergänglich wie der Frauen Los!«

Doch der Mann, er brach den Bund,
Trennung, Scheidung und Verbannung.
Mit allen Wunden ganz allein...

Nun höret alle meinen Appell!
Appell für zerbrochne Träume,
Appell für das Recht auf Ganzheit,
Appell an alle Friedensliebenden:

Behütet und beschützt die Mädchen,
Die voller Unschuld und Vertrauen,
Gebt ihnen eine Welt voll Liebe,
Keine Welt voll Frauenplagen! [1]

»Das einzig akzeptable Bild einer Frau (...) ist das einer solchen, die beschnitten, fügsam, fruchtbar, heiratsfähig, hart arbeitend, asexuellen und gehorsamen ist. Die Realität der Frau in der Gesellschaft ist jedoch, dass sie für den Rest ihres Lebens an Körper und Geist verkrüppelt ist.«
Dr. Olinka Koso-Thomas, Gynäkologin.

»Fünf elend aussehende Frauen werden von Polizeibeamten in ein Zimmer zusammengetrieben. Sie sind angeklagt, den Tod (...) einer 17-jährigen Schülerin verursacht zu haben. Die eine Frau ist die Mutter, die alte Frau mit den dicken Brillengläsern die Großmutter, sie hatte die Rasierklinge zur Hand genommen, die anderen drei sind Nachbarinnen, die gekommen waren, um zu singen und zu jubeln.

Sie hatten nicht die Absicht, sie zu töten. Ihre Mutter liebte sie. Sie war die Lieblingsenkelin der Großmutter und auch nach ihr benannt. Darum wollte die Großmutter das Beste für sie, nämlich sie zur Frau zu machen. Sie sagten, das Mädchen habe es auch so gewollt.

Sie blutete und blutete, sie versuchten die Blutung zu stillen, aber sie wussten nicht wie, und sie hörte nicht auf zu bluten. Sie rannten voller Panik durchs Dorf und versuchten einen Autobesitzer aufzutreiben, der sie ins weit entfernte Krankenhaus bringen könnte, aber es gab niemanden, und sie blutete immer weiter.

Sie blutete so lange, bis sie nicht mehr bluten konnte. Sie war tot. Der Staat forderte ein psychiatrisches Gutachten. Sie waren gesund und bei klarem Verstand.

Als sie aus dem Zimmer gehen wollten, versuchte die Großmutter, anstatt der Tür das Fenster zu öffnen. Sie wurde zurückbeordert und einem Sehtest unterzogen. Sie hatte eine Augenoperation für die Entfernung von grauem Star hinter sich und konnte selbst mit Brille nur Schatten erkennen. Sie war fast blind.

Nachdem man sie abgeführt hatte, dachte ich an dieses namenlose Mädchen, das ich niemals kennen gelernt habe.

Wahrscheinlich war sie stark und gesund. Ich dachte an all die Dinge, die sie hätte tun können, munter zur Schule gehen, mit ihren Freundinnen Federball spielen und den ganzen Weg zum Fluss hinunter kichern, wenn sie mit anderen Mädchen Wasser holen ging.

Und sie starb einen so sinnlosen Tod.«

Anna Muthoni Matei, Aktivistin

Warum besteht weibliche Genitalverstümmelung bis heute?

Seit Jahrhunderten sichert weibliche Genitalverstümmelung afrikanischen Ehefrauen und ihren Töchtern den Schutz eines männlich dominierten und von Männern verteidigten Gefüges.[2] Aus diesen und ähnlich überzeugenden Gründen fruchten weder die ehrlichen Bemühungen westlicher Regierungen »diese barbarischen Praktiken« einfach aus der Welt zu schaffen, zumindest wenn es Migrant/innen im eigenen Land betrifft, noch die Entschlossenheit westlicher Feministinnen, die Afrikaner/innen davon überzeugen wollen, ihre Töchter genital unversehrt zu lassen.

»Ich habe Dörfer besucht, wo, als die Frauen um bessere Gesundheitseinrichtungen, um Hilfe zur Senkung der Säuglingssterblichkeit, um Wasserleitungen und den Zugang zu landwirtschaftlichen Krediten baten, man ihnen mit Fragebögen kam (...) zur weiblichen Beschneidung. Ganz sicher gibt es einen statistischen Zusammenhang zwischen diesen Variablen, doch vom Standpunkt derer, die die Subjekte dieser Forschungsprojekte darstellen, hat das keine Priorität.«

Achola Pala

Vielen afrikanischen Feministinnen erscheint die westliche Empörung über die weibliche Genitalverstümmelung deplatziert. Auf einem Kontinent, wo Millionen von Frauen keinen Zugang zu den wichtigsten Lebensgrundlagen haben – Lebensmitteln, Trinkwasser, Gesundheitsfürsorge, Schulbildung, Schutz vor Gewalt – steht weibliche Genitalverstümmelung einfach nicht an erster Stelle.

In ihrem Bemühen, die Beschneidungspraktiken auszurotten, erscheint es westlichen Aktivist/innen logisch, ihre Gegenargumentation ausschließlich auf die physischen Schäden zu konzentrieren. Dies ist die medizinische Betrachtungsweise eines Problems, das sich aber keiner medizinischen Lösung erschließt. Eine rein medizinische Betrachtungsweise impliziert, dass man es hier mit so etwas wie einer Erkrankung zu tun hat, die man mit einer Art Kampagne wie bei Pocken oder Malaria vernichten kann.

Gesellschaftliche Bräuche sind aber nun mal keine »Krankheiten«, und dieser stark eingeschränkte Blick auf das Problem verspricht keinen Erfolg, zumal diese Sichtweise kaum von den Menschen, deren Bräuche betroffen sind, geteilt werden kann.[3] Vielleicht sind diese Menschen ja sogar bereit anzuerkennen, dass die Praktiken unerwünschte und sogar gefährliche Aspekte haben. Wenn dies jedoch von weißen Fremden als böse oder krank dargestellt wird, kann dies für die Anhänger eigentlich nur eine Beleidigung sein, wenn man ihre starke und bis dahin unhinterfragte Überzeugung berücksichtigt, dass diese genitalen Reduktionen eine absolute Notwendigkeit für die Reinheit und Sauberkeit einer Frau sind und dass sie den familiären Zusammenhalt und die unbefleckte Ehre bewahren. Unter diesen Umständen ist es nicht sehr wahrscheinlich, dass die von Aktivist/innen ersehnten Veränderungen auch eintreten.

»Ich glaube, Ärzte sollten darin ausgebildet werden, Unterstützung anzubieten, aber nicht Ratschläge zu erteilen oder gar etwas zu verbieten. Der Wunsch, weibliche Genitalverstümmelung abzuschaffen, muss aus der Kultur entstehen, von den Betroffenen selbst kommen.«

Marion Hulverscheidt, Ärztin

»Über dieses Thema im Westen zu reden, ist, als würde ich das dysfunktionale Verhalten meiner Familie vor meinen Schwiegereltern bloßstellen. Ich hatte so ein gemischtes Gefühl von Scham und dem Bedürfnis, mein afrikanisches Erbe voller Liebe zu beschützen, darum wollte ich das Problem intern lösen ohne Einbeziehung unserer historischen Widersacher.«

Nahid Toubia, Chirurgin

Einige afrikanische Feministinnen haben sich gegen die US-amerikanische Politik ausgesprochen, die von afrikanischen Regierungen verlangt, dass sie über das Auftreten von weiblicher Genitalverstümmelung unter ihrer Bevölkerung berichten. Diese politische Strategie wurde neu eingeführt, als einflussreiche westliche Gesetzgeber und Kommentatoren zur Einstellung der finanziellen Unterstützung für Regierungen aufriefen, die sich des Themas nicht so annahmen, wie ihnen auferlegt worden war (siehe S. 112). Vom Standpunkt der Afrikaner aus ist dies schlicht Erpressung.
Die Protestnote der Frauen liest sich folgendermaßen:

> *»Wir glauben nicht daran, dass man mit Gewalt Traditionen und Bräuche ändern kann. Das überhebliche Gebaren des Westens fördert weder den Dialog noch den gleichberechtigten Gedankenaustausch. Weibliche Genitalverstümmelung existiert nicht im luftleeren Raum, sondern ist ein Teil des Sozialgefüges, und entspringt dem ungleichen Verhältnis der Geschlechter, dem Bildungsgefälle und dem minderen ökonomischen und sozialen Status der meisten Frauen. Alle Bemühungen zur Beendigung müssen von dieser Prämisse aus beginnen und sich entwickeln.«*[4]

Frau Koso-Thomas fügt dem hinzu:

> *»Weil die traditionellen patriarchalischen Gesellschaften Frauen eine untergeordnete Rolle zuschreiben, fühlen die Frauen sich nicht in der Lage, gegen das Diktat der Gemeinschaft aufzubegehren, selbst wenn ihnen dies zum Nachteil gereicht. Viele Frauen gehen sogar so weit, diese Vorschriften zu unterstützen, indem sie Gruppen ins Leben rufen, die die unangepassten Frauen bestrafen, und starten feindselige Kampagnen gegen passive Beobachter/innen. Frauen, die sich für viele der kulturellen Bräuche ihrer Gemeinschaft engagieren, sehen nicht, dass manche der Praktiken, für die sie sich einsetzen, dafür geschaffen wurden, sie zu unterjochen und noch viel wichtiger, um ihre Sexualität zu kontrollieren und männliches chauvinistisches Verhalten in Bezug auf Ehe und sexuelle Beziehungen aufrechtzuerhalten.«*[5]

Und noch mehr Meinungsverschiedenheiten

Wie bereits erwähnt, gehen manche Afrikaner/innen so weit, jede westliche Beteiligung an den Bemühungen, weibliche Genitalverstümmelung zu beenden, als Einmischung in innerafrikanische Angelegenheiten zu brandmarken, selbst wenn sie von Afroamerikaner/innen kommt. Viele haben mit besonderer Entrüstung auf den Roman von Alice Walker *Sie hüten das Geheimnis des Glücks* reagiert und verrissen diese fiktive Erzählung als reißerisch, einem bloßen Selbstzweck dienend und die Würde der afrikanischen Frauen mit Füßen tretend.

»Wir sind nicht die psychotischen Schwächlinge, als die uns Alice Walker in ihrer Anmaßung darstellt. Wir sind starke, stolze Frauen, und wir raffen uns immer wieder auf und leben unser Leben weiter.«

Nurah Dualc, Somalia

Walkers Roman, *Sie hüten das Geheimnis des Glücks,* wurde auch von europäischer Seite unter Beschuss genommen. Die Geschichte erzählt von der höchst einfühlsamen Beziehung zwischen dem Schweizer Psychoanalytiker Carl Jung und der afroamerikanischen Heldin des Buches, die, nachdem sie zu ihrem (fiktiven) Herkunftsvolk in Kenia zurückgegehrt war und sich entschied, sich beschneiden zu lassen, eine Psychose erlitt. Für die Schweizer Ethnologin Charlotte Beck-Karrer macht diese fiktive therapeutische Beziehung zwischen einer schwarzen Frau, die versucht, ihr afrikanisches Erbe aufzuarbeiten, und dem Schweizer Carl Jung die Autorin Alice Walker absolut unglaubwürdig, vor allem in den Augen der Schweizer. Jung, dessen extrem rassistischen Überzeugungen hinreichend bekannt waren, hätte keiner schwarzen Frau erlaubt, auch nur einen Fuß in seine Praxis zu setzen. Die bloße Vermutung, er hätte sich tatsächlich auf eine mitfühlende therapeutische Beziehung mit dieser Frau eingelassen, sei völlig undenkbar.

Trotz solcher Ungereimtheiten ist es Alice Walker mit ihrem Roman gelungen, eine unermessliche, geheim gehaltene Menschenrechtsverletzung, die an Frauen begangen wird, ans Tageslicht zu bringen und damit viel mehr Menschen zu erreichen, als jede andere Veröffentlichung bisher erreicht hat, und schon das allein macht ihr Buch zu einem äußerst wertvollen Beitrag.

Darüber hinaus sprechen jene, die Alice Walkers Buch, ebenso wie andere Bemühungen von Afroamerikaner/innen oder weißen Menschen aus dem Westen, der Genitalverstümmelung von Mädchen ein Ende zu setzen, verurteilen, keinesfalls für alle Afrikaner/innen. In einem Brief an die *New York Times* zeigt Comfort I. Ottah, eine nigerianische Hebamme und Krankenschwester, die als Gemeindeschwester mit afrikanischen Migrant/innen in London arbeitet, eine ganz andere Sicht der Dinge:[6]

»... die genitale Verstümmelung ist, ebenso wie das Ungleichgewicht zwi-

schen den Geschlechtern in Bezug auf Bildung, Gesellschaftsstatus und die sozio-ökonomische Stellung, nichts, was Afrika aus dem Westen importiert hat. (...) Wenn wir Afrikaner/innen ernsthaft wollen, dass diese Bräuche sowohl in Afrika als auch im Westen aufhören, können wir die Berichterstattung der Presse nicht ausschließen, ungeachtet wie schmerzhaft die Erinnerungen an Genitalverstümmelung auch sein mögen. Wir sollten uns diese Chance, die sich sowohl Afrikaner/innen als auch Westler/innen auftut, gegen die Genitalverstümmelung mobil zu machen und sie zu bekämpfen, nicht durch Vorurteile untergraben lassen.

Genitalverstümmelung ist inzwischen ein globales Thema, und ohne die Unterstützung des Westens können die Afrikaner/innen diesen Kampf nicht ausfechten. (...)«

Ein Rundschreiben,[7] welches Gesundheitsexpert/innen, Soziolog/innen, Athropolog/innen, Psycholog/innen und Menschenrechtsaktivist/innen aus Ghana, Nigeria, Somalia, dem Sudan und dem Senegal unterzeichneten, brachte eine ähnlich leidenschaftliche Überzeugung zum Ausdruck:

»Wir glauben, dass die genitale Verstümmelung von Mädchen in aller erster Linie einen Akt von Kindesmissbrauch sowie eine Verletzung der Menschenrechte darstellt, und dies sollte von den internationalen Medien, den Menschenrechtsaktivisten und allen, die mit der Gesundheit von Frauen und Kindern befasst sind, bedacht werden (...). Es ist an der Zeit, dass wir aufhören, mit dem Finger auf andere zu zeigen und hysterisch zu werden, wann immer dieses Thema aufkommt. Statt dessen sollten wir uns darauf konzentrieren, wie wir den internationalen ›Goodwill‹ nutzen können, um das Leiden unserer Mädchen zu beenden.

Verstümmelung ist irreversibel, und es erfordert die Planung sinnvoller Programme zu ihrer Ausrottung, wenn Millionen von Mädchen dem unnötigen Leid und den lebenslangen physischen und psychischen Gesundheitsschäden entgehen sollen, die diese Operation nach sich zieht. (...)

Wie kann irgendeine Regierung die Praktiken bei ihren Entwürfen für Gesundheitsprogramme außer Acht lassen, wenn in einigen dieser Länder Beschneidung und Infibulation mehr als 80 Prozent der weiblichen Bevölkerung betreffen und wo 60 Prozent der Frauengesundheitsprobleme, die in Krankenhäusern auftreten, mit der weiblichen Genitalverstümmelung in Zusammenhang stehen? Heutzutage wird der Maßstab für die Zuteilung von Entwicklungshilfe so angesetzt, dass umsichtiges Regieren und die Anerkennung der Menschenrechte die Hauptrolle spielen. Es scheint nur sinnvoll, dass die Vergabe von

> *Entwicklungsgeldern für die Gesundheitsfürsorge an die Bedingung geknüpft ist, dass Vorbeugungsmaßnahmen gegen weibliche Genitalverstümmelung ergriffen werden. (...)*
>
> *Auch wenn viele nichts von Alice Walkers Standpunkt zur Bewusstseinsbildung im Umgang mit dem Thema weibliche Genitalverstümmelung halten, sollten wir zumindest zugeben, dass ihr jüngstes Werk dieses Thema einem breiteren internationalen Publikum näher bringt. Dies hat eine Plattform geschaffen, auf der afrikanische und amerikanische Aktivistinnen die Diskussion fortsetzen können.«*

Als Nicht-Afrikanerin, die sich seit 24 Jahren intensiv mit dem Thema weiblicher Genitalverstümmelung beschäftigt, fühle ich mich sehr geehrt, das Vertrauen und die Freundschaft vieler Afrikaner/innen erlangt zu haben. Weil ich eine weiße Frau bin, habe ich hin und wieder erlebt, dass Afrikaner/innen mir mit Vorurteilen begegneten, meistens weil sie schon schlechte Erfahrungen mit anderen weißen Frauen gemacht hatten. Bedauerlicherweise beschränken sich Vorurteile nicht auf die Unterdrücker, auch Unterdrückte sind davon befallen. Ich kann mich sicher glücklich schätzen, dass insgesamt so wenig Negatives gegen meine Arbeit vorgebracht worden ist. Obwohl ich nun mal unveränderbar, unbestreitbar und manchmal auch zu meinem Bedauern eine weiße Frau bin, lehne ich kategorisch die Behauptung ab, dies disqualifiziere mich, für das Recht *aller* Kinder auf dieser Erde auf einen intakten Körper einzutreten, seien sie nun schwarz oder weiß.

Auf persönlicher Ebene kann man sicher mit den afrikanischen Frauen mitfühlen, die immer wieder den Attacken unwillkommener und beleidigender Fragen ausgesetzt waren, zuweilen der unglückliche Nebeneffekt von Programmen zur Schaffung eines größeren Bewusstseins und Öffentlichkeitsarbeit.

Eine hochgebildete, erfolgreiche Frau aus einem Land südlich der Sahara, die es verständlicherweise vorzieht, anonym zu bleiben, drückt es so aus:

> *»Woher nehmen plötzlich all diese Menschen das Recht, mich unaufhörlich zum Zustand meiner Klitoris zu befragen? Meine Klitoris ist meine persönliche Angelegenheit. Woher haben solche Leute die Unverfrorenheit anzunehmen, dass meine Klitoris etwas sei, worüber ich mit ihnen zu reden wünsche?«*

Ich habe für mich festgestellt, dass niemand, der seine oder ihre Kraft und Energie in diese Sache steckt, ganz ungeschoren davonkommt. Jede und jeder von uns, seien wir nun Afrikaner/innen oder anderer Herkunft, zahlt einen persönlichen Preis, und für einige war es ein hoher Preis. Auf die eine oder andere Art haben wir alle gelitten. Die meisten von uns haben dies ohne Klagen hingenommen, als unvermeidbaren Teil unserer Arbeit, weil das, was hier auf dem Spiel steht, so enorm ist, dass alles andere im Vergleich dazu nichtig erscheint.

Waris Dirie, internationales Super-Model aus Somalia, Autorin, ehemals Nomadin und Ziegenhirtin und seit 1997 Sonderbotschafterin der Vereinten Nationen, wurde für ihre Arbeit von ihren Landsleuten heftig unter Beschuss genommen. Ihre Kritiker ärgerten sich darüber, dass ausgerechnet sie zur Sonderbotschafterin ernannt worden war, wo ihr doch als Prominente und Super-Model die notwendigen Qualifikationen und die Erfahrung fehlten, um diese wichtige Aufgabe erfolgreich zu meistern. Und außerdem, so protestierten sie, was hat ein Super-Model, das für die Titelseite von Hochglanzmagazinen mit nackten Brüsten posiert, mit der Abschaffung weiblicher Genitalverstümmelung zu tun?

Leider leben wir in einer Welt, die weit davon entfernt ist, perfekt zu sein. Es ist nun einmal so, dass die ganze Tragödie weiblicher Genitalverstümmelung auf einer persönlichen Ebene noch viel deutlicher wird, wenn die Menschen sich vorstellen, dass dies einer so zarten und bezaubernd schönen Frau wie Waris Dirie angetan wurde. Leider neigen wir dazu, Prominente zu verehren, während Intellektuelle und Kulturschaffende betteln gehen dürfen. Ich persönlich bezweifle, dass Waris Diries Engagement für diese Herkulesaufgabe, unzählige Mädchen vor der Tortur zu retten, die sie selbst erlitt, dadurch aufgewertet werden könnte, dass sie an einer bekannten Universität eine Doktorarbeit über weibliche Genitalverstümmelung geschrieben hätte. Ihre stärksten Waffen sind ihre Direktheit, ihr Charme, ihre Freundlichkeit, ihr scharfer Verstand, ihr unglaublicher persönlicher Mut, ihre moralische Stärke und ihre unerschütterliche Vision einer besseren Welt für Mädchen. Das erinnert an eine andere Kämpferin: Die Afroamerikanerin Rosa Parks stellte erfolgreich die amerikanische Bürgerrechtsbewegung auf die Beine, und das nicht, weil sie einen Universitätsabschluss in der Tasche hatte, sondern weil sie genau diese goldenen Eigenschaften besaß.

Und die Zukunft?

Eine positive Entwicklung zeichnet sich in der ständig wachsenden Anzahl von Männern und Frauen der westlichen Welt ab, die in Zusammenarbeit mit afrikanischen Aktivist/innen – gebildeten Städtern ebenso wie mit Dorfbewohnern – in verschiedenen Gesellschaften langfristige, direkte Erfahrungen an der Basis gesammelt haben. Wenn solche Menschen den Willen gezeigt haben, einen Dialog zu beginnen, indem sie geduldig zuhören anstatt ihre *eigenen Glaubenssysteme aufzuoktroyieren,* haben sie den ersten Schritt gemacht, der Lösung des Problems weiblicher Genitalverstümmelung auf die Spur zu kommen. Dann werden sie begreifen, dass politische Lippenbekenntnisse, die nicht auf handfesten Erfahrungen beruhen, wenig oder gar nichts zum Lösungsprozess beitragen können.

Mit den Worten der sudanesischen Anthropologin Rogaia M. Abusharaf:

> *»Bitte verstehen Sie mich nicht falsch: Genitalverstümmelung muss aufhören, damit Frauen ihre grundlegenden Menschenrechte genießen können. Aber es nützt wenig, wenn ein westlicher Mensch oder gar eine in Afrika geborene Frau wie ich, die Bräuche einseitig verdammt. Wir müssen aus der Geschichte lernen: Als die europäischen Kolonialmächte versuchten, die Eingriffe in der ersten Hälfte des [20.] Jahrhunderts abzuschaffen, wiesen die Menschen vor Ort diese Einmischung zurück und hingen ihren Traditionen um so verbissener an. Ohne ein Verständnis von indigenen Kulturen und ohne überzeugte Verpflichtung der Menschen innerhalb dieser Kulturen, die Beschneidungen zu beenden, sind alle Ausrottungsversuche von außen zum Scheitern verurteilt. Nichts bringt dieses Problem mehr auf den Punkt als zwei unterschiedliche Bezeichnungen des Eingriffs: Ist es Beschneidung, ein Akt der Liebe , wie manche Frauen es nennen, oder Verstümmelung? Die widersprüchliche Antwort lautet: Beides.«*

Voller Optimismus und großer Erwartungen gibt Rogaia Abusharaf Ratschläge zum Vorgehen, wenn der Westen die Praktiken beendet sehen will:

> *»Studien haben ergeben, dass mit steigendem Bildungsniveau Frauen weniger geneigt sind, ihre Töchter beschneiden zu lassen. Ich habe keinen Zweifel daran, dass wenn afrikanische Frauen die ihnen zustehenden Plätze in den verschiedenen Lebensbereichen eingenommen haben, wenn sie soziale Gleichberechtigung, politischen Einfluss, wirtschaftliche Möglichkeiten und Zugang zu Schulbildung und medizinischer Versorgung erlangt haben, weibliche Genitalverstümmelung aufhören wird. Dafür werden die Frauen schon sorgen.«*[8]

Frau Koso-Thomas fügt dem hinzu:

»Der erste Schritt (...) muss von den Frauen selbst kommen, im Rahmen ihrer eigenen Organisationen. Sie müssen sich erst von Unwissenheit, Angst und mentaler Unterwürfigkeit befreien. Diejenigen Frauen, die sich bereits mit den gesundheitlichen Risiken der weiblichen Beschneidung auskennen, sollten zur Aufklärung ihrer Schwestern beitragen. Nur wenn sich die Frauen selbst einbringen, können Programme und Pläne zur Beendigung der Praktiken Erfolg haben. Es haben auf der Welt in den letzten 100 Jahren genug andere sozio-kulturelle Revolutionen stattgefunden. So ist zum Beispiel die Witwenverbrennung in Indien (suttee) verboten worden, die Füße von chinesischen Frauen werden nicht mehr eingebunden, und in arabischen Ländern werden weibliche Säuglinge nicht mehr lebendig begraben. Wenn andere Völker ihre Kulturen überprüfen und von gesundheitsschädlichen Bräuchen befreien konnten, gibt es Hoffnung, dass die weibliche Beschneidung in Afrika auch ausgerottet werden kann.

Die über allem schwebende Maxime ist natürlich die Abschaffung der weiblichen Beschneidung. Weil dieser Eingriff von Geheimnissen umgeben ist, die von den Praktizierenden mit der Absicht bewahrt werden, diese Bräuche zu schützen, ist es notwendig diese Praktiken bekannt zu machen, die Gemeinschaft aufzuklären und die Opfer zu behandeln und zu beraten.« [9]

Junge Stimmen: Hoffnungsträger für die Zukunft

Mehr und mehr verschaffen sich die Stimmen junger afrikanischer Aktivist/innen Gehör. Unter ihnen sind einige Männer, die zu der Ansicht gelangt sind, dass weibliche Genitalverstümmelung keine reine Frauensache ist, sondern alle in der Gesellschaft betrifft.

Einer von ihnen ist Ebrima Saidy, 23-jähriger Jugendkoordinator von BAFROW, einer Stiftung für Forschung zu Frauengesundheit, Produktivität und Umwelt in Gambia.

»In Gambia war es früher für jung und alt tabu, öffentlich über weibliche Genitalverstümmelung zu sprechen. Die Sensibilisierungskampagnen und ein neues Bewusstsein haben dazu geführt, dass die Menschen dieses Problem diskutieren wollen, und dies hat Türen zu möglichen Lösungen geöffnet.

Ich beteilige mich an der Organisation von Seminaren, Workshops und Fortbildungen. Ich glaube daran, dass sich jeder junge Mensch in diesem Land daran beteiligen muss, den Leuten klarzumachen, welcher soziale, physische und psychologische Schaden durch weibliche Genitalverstümmelung angerichtet wird und unter welchen sozialen Ungerechtigkeiten gambische Frauen und Mädchen noch immer leiden müssen.

Dies ist nicht nur ein Frauenthema. Es ist ein gesellschaftliches Problem, das uns alle betrifft.

Mit kontinuierlicher Sensibilisierung und Aufklärung gibt es Hoffnung, dass wir der Jugend dieses Landes eine glänzende Zukunft bieten können, frei von weiblicher Genitalverstümmelung und anderen gefährlichen Praktiken. BAFROW, die Organisation, der ich angehöre, setzt derzeitig einen Aktionsplan zur Erneuerung der Initiationsriten für junge Mädchen um.

Viele meiner Zeitgenossen denken, dass ich für unerreichbare Ziele kämpfe. Dies hat mich niemals entmutigt, sondern spornt mich noch mehr an. Widerstand gegen Veränderungen bedeutet nur, dass man noch mehr dafür tun muss, um sie herbeizuführen.«

In Europa und den USA sind auch die ersten Stimmen von afrikanischen Männern vernehmbar, die über ihre »Erfahrungen mit dem Fluch« reden und sich dagegen aussprechen:

»Ich lebe in Frankreich, wo ich als Physiotherapeut arbeite. Ich bin 34 Jahre alt und habe eine vierjährige Tochter.

Ich wurde mit weiblicher Genitalverstümmelung anlässlich der Beschneidung meiner Schwester konfrontiert, (...) eines Tages während der Ferien. Meine Mutter sagte mir, wir würden ihren Bruder besuchen und zum Sonnenuntergang zurück sein. Als wir nach Hause kamen, fanden wir meine Schwester, sie lag auf dem Bett, beschnitten und zugenäht.

Mit der Zeit begann ich zu verstehen, welche Grausamkeit und welches Verbrechen unseren Schwestern angetan wird. (...) Aber wenn wir unsere Mütter darauf ansprachen, gab es immer die gleiche Antwort. Es geht die Männer nichts an. Für sie ist es einzig und allein eine Frauensache. (...)

Es ist an der Zeit, die Männer in diesen Kampf mit einzubeziehen. Männer sind sensible Geschöpfe, wenn es um das Leiden ihrer Schwestern, Mütter und Töchter geht. In Afrika hat der Mann die Entscheidungsgewalt in der Familie und wenn Männer sensibilisiert und auf das Thema aufmerksam gemacht werden, würden sie diese Bräuche für ihre Töchter verbieten und die Frauen daran hindern, sie auszuüben.

In Dschibuti versuchen wir in Zusammenarbeit mit einer lokalen Gruppe (Equilibre) eine Aufklärungskampagne für Männer auf die Beine zu stellen und Diskussionsrunden mit Männern und Frauen zu veranstalten. Mit anderen Aktionen richten wir uns direkt an das Rechtssystem, um sie dazu zu bewegen, dieses Verbrechen zu verbieten.«[10]

Die äthiopische Menschenrechtsaktivistin Seble Dawit sieht eine hoffnungsvollere Zukunft für alle Frauen Afrikas vor sich, eine, in der ein Ende dieser Praktiken absehbar ist:

> *»Ich glaube, dass die Arbeit gegen Genitalverstümmelung in Afrika in Zukunft von Zusammenarbeit und Partnerschaftlichkeit geprägt sein wird. In den letzten zehn Jahren mussten wir zunächst die üblichen Kinderkrankheiten überwinden, die Bewegung hat sich ausgeweitet und tut es immer noch, unsere Methoden werden immer raffinierter und hoffentlich noch koordinierter. Die Debatte über Genitalverstümmelung droht die afrikanischen Frauen heute nicht mehr zu spalten, wie das in der Vergangenheit der Fall war, weil wir uns selbst einbringen und darauf bestehen, an der Diskussion beteiligt zu werden, die unser Leben betrifft. Die nächsten zehn Jahre wird sich sehr viel verändern.«*

Und so soll es auch geschehen.

Anmerkungen

1 Überarbeitung der englischen Übersetzung aus dem Somalischen von Hanny Lightfoot-Klein, deutsche Textfassung von Sabine Müller
2 Lerner, G., (1986)
3 Gruenbaum, E., (1982)
4 Dawit, S. & Mekuria, S., (7. Dez 1993)
5 Koso-Thomas, O., (1987)
6 New York Times, (1994) *New York Times*, (28. Dez. 1996)
7 FORWARD INTERNATIONAL, (1993)
8 Abusharaf, R. G., (März/April 1998a)
9 Koso-Thomas, O., (1987)
10 *Awaken*, 2:2, (Juni 1998), *Equality Now Newsletter.*

Kapitel 8

Männliche Beschneidung

Im folgenden soll es um eine weitere Form genitaler Manipulation gehen, die vielerorts routinemäßig an kleinen Jungen vorgenommen wird: die Entfernung der männlichen Vorhaut.

Die männliche Beschneidung ist in keiner Weise mit dem anatomischen Schaden, den die verheerende weibliche Genitalverstümmelung an den Genitalien kleiner Mädchen hinterlässt, zu vergleichen. Auch die seelischen Schäden, die sie verursacht, sind weitaus schwerer zu ermitteln und zu verstehen. Es gibt jedoch möglicherweise eine Ebene, auf der diese Eingriffe verglichen werden können, und das ist das frühe Alter, in dem sie vorgenommen werden. Und wenn wir die Berichte über gestörtes Stillverhalten oder die Totalverweigerung der mütterlichen Brust nach der Vorhautentfernung lesen, müssen wir feststellen, dass solche Störungen relativ häufig auftreten. So häufig, dass es dringend notwendig erscheint, die seelische Auswirkungen der Beschneidung an männlichen Säuglingen näher zu untersuchen.

Falls nun meine offensichtliche Besorgnis über das nicht nur weiblichen, sondern auch männlichen Säuglingen zugefügte Trauma, in einem Buch, dessen Hauptschwerpunkt auf dem Thema weibliche Genitalverstümmelung liegt, für überflüssig befunden wird, so möchte ich auf einen Aspekt hinweisen, der generell übersehen, ignoriert, verleugnet, heruntergespielt, unterdrückt oder belächelt wird. Und zwar folgender: ein Neugeborenes von der Brust der Mutter zu zerren, die es neun Monate unter dem Herzen getragen hat, und ihm eine ernsthafte Wunde zuzufügen, ist ein Akt, der sich unbestreitbar gegen die Mutter richtet.

Ich spreche hier aus Erfahrung. Die Zirkumzision meines Sohnes, die unmittelbar im Anschluss an eine enorm schwierige Geburt stattfand, traumatisierte uns beide gleichermaßen und hinterließ mich mit einer seelischen Verletzung, die auch nach 45 Jahren noch nicht überwunden ist.

In den folgenden Ausführungen und Beispielen beschränke ich mich größtenteils auf die männliche Beschneidung in den USA.

»Gott – oder die Natur – haben tatsächlich ihr Bestes gegeben, als sie kleine Jungen erschaffen haben. Es ist unangemessen anzunehmen, dass die normalen Fortpflanzungsorgane an sich fehlerhaft seien. Und tatsächlich sind die männlichen reproduktiven Organe perfekt dazu geschaffen, ihren Zweck äußerst leistungsstark, heilsam, anmutig und würdevoll zu erfüllen. Aus Achtung vor der Menschheit rufe ich die Ärzteschaft auf, die Genitalien von Kindern in Ruhe zu lassen.«

Morris L. Sorell, Arzt

Vor einigen Monaten hatte ich eine Unterhaltung mit einem Freund der Familie, den ich seit mehr als 40 Jahren kenne. Dieser Mann wurde, so wie ich übrigens auch, vor dem Zweiten Weltkrieg geboren, als die Nationalsozialisten in Deutschland an der Macht waren. Unsere Biografien sind insofern unterschiedlich, als meine Kernfamilie Ende der 30-er Jahre, kurz vor dem Ausbruch des Zweiten Weltkrieges in die Vereinigten Staaten floh, während sich seine Familie nach Großbritannien flüchtete. Er wuchs dort auf, und konnte seinen Kindheitstraum verwirklichen, ein waschechter Engländer zu werden. Er besuchte eine englische Privatschule, studierte Medizin und wurde Arzt, so wie sein Vater und Großvater vor ihm.

Die Lebensumstände während des Krieges und in der Nachkriegszeit waren in England unglaublich entbehrungsreich, und so ergriff er die erste sich ihm bietende Gelegenheit und emigrierte in die Vereinigten Staaten, um dort seine Assistenzzeit zu absolvieren. Schließlich blieb er dort.

Obwohl mein Freund Jude ist, ist er niemals beschnitten worden. Verständlicherweise war mir dieser Umstand solange unbekannt, bis ein gemeinsamer Freund, der mit ihm während seiner Assistenzarztzeit das Zimmer geteilt hatte, ihn als »den wahrscheinlich einzigen unbeschnittenen jüdischen Arzt in ganz New York« bezeichnete.

Wie war es denn nun zu diesem höchst ungewöhnlichen Umstand gekommen? Es geschah auf Veranlassung des väterlichen Großvaters, der wohl als jemand bezeichnet werden kann, der niemals den Weg des geringsten Widerstands geht. Als der Vater meines Freundes geboren wurde, widerstand dieser Mann allem familiärem Druck und lehnte die Beschneidung seines Sohnes kategorisch ab.

Seine Beweggründe? In einer Zeit stetig wachsenden Antisemitismus' in weiten Teilen Europas soll er folgendes gesagt haben: »Es ist schwer genug als Jude zu leben, aber auch noch beschnitten zu sein, ist ein Schicksal, das man niemandem aufbürden sollte.« Sein Sohn blieb intakt und folglich auch mein Freund, der Enkelsohn.

Aber damit ist die Geschichte noch nicht zu Ende. Es gibt noch zwei weitere Generationen, von denen berichtet werden muss.

Mein Freund heiratete eine englische Krankenschwester mit sanfter Stimme, die aus einem christlichen Elternhaus kam und mit ihm drei Töchter bekam. Somit war die Frage der Beschneidung – ohnehin von geringem Interesse für alle Beteiligten – für diese Generation kein Thema.

Dreißig Jahre später heiratete die zweite Tochter meines Freundes und brachte zu gegebener Zeit einen Sohn zur Welt. Die jüdische Familie ihres Ehemannes bestand unerbittlich auf der Beschneidung des Jungen in einer traditionellen Zeremonie, während alle Mitglieder der mütterlichen Familie ihr Missfallen kundtaten. Aber sie ließen sich überzeugen, dass die Verantwortung für eine solche Entscheidung nicht in ihren, sondern in den Händen des Großvaters väterlicherseits lag.

Mein Freund ist ein sanfter Mann. Ein richtiger englischer Gentleman, der sein Motto, »Haltung zu bewahren« manchmal so weit treibt, dass es schon wie eine Karikatur wirkt. In den vierzig Jahren, die ich ihn kenne, habe ich ihn noch niemals wütend erlebt.

Das war anders, als er mir von den Einzelheiten der Beschneidung seines Enkels berichtete. Sein Gesicht war blaurot angelaufen, und seine Stimme zitterte vor Wut. »Es war das Widerlichste, was ich jemals in meinem Leben gesehen habe!« wütete er. »Ich habe niemals zuvor gesehen, wie so was gemacht wird. Ich hatte es immer vermieden, an diesen entsetzlichen barbarischen Ritualen teilzunehmen! Wenn ich nur die leiseste Ahnung gehabt hätte, was sie meinem Enkel antun würden, hätte ich sie davon abgehalten, darauf kannst du wetten! Und wenn eine meiner Töchter wieder einen Sohn zur Welt bringt, und sie versuchen, ihm so etwas anzutun, haue ich ihnen so schnell eine einstweilige gerichtliche Verfügung auf Unterlassung um die Ohren, dass ihnen ganz schwindelig davon wird!«

Ich schlage vor, dass alle zukünftigen Eltern kleiner Jungen vorab einer solchen Beschneidungszeremonie beiwohnen sollten, bevor sie irgendwelche Papiere unterschreiben, die es dem Krankenhauspersonal oder irgendwem sonst erlauben, ihr Neugeborenes zu beschneiden. Diese Erfahrung könnte ihnen die Augen öffnen.

Die Beschneidung neugeborener Jungen: Eine Verletzung, die alle etwas angeht

Im Folgenden berichtet Marylin Milos, Gründerin und Leiterin von NOCIRC (National Organization of Circumcision Information

Resource Center), was sie dazu veranlasste, seit 24 Jahren die Anti-Beschneidungsbewegung anzuführen.

»Schmerz und Horror überfielen mich – so wie 20 Jahre zuvor, als ich das erstemal gesehen hatte, wie ein Neugeborenes beschnitten wird – nachdem ich einen Forschungsbericht über eine Untersuchung gelesen hatte, bei der festgestellt werden sollte, wie viel Schmerz die Babys während der Beschneidung empfinden. Während ich den Text Anesthesia for Circumcision: A Review of the Literature *(Anästhesie bei der Zirkumzision: Ein Überblick zur Literatur) von Robert Van Howe las, der in dem Buch* Male and Female Circumcision: Medical, Legal, and Ethical Considerations in Pediatric Practice *(Männliche und weibliche Beschneidung: Medizinische, juristische und ethische Erwägungen im Alltag des Kinderarztes) veröffentlicht werden sollte, fühlte ich, wie meine Abwehr bröckelte, eine Abwehr, die mich über 20 Jahre geschützt hatte.*

In einer Studie wurde Babys ein mit Zucker bedeckter Schnuller gegeben, um zu sehen, ob dies ihre Schmerzen lindern würde. Sie schrieen ›etwas weniger‹ – wahrscheinlich, weil sie an dem Schnuller saugten, um die Schmerzen weniger zu spüren, während man in ihre Genitalien schnitt. Aber hatten sie wirklich weniger Schmerzen? Wahrscheinlich nicht, aber jene, die weniger lautes Gebrüll hörten, wollten das glauben und berichteten, dass dem so sei.

Die Babys der Kontrollgruppe, schrieen, kreischten oder fielen in Ohnmacht, als der empfindlichste Teil ihres Körpers ohne jede Betäubung einfach abgeschnitten wurde.

Anschließend wurden die Kinder beider Gruppen mit Blutabnahmekanülen traktiert, damit ihr Blut auf Stresshormone untersucht werden konnte. Mit jedem Stich litten die Babys, die bereits durch den vorherigen Schmerzreiz sensibilisiert worden waren, noch mehr.

Es gab noch weitere Untersuchungen. Haben Babys Schmerzen, wenn man vor der Beschneidung lokal eine Salbe aufträgt? Jawohl! Haben Babys Schmerzen nach zwei Injektionen in den dorsalen Penisnerv, wobei nur die dorsale (obere) Seite betäubt wird? Jawohl! Fühlen Babys den Schmerz, wenn man die Beschneidung mit einer Vier-Quadranten-Anästhesie an der Penisspitze durchführt? Jawohl! Kein schmerzstillendes Mittel schützt vor oder lindert den Schmerz einer Beschneidung. Nicht ein einziges! Der einzige Weg, den Schmerz der Schnitte in einen Säuglingspenis zu verhindern, ist, nicht hineinzuschneiden.

Da der Schmerz bei der Beschneidung bereits hinlänglich untersucht und bewiesen war, zielten diese Studien darauf ab, die Effektivität verschiedener schmerzstillender Mittel zu testen. Keine Ethikkommission einer Universität würde Forschern solch qualvolle Tests an Labortieren gestatten. Sie würden nicht zulassen, dass in Kontrollgruppen die bereits erwiesene Schmerzhaftigkeit der Beschneidung ohne Anästhesie demonstriert würde. Warum hat keine Ethikkommission diese Babys vor Forschern geschützt, die sie unnötigen Schmerzen aussetzten? Warum hat keine Ethikkommission die Rechte der Kinder auf unversehrte Genitalien geschützt?«

Die Praxis: Beschneidung eines Neugeborenen

»Als ich 1979 das erste Mal als Schwesternschülerin bei einer Beschneidung dabei war (als Wiedereinsteigerin in den Beruf, deren vier Kinder sich ebenfalls in der Ausbildung befanden), begriff ich überhaupt erst, was meinen Söhnen viele Jahre zuvor zugestoßen war. Ich wusste nicht, was Beschneidung bedeutete, als ich der Zirkumzision meiner Kinder zustimmte. Mein Arzt hatte mir erklärt, dass dies für ihre Gesundheit notwendig sei, dass es nicht wehtäte und nur einen kleinen Moment dauern würde – so als würde man die Nabelschnur durchtrennen, dachte ich. Auf das, was ich zu sehen bekam, war ich jedenfalls nicht gefasst.

Das Baby war an den ausgestreckten Armen und Beinen auf ein Plastikbrett geschnallt, das auf einem Tresen lag. Es wehrte sich gegen seine Fesseln – wand sich, wimmerte und weinte dann nur noch hilflos. Niemand tröstete es. Ich fragte meine Ausbilderin, ob ich es beruhigen dürfte. Sie antwortete, ich solle warten bis der Doktor käme. Als dieser da war, fragte ich ihn, ob ich das Baby trösten dürfe. Er sagte mir, ich solle dem Baby einen Finger in den Mund stecken, was ich auch tat, und das Baby saugte daran, als ich seinen Kopf streichelte und sanfte Worte zu ihm sprach. Der Kleine begann sich zu entspannen und war auch für einen Moment still. Diese Stille wurde plötzlich von einen durchdringenden Schrei zerrissen – die Reaktion des Säuglings darauf, dass der Arzt seine Vorhaut in eine Art Schraubzwinge mit Schneide gequetscht hatte. Sein Schreien wurde noch durchdringender, als der Arzt ein Instrument zwischen Vorhaut und Eichel einsetzte, das diese beiden Hautstrukturen auseinander riss (diese sind bei Kleinkindern normalerweise verbunden und schützen die Harnröhre vor Nässe und Kot). Das Baby begann den Kopf ruckartig nach vorn und nach hinten zu reißen – der einzige Teil seines Körpers, den es bewegen konnte – als der Arzt mit einer weiteren Zwinge die Vorhaut der Länge nach abklemmte und dann abschnitt, während er die Öffnung weit genug offen hielt, um ein kleines Gerät zwischen Vorhaut und Eichel zu halten, damit er die Eichel nicht zusammen mit der Vorhaut abtrennte. Als das Baby keuchte und würgte, war ich nicht mehr in der Lage, mein eigenes Schluchzen zu unterdrücken. Der Arzt sah mir ins Gesicht und meine Erschütterung erkennend, schüttelte er den Kopf und sagte: ›Dafür gibt es nicht einmal einen medizinischen Grund.‹

In den nächsten 20 Jahre hallten diese Worte immer wieder wie ein Echo in meinem Kopf wider. Endlich kam der letzte Schritt, der Arzt quetschte die Vorhaut des Babys gegen das Instrument und schnitt sie ab. Das Baby lag da: schlaff, erschöpft und völlig verausgabt. Seine Lippen bebten, als es ein wenig Luft einsog. Der Glanz seiner Augen war einem leerem Starren gewichen. Ich wusste nicht, ob es im Schockzustand oder bewusstlos war, aber eines wusste ich genau: dieser Säugling war für immer verändert.

Diese endlos langen 15 Minuten haben mein Leben völlig umgekrempelt. Seit diesem Tag im Jahr 1979 habe ich daran gearbeitet, diesen unsinnigen, unvorstellbar schmerzhaften Amputationen ein Ende zu setzen, die auch an meinen eigenen Söhnen durchgeführt worden waren, weil ich nicht genug wusste, um sie davor zu schützen.

Ich kehrte nach Hause zurück und berichtete meiner Familie, was ich gesehen hatte. Als ich von den schmerzerfüllten Schreien des festgeschnallten Neugeborenen erzählte, wurde mir klar, dass ich meinem beschnittenen Ehemann und meinen beschnittenen Söhnen erzählte, was mit ihnen als Babys geschehen war.

Ich fing an, es jedem zu erzählen, der mir zuhören wollte. Ich fand schnell heraus, dass die meisten Menschen meine Botschaft nicht hören wollten: dass die Vorhaut völlig normales erogenes Gewebe mit schützenden und sexuellen Funktionen ist; dass Zirkumzision nicht notwendig ist; dass sie von keiner medizinischen Gesellschaft der Welt empfohlen wird; dass beschnittene Männer einen unwiederbringlichen Teil ihrer Sexualität verloren haben und dass die männliche Beschneidung viele Risiken und Komplikationen birgt. Welcher Mann will schon hören, dass man den empfindsamsten Teil seines Penis im Rahmen einer unnötigen, ihn psycho-sexuell traumatisierenden Operation amputiert hat, zu einem Zeitpunkt in seinem Leben, als er völlig hilflos war? Welche Mutter will hören, dass ihr Neugeborenes extreme und gänzlich unnötige Schmerzen erlitten hat? Welcher Arzt will zugeben, dass er ein sexuelles Organ eines nicht einwilligungsfähigen Kindes zerstört hat? Angesichts all dieser erschreckender Fakten ist es leicht zu verstehen, dass es vielen Menschen unmöglich scheint, über dieses Thema zu sprechen.

Nachdem ich gesehen hatte, wie eine Zirkumzision vorgenommen wurde und den Arzt hatte sagen hören, dass sie medizinisch überhaupt nicht notwendig war, begann ich, selbst nachzuforschen. Ich stellte dabei fest, dass niemand mit Bestimmtheit sagen konnte, wann die Beschneidungen begannen, und dass ihre Wurzeln vermutlich in den Ängsten und in dem Aberglauben des Menschen der Urzeit liegen.«

Die Medikalisierung der männlichen Beschneidung

Tim Hammond, Gründer der Anti-Beschneidungs-Organisation NOHARMM (National Organization to Halt the Abuse and Routine Mutilation of Males) berichtet dass »schätzungsweise 650 Millionen Männer[1] und 100 Millionen Frauen[2], die heute leben, als Kinder an den Genitalien manipuliert wurden. Wenn man diese Rate aufs Jahr umrechnet, so bedeutet das, dass jedes Jahr weltweit 13 Millionen Jungen und 2 Millionen Mädchen dem Ritual unterworfen werden.

Er stellt fest, dass, obwohl 80 Prozent der männlichen Weltbevölkerung genital intakt bleiben[3], das primitive Ritual der männlichen Vorhautentfernung sich immer stärker ausgebreitet und verwurzelt hat, weil es von Mediziner/innen legitimiert wurde.

Marilyn Milos verdeutlicht, wie diese medizinischen Legitimationen begannen.

»Als ich begann, mehr über Zirkumzision zu lernen, fing ich auch an, ihre Infiltration in die westliche Medizin nachzuvollziehen und entdeckte, dass Ärzte ab zirka 1850 in England begannen, Kinder zu beschneiden, nachdem zwei französische Ärzte ihre ›Degenerative Krankheitstheorie‹ veröffentlicht hatten, welche davon ausging, dass jedes menschliche Wesen mit einer begrenzten Menge Energie geboren wird. Die übermäßige Verschwendung dieser Energie, so postulierten sie weiter, schaffe eine Kondition, welche zur Debilität führe und für Krankheiten anfällig mache. Diese Theorie passte zu den strikten Verhaltensregeln des Viktorianischen Englands, wo es einem Verbrechen gleichkam, den ›Samen zu vergeuden‹, und so wurde sie auch bereitwillig vom medizinischen Establishment übernommen.

Die Ärzte begannen eine Reihe von Therapien auszuprobieren, angefangen mit Fesseln bis hin zu körperlicher Züchtigung, dem verätzen der Harnröhre mit einem Ätzmittel, so dass Brandblasen entstanden, und schließlich der Zirkumzision. Je drakonischer die Maßnahmen, desto eifriger wurden sie von den Ärzten im Kampf gegen die ›Selbstbefleckung‹ übernommen. [Siehe auch Kapitel 2].

Um die Jahrhundertwende kam die Theorie von den Keimen als Krankheitserreger auf – und plötzlich wurde die ohnehin bösartige

Vorhaut als Brutstätte für Bazillen verteufelt. Hygiene nannte man den neuen Vorwand, die Vorhaut zu entfernen. Von nun an unterlagen die medizinischen Rechtfertigungen dem Wandel der Zeit, je nachdem, vor welcher Krankheit man sich gerade am meisten fürchtete: das Penis-Karzinom in den Dreißigern, das Gebärmutterhals-Karzinom in den Fünfzigern und die sexuell übertragbaren Krankheiten, die mit der sexuellen Revolution in den Sechzigern einhergingen. Heute wissen wir natürlich, dass das Penis-Karzinom eine extrem seltene Erkrankung von ältern Männern mit mangelnder Hygiene ist, die außerdem alkoholkrank und starke Raucher sind. Wir wissen auch, dass das Gebärmutterhals-Karzinom durch das sexuell übertragbare HPV-Virus ausgelöst wird und nicht durch eine intakte Vorhaut. Sexuell übertragbare Krankheiten werden durch riskantes Sexualverhalten verbreitet und nicht durch gesunde Köperteile.

Ende des Zweiten Weltkriegs wurden in den USA die meisten Babys in Krankenhäusern geboren, und die medizinischen Vorwände zusammen mit der Tatsache, dass die Krankenkassen dafür bezahlten, führten dazu, dass ein intakter Penis zu einer Rarität unter amerikanischen Männern wurde. In den frühen Sechzigern begannen die Menschen das vorherrschende Sexualverhalten ebenso wie die medizinische Praxis zu hinterfragen. Viele Frauen wollten ganzheitlicher leben, eroberten die Geburt als natürlichen Vorgang für sich zurück und entschieden sich für Hausgeburten. Viele dieser Kinder blieben intakt.

Nachdem die ›medizinischen Gründe‹ entlarvt worden waren und die Beschneidungsrate in den Siebzigern zurückging, kamen neue Vorwände in Mode, die Vorhaut zu entfernen: ›Er könnte in der Umkleidekabine ausgelacht werden‹, ›Er sollte schon wie sein Vater aussehen.‹ Seltsamerweise waren diese fadenscheinigen Argumente niemals vorgebracht worden, als Ärzte damit begannen, Kinder zu beschneiden, deren Väter und Großväter intakt waren.

In den Achtzigern gab es einen neuen Vorwand für die Zirkumzision: die Vorbeugung vor aufsteigenden Harnwegsinfekten. Obwohl sowohl Mädchen als auch beschnittene Jungen dann und wann eine Harnwegsinfektion bekommen (die mit Antibiotika leicht zu therapieren ist), wurde argumentiert, dass ohne die Zirkumzision immer mehr Männern wegen Nierenversagen an der Dialyse enden würden. Die Tatsache, dass 85 Prozent der männlichen Weltbevölkerung weder beschnitten noch Dialysepatienten sind, wurde dabei einfach ignoriert.

Sexuell übertragbare Krankheiten boten einen weiteren Rechtfertigungsgrund für die Zirkumzision in den Neunzigern. Verfechter der Beschneidung konnten nun mit der gefürchtetesten Krankheit von allen aufwarten: AIDS.

Vielleicht gibt es kein besseres Beispiel für die Irrationalität der Beschneidungs-Ideologie als die Behauptung, Zirkumzision schütze vor der Ansteckung mit AIDS. Die USA sind eines der Länder mit der höchsten männlichen Beschneidungsrate der Welt sowie mit einer der höchsten AIDS-Raten unter den Ländern der sogenannten Ersten Welt. Und doch hält man sich weiterhin an dieses völlig falsche Argument für die Notwendigkeit der männlichen Beschneidung. Ich erhielt kürzlich einen Brief von einem im Gesundheitsbereich arbeitenden Senegalesen, der um Hilfe bat für die Männer der Luo, die aufgrund solcher AIDS-Studien geschlagen und zwangsweise beschnitten wurden. Warum werfen wir Subventionsgelder für solche sogenannten wissenschaftlichen Studien aus dem Fenster, anstatt sie für Aufklärungsarbeit zu nutzen, so dass die Menschen wissen, dass es Safer-Sex-Praktiken sind, die sie wirklich gegen sexuell übertragbare Krankheiten inklusive AIDS schützen, und nicht die Amputation der Vorhaut?«

Hammond stimmt dem aus vollem Herzen zu:

»AIDS ist zu einer praktischen Ausrede geworden, um auf unbegründete und teure Heilverfahren zurückzugreifen, die keinerlei Nutzen für den Patienten haben. Das Drängen auf Zirkumzision ist vergleichbar mit dem zunehmenden Drängen auf Kaiserschnitt bei HIV-positiven Müttern – so als ob das neunmonatige Leben in und von der Mutter keinerlei Risiko für das Kind bergen würde, aber der Geburtskanal voller HIV wäre, das nur darauf wartet, das Kind zu befallen, wenn es da durch will. Was für eine Logik steckt hinter solchen bizarren Schlüssen oder der Annahme, eine immungeschwächte werdende Mutter müsse nun unbedingt einem kräftezehrenden operativen Eingriff unterzogen werden? AIDS verleiht dummen Ideen neue Kraft!«

Anatomie und Physiologie der Vorhaut

Hammond fasst den aktuellen Stand der Wissenschaft zur Anatomie und Physiologie der Vorhaut zusammen:

»Sowohl die Klitoris als auch die Eichel waren ursprünglich von der Natur als innere Organe angelegt. Das weibliche und das männliche Präputium (Klitorismütze und Penis-Vorhaut) schützen diese Strukturen vor Austrocknung, Hautabschürfungen, Verschmutzung und Keratinisierung (Verhornung, die die Empfindsamkeit und sexuelle Ansprechbarkeit reduziert). Beim Mann sorgt die Vorhaut für den

Spielraum an Gewebe, damit der Penis bei der Erektion bequem expandieren kann. Die Vorhaut macht 50 Prozent der Haut des Penis aus [4], zirka 25-30 Quadratzentimeter des erogenen Penisgewebes eines durchschnittlichen erwachsenen Mannes.[5] Sie stellt auch eine bewegliche Schutzhülle dar, die wesentlich zur lustvollen Beweglichkeit, Gleitfähigkeit und Gefühlsintensität während des Masturbierens, beim Vorspiel und beim Geschlechtsverkehr beiträgt.[6] Ein kompletter Penis mit der vollständigen Anzahl feinster, in der Vorhaut angesiedelter Rezeptoren, ermöglicht es dem Mann, bei sexuellen Aktivitäten die ganze sensorische Empfindungsskala zu erleben. Die immunologischen Funktionen der Schleimhaut auf der Innenseite der Vorhaut sind wichtig, weil sie für den Mann die Ansteckungsgefahr mit verschiedenen sexuell übertragbaren Krankheiten reduzieren.[7,8] In der medizinischen Welt ›versäumen es die Artikel und Veröffentlichungen über die Vorteile und Nachteile der Zirkumzision immer wieder, auch nur in Erwägung zu ziehen, dass es sich hierbei um Gewebe handelt, das erhaltenswert sein könnte.‹[9]

Im Allgemeinen werden Männer, die als Kinder beschnitten wurden, jedoch nie darüber aufgeklärt, welche wichtigen Aufgaben die Vorhaut hat und wie sich die Zirkumzision auswirkt. Tatsächlich stellten Lilienfeld und Kollegen 1958 fest, dass ein Drittel der beschnittenen Männer nicht wusste, dass sie beschnitten worden waren.[10] Selbst dreißig Jahre später ergab eine Befragung von Schlossberger u.a., dass 34 Prozent der beschnittenen Jugendlichen ihren Status falsch angaben. Beschnittene Jungen waren sich bezüglich des Zustandes ihrer Genitalien unsicherer als unbeschnittene.[11] Abgesehen von der Tatsache, dass Beschneidung für viele Männer kein Thema ist, weil sie sich nicht an ihre Beschneidung erinnern, steht für einige Psychotherapeuten, die mit Männern arbeiten fest, dass es eine Erinnerung gibt. Da das Ereignis sehr früh im präverbalen Stadium stattfand, wird es häufiger auf der körperlichen Ebene erinnert als auf der bewussteren Verbalebene.« [12]

Männliche Zirkumzision in den Vereinigten Staaten

Den Forschungsergebnissen von Tim Hammond zufolge sind die USA das letzte medizinisch hochentwickelte Land, das daran festhält, die meisten Jungen ohne medizinische oder religiöse Begründung zu beschneiden. Die Beschneidungsrate in den USA lag 1996 bei 60 Prozent (in den Siebzigern lag sie bei 85 Prozent).[13] Jedes Jahr werden über 1,25 Millionen Neugeborener beschnitten, das heißt, alle 26 Sekunden ein kleiner Junge. 80 Prozent aller amerikanischen Männer wurden in ihrer

Kindheit beschnitten, dies betrifft 100 Millionen Erwachsene verschiedener Altersklassen. Amerikanische Mediziner haben es jedoch bisher versäumt, die Langzeitfolgen dieses »Standardverfahrens« an Säuglingen zu untersuchen. In den letzten Jahren ist die Opposition von Männern gegen diesen Brauch allerdings gewachsen, und Nicht-Regierungs-Organisationen haben Untersuchungen durchgeführt, um ihre Belange zu dokumentieren.

Obwohl Schlossberger zu dem Schluss kam, dass »die Faktoren, die für die Zufriedenheit der Männer mit der Zirkumzision ausschlaggebend sind, derzeit unbekannt sind und näher erforscht werden müssen«[14], ergab eine Untersuchung von NOHARMM ein breites Spektrum negativer physischer, psychischer und sexueller Auswirkungen der Beschneidung für Männer.[15] Schlossberger betonte, »da das Bedürfnis, so zu sein wie die Altersgenossen, im Verlauf der späteren Pubertät und im Erwachsenenalter nachlässt, muss auch noch untersucht werden, wie sich das fortschreitende Alter auf die Zufriedenheit mit der Zirkumzision auswirkt.«[16] Eine Umfrage zum Körpergefühl des Männermagazins *Journeymen* ergab, dass mindestens 20 Prozent der beschnittenen amerikanischen Männer mit ihrer Beschneidung unzufrieden sind.[17] Diese Quote wird sicherlich in dem Maße ansteigen, wie Männer sich über den Wert der Vorhaut bewusst werden und den Schaden und den Verlust einschätzen können, der ihnen durch eine genitale Operation zugefügt wurde, die sie sich nicht ausgesucht haben.

Eine neuere Untersuchung zu den sexuellen Erfahrungen von Frauen mit beschnittenen und unbeschnittenen Partnern ergab, dass »der anatomisch intakte Penis für die Partnerin während des Koitus eine erfüllendere Erfahrung darstellt.«[18]

Marilyn Milos legt dar, dass

> *»...die Schwierigkeit, diese Menschenrechtsfrage zu diskutieren, offensichtlich darin besteht, dass bis vor kurzem niemand darüber sprechen wollte, dass wir routinemäßig die Sexualorgane unserer männlichen Babys verstümmeln. Dies war lange eine Tabu-Thema in unserer sexualfeindlichen Gesellschaft. Was konnte ich also tun, um dazu beizutragen, diesen routinemäßigen, institutionalisierten Kindesmissbrauch zu beenden? Mir war klar, dass Aufklärung der Schlüssel ist, aber ich wusste auch, dass ich auf massiven Widerstand treffen würde.«*

Hammond fügt dem hinzu:

> *»Es ist beobachtet worden, dass Beschneidungen von Kindern ein Merkmal der gewalttätigeren, kriegerischen, patriarchalischen*

Gesellschaften sind.[19] *Des Opfers körperliche Erfahrung von Hilflosigkeit, die auch den Reflex der Frauen schwächt, ihre Kinder zu beschützen, unterwirft beide Geschlechter der Kontrolle einer dominanten kulturellen Autorität. Mit der Ablehnung der gerühmten Vorzüge der Zirkumzision, zeigt das Individuum klar seine Grenzen der Loyalität gegenüber der Gruppenautorität auf.«*[20]

Die sudanesische Chirurgin Nahid Toubia[21] beschrieb den Mechanismus, der weiblicher Beschneidung zugrunde liegt. Bei den meisten Frauen und Mädchen sind die psychologischen Auswirkungen eher subtil, begraben unter einem Berg von Verleugnung, gemischt mit Resignation und der Akzeptanz gesellschaftlicher Normen. Alice Miller[22] stellte die noch weitreichendere Vermutung an, dass junge Mädchen, die sich selbst nicht verteidigen konnten, gezwungen wurden, ihre Gefühle zu unterdrücken, dadurch das »Bewusstsein« verdrängen und den Brauch sogar idealisieren und schließlich das Verfahren als harmlos und notwendig rechtfertigen.

»Diese Frauen haben keinen Zugang zu ihrer unterdrückten Wut und haben niemals wirklich getrauert über das, was ihnen widerfahren ist. Folglich unterwerfen sie ihre Kinder demselben Ritual, ohne sich dessen wirklich bewusst werden zu wollen.«

Zweifelsohne unterliegen der männlichen Beschneidung ähnliche Mechanismen. In ihrer Analyse der Praktik geht Alice Miller davon aus, dass der beschnittene Mann sich irgendwann »rächen« wird, außer sein weiteres Leben erlaubt es ihm, diese »alten Wunden in Liebe verheilen zu lassen«, was leider selten der Fall ist. So schreibt sie:

»Kinder, die einst verletzt wurden, werden später ihre eigenen Kinder verletzen und dabei behaupten, dass ihr Verhalten nicht schädlich ist, weil ihre eigenen liebenden Eltern ja das gleiche getan haben.«[23]

Die Verleugnung der Tatsache, dass Beschneidung dem Körper und der Sexualität schadet, kann bei einigen beschnittenen Männern dazu führen, dass sie mit Skepsis reagieren, wenn andere Betroffene öffentlich über ihre negativen Erfahrungen sprechen. Viele vermeiden jede Diskussion, andere können nur scherzhaft darüber sprechen, einige bagatellisieren sie, andere werden ärgerlich, wenn die Zirkumzision in Frage gestellt wird. Um sich selbst vor Minderwertigkeitsgefühlen zu schützen, sagen viele, dass die Beschneidung etwas sei, »was man für sie getan habe und nicht etwas, was man ihnen angetan hat.«[24] Wenn

beschnittene Väter die Beschneidung ihres Sohnes aus familiären/gesellschaftlichen Gründen fordern, projizieren sie möglicherweise eigene Minderwertigkeitsängste gegenüber einem genital intakten Sohn.[25]
Tim Hammond stellt fest, dass

> *»...die Zirkumzision in allen anderen Ländern mit hohem medizinischem Standard mit Ausnahme einer Radikalbehandlung als letzter Option obsolet geworden ist. Für jedes genitale Problem, das Zirkumzision angeblich heilen soll, gibt es heutzutage erhaltende, nichtoperative Alternativen zur Vorbeugung oder Behandlung.«*

Die Bewegung gegen männliche Beschneidung

Marilyn Milos berichtet, dass sie im ersten Jahr ihrer Forschungen ein paar Menschen begegnete, die sich bereits der Aufgabe verschrieben hatten, die breite Öffentlichkeit aufzuklären. Dann erschien 1980 das Buch von Edgar Wallerstein, *Circumcision: An American Health Fallacy* (Zirkumzision: Der Trugschluss der amerikanischen Medizin). Wallerstein hatte mehr als ein Jahrzehnt damit verbracht, verschiedene Studien, die sich für die Zirkumzision aussprachen, nach Forschungsfehlern und irrtümlichen Ergebnissen zu durchkämmen. Sein Buch stattete Aktivist/innen endlich mit dem notwenigen Rüstzeug aus, um die medizinischen Vorwände zu widerlegen.

In den zwei Jahrzehnten, die seit der Veröffentlichung von Wallersteins bahnbrechendem Buch vergangen sind, sind neue Bücher über männliche Beschneidung veröffentlich worden. Es wurden Dokumentarfilme gemacht, und die Medien haben sich des Themas angenomen. Immer mehr Menschen haben sich der Bewegung zur Beendigung der medikalisierten, routinemäßigen, neonatalen Beschneidung angeschlossen.

Marilyn Milos war einige Jahre als Krankenschwester aktiv. 1985 feuerte das Krankenhaus sie, weil sie Eltern dazu überredete, ihre Söhne nicht beschneiden zu lassen. Sie gründete die Organisation NOCIRC (siehe oben), und heute gibt es 100 NOCIRC-Zentren in 15 Ländern. Milos beharrt:

> *»Beschneidung schadet Mutter und Kind. Indem man ein Neugeborenes mit Gewalt beschneidet, assoziiert das kindliche Gehirn Schmerz mit einem Teil seines Körpers, der von der Natur dazu geschaffen wurde, Lust zu empfinden. Die Zirkumzision zerstört die Mutter-Kind-Beziehung, weil sie die Mutter zu einem Zeitpunkt entmachtet, wo ihre Instinkte, das Kind zu beschützen, am stärksten sind.*

Die Folgen dieser Gewaltanwendung sind für Männer Probleme im Aufbau vertrauensvoller Beziehungen zu Frauen. Im Prozess seiner eigenen Zirkumzision wird der zwangsweise unbewegliche Säugling beides: Opfer und potenzieller späterer Täter. Und der Teufelskreis der Gewalt setzt sich von einer Generation zur nächsten fort.«

Hammond fügt dem hinzu:

»Die Amerikanische Akademie für Kinderheilkunde berichtet, dass das Auftreten postoperativer Komplikationen nach Beschneidungen nicht genau festgehalten ist. Oftmals wird eine schlecht ausgeführte Operation über Jahre hinweg nicht bemerkt und wird erst im Erwachsenenalter erkannt und zum Problem.«

Und weiter:

»In den letzten Jahrzehnten haben beschnittene Männer in der westlichen Welt zunehmend gegen genitale Eingriffe protestiert, die sie sich nicht selbst ausgesucht haben, und es gibt immer mehr Erfahrungsberichte über Komplikationen. 1993 begann NOHARMM [siehe oben] die Behandlungsfehler und -folgen zu dokumentieren. Von 1993 bis 1996 nahmen 546 Männer an der Untersuchung teil. Die Ergebnisse dieser und anderer Studien wurden 1999 veröffentlicht und dokumentieren ein breites Spektrum an negativen Folgen männlicher Beschneidung, sowohl für die Männer als auch für ihre Sexualpartner/innen.«

Die negativen physischen, psychischen und sexuellen Konsequenzen

Tim Hammonds Studie führte zu folgenden Erkenntnissen:
Die Teilnehmer der Studie berichteten von einem breiten Spektrum an physischen Folgen, die von ihrer Zirkumzision herrührten. Dazu gehörte, dass nicht genügend Penishaut für eine normale Erektion zur Verfügung stand; Gefühlsverlust; eingeschränkte sexuelle Funktion; Schmerzen und Blutungen bei der Erektion oder Selbstbefriedigung; auffällige Narben; Entstellung des Penis; Verkrümmung bei Erektion wegen ungleichmäßigem Hautverlust.

Psychologische Folgeschäden können ebenso nachhaltig sein: chronische Ängste, Depressionen, geringes Selbstwertgefühl, Minderwertigkeitsgefühle und Gefühle der Unzulänglichkeit, zwanghafte Beschäftigung mit den Genitalien, Gefühle von Grenzüberschreitung und Verrat,

Vertrauensverlust und Selbstmordtendenzen sind alle in Zusammenhang mit der Zirkumzision berichtet worden.

Warum Männer heute gegen die Zirkumzision protestieren

Tim Hammond sagt dazu:

»Das gewaltige Ausmaß dieser Praktik in den USA macht die amerikanischen Männer historisch zur größten Population beschnittener Männer, die jemals zur gleichen Zeit am selben Ort lebten. Diese Männer sind in einer Zeit aufgewachsen, in der das öffentliche Bewusstseins über die Funktionen der Vorhaut und die Infragestellung der Zirkumzision immer weitere Kreise zog. Wiederherstellungsoperationen sind inzwischen immer üblicher und ermöglichen mehr und mehr beschnittenen Männern das Gefühl eines ›ersetzten‹ intakten Penis.

Zur Zeit gibt es bei Männern westlicher Länder einen Trend hin zu größerer Introspektion. Viele sind von der Frauenbewegung und der Menschenrechtsbewegung beeinflusst und machen ihr Recht auf freie Entscheidung und körperliche Unversehrtheit geltend.

Ärzte und religiöse und ethnische Führungspersonen stehen heute stärker im Mittelpunkt des kritischen Interesses und es wird eher in Frage gestellt, dass sie immer wissen, ›was für den Einzelnen das Beste ist‹.«

Marilyn Milos hofft, dass die heutige Generation beschnittener Männern die letzte sein wird. Ihr persönlicher Schmerz über die Beschneidung ihres Sohnes findet seinen Ausdruck und auch seine Absolution im folgenden Statement:

»Als einer meiner Söhne eine Ausgabe des Buches haben wollte, das ich herausgegeben hatte, bat er mich auch, eine Widmung für ihn hineinzuschreiben. Ich schrieb:

Lieber Sohn,

Du weißt, wenn ich einen von all den Fehlern in meinem Leben ungeschehen machen könnte, wäre es die Beschneidung meiner Söhne – dem schwersten Fehler von allen!!

Es ist der Schmerz und das Trauma, dem ihr ausgesetzt wurdet – weil ich nicht genug wusste, um Euch zu schützen – die dazu beitragen werden, unzählige andere Babys vor diesem Leiden zu bewahren. Es wird niemals genug sein, weil Du und Deine Brüder nicht verschont wurden.

Doch ich hoffe, als Zeugin des Verrates an dir und deines Traumas, dass es Dir bei der Heilung Deiner tiefsten Wunden helfen wird. Und ich weiß, dass auch Du die nächste Generation beschützen wirst.

Mit tiefstem Bedauern und all meiner Liebe

Mom«

PERSÖNLICHE ERFAHRUNGEN

Folgende Geschichten wurden von Tim Hammond gesammelt:

Chris, geboren 1944 in Großbritannien in eine anglikanische Mittelschichts-Familie; derzeit als Anwalt in Wales lebend:

»Ich war der einzige beschnittene Mann in meiner Familie, das Opfer der Unwissenheit meiner damals 19-jährigen Mutter. Sie beugte sich dem Druck eines Arztes, der sie überzeugte, dass diese Operation durchgeführt werden müsse, um auf dem neuesten medizinischem Stand zu sein.

Meine Beschneidung wurde manuell durchgeführt und hinterließ meinen Penis deformiert, mit einer gewaltigen gezackten Narbe, die den Penisschaft verdreht hat, hässlichen bläschenförmigen Vorhautresten und einer dicken Hautbrücke zwischen dem Schaft und der Eichel.

Im Alter von drei Jahren sah ich meinen Vater und meinen Bruder nackt und bemerkte, dass mein Penis nicht wie ihre war. Ich glaubte, ich wäre von Gott für etwas Schreckliches, das ich verbrochen hatte, bestraft worden, wobei ich nicht wusste, was das gewesen sein sollte. Als ich in den Kindergarten kam, sah ich die Genitalien von anderen Jungen. Einige von ihnen waren auch beschnitten, und ich nahm an, dass sie ebenfalls für etwas Böses bestraft worden waren.

Als ich neun Jahre alt war, entschuldigte sich meine Mutter bei mir, weil sie dem Arzt erlaubt hatte, mich zu beschneiden. Sie sagte, dass es ein schrecklicher Fehler gewesen sei, und versicherte mir immer wieder, dass sie zu jung und unerfahren gewesen sei, um das damals zu verstehen, so wie viele andere junge Mütter auch, und dass sie dazu gedrängt worden sei.

Trotz ihrer Entschuldigung fühlte ich mich ungeheuerlich betrogen. Ich hasste mich selbst und meine Verunstaltung. Ich wollte nichts sehnlicher als sterben. Ich ging abends mit dem Wunsch zu Bett, am nächsten Morgen nicht mehr aufzuwachen.

Sex war niemals ein Vergnügen für mich. Es bedarf einer großen

Anzahl von öden Stößen, um zum Orgasmus zu kommen, wobei Trockenheit und Unbehagen kontinuierlich zunehmen, trotz des reichlichen Gebrauchs von Gleitmitteln. Sehr zur Verzweiflung meiner Frau habe ich eine zunehmende Aversion gegen vaginalen Geschlechtsverkehr. Meine sexuelle Beeinträchtigung ist die Ursache tiefster Trauer, Frustration, Wut, Verzweiflung und eines Gefühls völliger Wertlosigkeit. Das hat bei mir zu schweren klinischen Depressionen, zu Alkoholabhängigkeit und zu drei misslungenen Selbstmordversuchen geführt.

Der Verrat an mir als kleinem Kind durch meine Mutter manifestiert sich bis heute in der tief verwurzelten Angst und dem Misstrauen, die ich allen Frauen gegenüber empfinde. In meinem Herzen hege ich einen tiefen Groll für alle Ärzte, die nicht einsehen wollen, dass die Zirkumzision an nicht einwilligungsfähigen Kindern extremen Schaden anrichtet und dass sie Männern wie mir nicht zuhören wollen, wenn wir versuchen, ihnen klarzumachen, wie sehr man uns geschadet hat.

Ich weigere mich, Argumente wie ›er soll so aussehen wie sein Vater oder wie die anderen Jungen im Umkleideraum‹, die Menschen zur Rechtfertigung der Beschneidung vorbringen, zu akzeptieren. Eine einfache Erklärung wie ›Daddy (oder andere Jungs) musste operiert werden, aber du brauchst es nicht‹ wäre im Umgang mit dem einzigen intakten Jungen in der Familie bzw. im sozialen Umfeld mehr als angemessen. Darüber hinaus weigere ich mich, jedwede religiöse Überzeugung als Entschuldigung gelten zu lassen, Kinder genital zu verstümmeln.

Für den beschnittenen Jungen, der sich wundert, dass ein Teil von seinem Penis fehlt, ob er sich nun in einer beschneidenden Gesellschaft befindet oder in einer, die ihre Kinder intakt lässt, sind dies keine befriedigenden Antworten.«

Steve:

»Nach dem Sex ist mein Penis ganz roh und tut weh. Aus den aufgescheuerten Stellen blutet es. Es dauert mindestens ein bis zwei Wochen, bis ich wieder ohne Schmerzen den Verkehr vollziehen kann. Als ich zehn oder zwölf Jahre alt war, las ich Bücher, in denen stand, wie toll Sex ist und wie viel Spaß man dabei hat. Ich habe überhaupt nicht verstanden, warum es mir keinen Spaß macht, bis ich die Wahrheit über die Zirkumzision und ihre Langzeitfolgen erfuhr. Ich frage mich, warum mir etwas so Grausames und Inhumanes angetan wurde. Was habe ich getan, um eine solche Therapie zu verdienen, die mich derart beeinträchtigt? Warum war meine erste sexuelle Erfahrung im zarten Alter von

zwei Tagen eine genitale Verstümmelung? Vielleicht kommt daher meine düstere Seite. Vom frühesten Zeitpunkt meiner Erinnerung an wollte ich immer kleine Tiere und Menschen auf eine Art und Weise quälen, für die ich mich schäme. Gott sei Dank war ich bisher in der Lage, diesen Trieb zu unterdrücken.

Das Gehirn erwartet eine gewisse Stimulation durch Sex, aber mir fehlen die Nerven und die Stimulation reicht niemals aus. Diese Leere kann durch nichts ausgefüllt werden.

Mein Hauptproblem ist, dass ich beim Liebemachen einfach keine guten Gefühle habe. Ja, ich kann meine Ejakulation kontrollieren und meine Erektion halten, aber darüber hinaus fühle ich einfach nichts. Es ist mechanische Arbeit. Es macht mich nicht glücklich, und es befriedigt mich nicht.«

Alon: Der 38-jährige Wissenschaftler wurde in Tel Aviv geboren, wo er bis heute lebt. Er ist Mitglied der Israelischen Vereinigung gegen genitale Verstümmelung (Israli Association Against Genital Mutilation). Wie die meisten jüdischen Männer ist er am achten Lebenstag beschnitten worden.

»Ich kenne den Namen des Verbrechers, der mir das angetan hat«, sagt er. »Dieser Beschneider ist berühmt für den Gebrauch der Bronsteinklammer, die nicht sehr weit verbreitet ist, weil sie extreme Schmerzen verursacht. Nach der Beschneidung nimmt er das Baby in eine Hand, hebt es hoch und lässt es im Kreis über seinem Kopf schwingen, damit alle sehen können, was er für eine tolle Arbeit geleistet hat.«

Um den Grad der Verleugnung zu illustrieren, in der die meisten Männer in seiner Gesellschaft gefangen sind, erzählt er von einem befreundeten Journalisten:

»Er ist überzeugt, dass seine vielen Ängste und Phobien daher rühren, dass er hochgehoben und auf diese Art und Weise umhergeschwenkt wurde, und nicht von der Beschneidung selbst.

Wie die meisten israelischen Männer dachte ich nicht über Beschneidung nach, während ich heranwuchs. Wir wissen, dass wir beschnitten werden, wenn wir acht Tage alt sind, und nehmen es als gegeben hin, so wie auf unserem Kopf Haare wachsen. Meine Mutter sagte immer, der Beschneider hätte seine Job gut erledigt. ›Deine Narbe sieht sehr schön aus‹, pflegte sie zu sagen. Als ich erwachsen wurde und meine

Wut über die Verstümmelung meines Körpers zum Ausdruck brachte, sagten meine Eltern, dass, wenn sie gewusst hätten, dass es mir nicht gefiele, sie es auch nicht hätten machen lassen. Meine Eltern sind beide hochintelligente Menschen, und ich bin der Meinung, sie hätten bei meiner Geburt begreifen müssen, dass man Babys nicht beschneidet. Ich kann meinen Eltern vieles vergeben – das nicht.

Auf der emotionalen Ebene fühlt sich meine Beschneidung an, als hätte jemand versucht, mich umzubringen. Es hat mein Leben ruiniert. Ständig umgibt mich diese Angst vor dem Tod. Je lieber ich jemanden mag, desto größer ist die Angst. Ich habe Angst, wieder so verraten zu werden wie von meinen Eltern, denen ich vertraute und von denen ich annahm, sie würden mich lieben. Ich bin wütend auf meine Eltern, weil sie mich als Objekt für ein religiöses Ritual missbrauchten, anstatt mich wie ein geschätztes menschliches Wesen zu behandeln. ›Wie konntet ihr wagen, mir das anzutun?‹, frage ich sie.

Panische Angst ist mein vorherrschendes Gefühl. Ich weiß zwar, dass das nicht logisch ist, aber mit Logik hat es auch nichts zu tun. Sexuelle Nähe gibt mir ein Gefühl, als wolle mich jemand umbringen, und ich muss mich selbst schützen. Ich fühle mich selbst so, als könnte ich jemanden umbringen. Einige Leute haben versucht, mich davon zu überzeugen, dass diese Gefühle keine Folge der Beschneidung sind, aber bis jetzt ist mir kein anderes Trauma bekannt, das ich erleiden musste.

Ich glaube, wenn die Juden aufhören wollen, ihre kleinen Jungen zu beschneiden, müssen sie ihre Glaubenszugehörigkeit anders definieren. Die äthiopischen Juden, die nach Israel kamen, haben es ja auch geschafft. Vorher beschnitten sie ihre Mädchen, aber sie wurden überzeugt, damit aufzuhören, als sie nach Israel kamen, wo dies als Verstümmelung betrachtet wird. Sie dachten darüber nach und willigten ein, damit aufzuhören. Sie akzeptierten es, und es gab kein Nachspiel.

Kinder sind nicht das Eigentum ihrer Eltern. Sie haben alle Menschenrechte von dem Moment ihrer Geburt an, nicht erst, wenn sie alt genug zum Nachdenken, Protestieren oder Wegrennen sind.«

Bill:

»Der Verlust der erogenen Interaktion zwischen Vorhaut und Eichel, der aus der Beschneidung resultiert, fühlt sich so ähnlich an, als würde man versuchen, mit einer Hand zu klatschen. Ich halte mich selbst für einen ziemlich hartgesottenen Kerl, aber als ich von deinen Forschungsergebnissen las und mir klar wurde, dass man vielleicht einen Teil dieser

Funktion wiederherstellen könnte, habe ich geheult wie ein Kleinkind.«

James:

»Ich wurde im Alter von 13 Jahren zwangsweise beschnitten, trotz meines erbitterten Widerstandes, und aus bloßer ›gesellschaftlicher Konformität‹. Als sie mit mir fertig waren, war meine nackte Eichel knallrot, ich hatte schreckliche Schmerzen und blutete unaufhörlich. Es war schrecklich. Schließlich heilten meine Wunden, aber mit dem Verlust seiner Vorhaut war mein Penis auch zumindest der Hälfte seines Empfindungsvermögens beraubt worden.

Immer wenn ich später mit einem Mädchen ins Bett ging und ihr von meiner Beschneidung erzählte, pflegte sie so etwas Dummes zu sagen wie: ›Naja, jetzt siehst du halt aus wie jeder andere auch, wo ist da das Problem?‹ Ich wurde dann immer sauer. Ich versuchte ihnen zu erklären, dass ich mich einer Sache beraubt fühlte, die einen immensen Wert für mich hatte, etwas das unwiederbringlich war, aber sie konnten einfach nicht verstehen, wovon ich sprach. Sie fingen mit diesem dämlichen Gequatsche über Hygiene an und hatten nicht den leisesten Schimmer, was mir – und in diesem Zusammenhang auch ihnen – entging! Ich werde noch immer stinkwütend, wenn ich bloß daran denke.«

Philip, 56 Jahre alt, seit 35 Jahren mit der gleichen Frau verheiratet, Vater von zwei erwachsenen Kindern:

»Ich wusste gar nicht, dass ich beschnitten bin, bis ich in die Highschool kam. Da ich nicht verstand, warum sie mir das angetan hatten, fragte ich meine Mutter, unseren Gemeindepfarrer und einige meiner Altersgenossen. Die Antwort war immer dieselbe: ›Das macht man eben so.‹ Ich fragte den Pfarrer, welche höheren Werte ich denn nun dafür erhalten hätte, dass ich eines Körperteils beraubt worden war, den Gott mir gegeben hatte. Er hatte auch keine zufriedenstellende Antwort parat.
Später, während meiner Ehe, wurde mein Penis so unempfindlich, dass ich mich in dem Bemühen, zum Orgasmus zu kommen, wund rieb und meine Frau auch. Ich wurde so stark beschnitten, dass die Erektion absolut keine Haut am Schaft für die Bewegungen übrig ließ. Jeder meiner trockenen Stöße entzog ihr mehr Feuchtigkeit, als sie produzieren konnte. Wir beide glaubten an die damals übliche Erklärung, dass es ihre Schuld

sei, und dass etwas mit ihr nicht stimme. Ich kann Ihnen gar nicht erzählen, wie schuldig sich meine Frau fühlte wegen ›ihrer Unzulänglichkeit.‹ Erst als ich von den ›Nebenwirkungen‹ der Zirkumzision erfuhr, und was sie im späteren Leben anrichtet, wurde mir klar, dass mit ihr alles in Ordnung war und dass das Problem bei mir lag.

Mein Zorn wuchs. Ich war wütend, weil ich einer naturgegebenen Sexualfunktion beraubt worden war, für nichts und wieder nichts. Es versetzte mich in Erstaunen, dass in einer Gesellschaft, wo die Ärzteschaft weibliche Genitalverstümmelung an nicht einwilligungsfähigen Mädchen ablehnt, die männliche Beschneidung nicht nur toleriert, sondern sogar medizinisch befürwortet wird. Die Beschneidung kann niemals wieder vollständig rückgängig gemacht werden, auch nicht mit dieser Vorhaut-Wiederherstellungsmethode, einer langwierigen Prozedur, bei der die Haut des Penisschaftes graduell gedehnt wird, um die Funktion der Vorhaut zu simulieren. Die Beschneidung ist eine dauerhafte, unabänderliche Entscheidung über das Leben eines anderen Menschen.«

Mark, ein 66 Jahre alter pensionierter Arzt aus Brooklyn, New York, der heute in Kalifornien lebt:

»Als Jude habe ich die Beschneidung immer als Normalität akzeptiert, sie niemals in Frage gestellt und meinen einzigen Sohn auch beschneiden lassen. Während des Medizinstudiums wurde uns beigebracht, den Eingriff aus den vielen guten Gründen durchzuführen, die man inzwischen entlarvt hat. Durch Zufall stieß ich auf das Buch: Questioning Circumcision: A Jewish Perspective *(Warum Beschneidung? Jüdische Perspektiven). Während ich es las, fiel es mir plötzlich wie Schuppen von den Augen, und ich wusste tief im Innern, dass Zirkumzision verkehrt ist. Noch Wochen danach fühlte ich mich deprimiert und war untröstlich. Ich brach immer in Tränen aus, wenn ich an meinen physischen und sexuellen Verlust dachte, und daran, dass ich zur Aufrechterhaltung des Rituals beigetragen hatte, indem ich meinen eigenen Sohn beschneiden ließ. Versuche, das Thema im Familienkreis zu erörtern, endeten mit Wutausbrüchen und Frustration. Ich fürchte, ich handelte zu überstürzt und zu übergriffig. Wenn ich anderen etwas raten kann, dann, sich Zeit zu geben, die eigenen seelischen Erschütterungen zu verarbeiten, bevor man auf andere Familienmitglieder zugeht, und etwas behutsamer zu sein, besonders mit den Menschen, die einem nahe stehen, die man liebt.*

Ich versuche, über mich selbst hinauszublicken, das Gesamtbild zu sehen, und konzentriere seitdem meine Energien darauf, amerikanischen

Medizinstudent/innen die komplette Anatomie des Penis zu lehren und die Verluste, die mit der Zirkumzision einhergehen.

Wenn der Widerstand gegen die Zirkumzision erfolgreich sein soll, müssen Männer nach innen etwas für ihre Seele tun und nach außen politische Arbeit leisten, um ihre Söhne aus dem Teufelskreis des sexuellen Übergriffs zu befreien. Es gibt vermehrten Anlass zu der Hoffnung, dass dies letztendlich auch so geschehen wird, besonders in den westlichen Ländern, wo es doch eine größere individuelle Unabhängigkeit von ethnischen, religiösen und kulturellen Zwängen gibt.«

DIE BEWEGUNG FÜR GENITALE UNVERSEHRTHEIT: VORSCHLÄGE FÜR NEUE WEGE

Wie Jonathan Mann[26] 1996 schrieb, unterliegen sowohl das Gesundheitswesen als auch Menschenrechtsfragen heute großen Veränderungen, woraus sich Wechselwirkungen zwischen beiden Bereichen ergeben, die auch eine neue Herausforderung darstellen. Jahre zuvor hatten Aktivist/innen, die für Kinderrechte eintraten, NGO's und professionelle Organisationen aufgebaut, um ihr Recht auf genitale Unversehrtheit zu schützen. Diese Organisationen machten geltend, dass, soweit es Minderjährige betraf, »die unnötige Entfernung von funktionsfähigen Körperteilen im Namen von Tradition, Bräuchen oder jedem anderen nicht krankheitsbedingtem Grund niemals von der Ärzteschaft mitgetragen werden dürften«, da solche Interventionen »Verletzungen der Menschenrechte und einen Bruch des Hippokratischen Eides darstellen« und dass »ausgebildete Mediziner/innen die ethische Verpflichtung haben, die Gesundheit und die Rechte derer zu schützen, die mit geringer oder keiner sozialen Macht ausgestattet sind.«[27]

Der Wille, die Interessen eines Kindes zu schützen, muss die Erkenntnis beinhalten, dass »Einzelpersonen mit der geringsten Macht stärkeren sozialen und juristischen Schutz brauchen«[28] und dass die Beschneidungspraxis an Kindern eine Menschenrechtsfrage darstellt. Besonders Professionelle im Gesundheitsbereich haben bereits erfolgreich andere Formen der Verstümmelung bekämpft.

Der Fortschritt im Kampf gegen die weibliche Genitalverstümmelung steht in krassem Widerspruch zum Mangel an Bemühungen, Jungen vor diesen Bräuchen zu beschützen. Der Erfolg im Kampf gegen erstere Verstümmelungsform ist größtenteils der internationalen Anerkennung für das Ausmaß des Problems der »Weiblichen Genitalverstümmelung«

zu verdanken, ebenso wie den verstärkten Bemühungen, Mädchen in den einzelnen Ländern juristisch zu schützen, lokalen Kampagnen, die sich mit dem Problem befassen und es in den Gesamtkontext von Frauengesundheit und Menschenrechte verankert haben, sowie internationalen Finanzhilfen.

Im Vergleich dazu stoßen die schlecht finanzierten Kampagnen für die Rechte von Jungen bereits bei der Wortschöpfung »Männliche Genitalverstümmelung« auf heftigen Widerstand. Zur Zeit scheint keine Institution, Agentur oder Regierungsorganisation bereit zu sein, die Aufklärungsbemühungen zur körperlichen Unversehrtheit von Jungen zu unterstützen.

Selbst in Ländern, wo weibliche Genitalverstümmelung verboten ist und die meisten Männer außer einen winzigen Minderheit nicht beschnitten sind, wagen es nur einige wenige offizielle Stellen oder Organisationen, die in der Position wären, die gleichen Rechte für Jungen geltend zu machen, dies zu tun, aus Angst, diese religiösen oder ethnischen Minderheiten zu verletzen.

Der erstaunliche Rückgang der neonatalen Beschneidungsrate in den USA in den siebziger Jahren ist größtenteils den Bemühungen von Einzelpersonen in Zusammenarbeit mit den Organisationen wie NOCIRC und NOHARMM zuzuschreiben. Zusätzlich haben NORM (National Organization of Restoring Men) und die wachsende »Foreskin Restoration«-Bewegung (Wiederherstellungsbewegung) das Bewusstsein der amerikanischen Männer geweckt und tragen zweifellos dazu bei, dass die Praktik weiter abnimmt.

Zur Abschaffung der männlichen Beschneidung wird es größerer konzertierter, organisierter und institutionalisierter Anstrengungen bedürfen, und es kann erreicht werden, ohne eine Volksgruppe oder Religion zu demütigen. Im Anschluss stelle ich die notwendigen Maßnahmen dar, die ergriffen werden müssten:

- Nationale und internationale Ärzteverbände und Menschenrechtsorganisationen müssen geschlechtsneutrale Programmpunkte für das Recht *aller* Kinder auf körperliche Unversehrtheit und Selbstbestimmung in ihre Statuten aufnehmen.
- Aktivist/innen für die Rechte von Kindern muss internationale Unterstützung gewährt werden, damit sie in ihrer jeweiligen Gesellschaft über die Rechte auf genitale Unversehrtheit für Jungen und Mädchen aufklären können.
- Die Ärzteschaft muss davon Abstand nehmen, an Praktiken teilzunehmen oder solche zu ermöglichen, die die grundlegenden

Menschenrechte verletzen. Prinzipien der Menschenrechte und Ethik müssen bereits ein Teil des Medizinstudiums sein.

- An Universitäten und Fortbildungsinstituten muss die Anatomie, Physiologie, Entwicklung und angemessenen Pflege der Genitalien unterrichtet werden, ebenso die nicht-chirurgische Prophylaxe und erhaltenden Behandlungsalternativen zur Zirkumzision.
- In Gesellschaften, wo beschnitten wird, müssen Universitäten damit aufhören, Student/innen zu zwingen oder von ihnen zu fordern, Beschneidungen an Kindern durchzuführen, und Krankenhäuser müssen aufhören, bei Eltern dafür zu werben, ihre Neugeborenen beschneiden zu lassen.
- Ärztliche Berufsverbände müssen die Verantwortung übernehmen, den unbegründeten medizinischen und gesellschaftlichen Ängsten von Eltern bezüglich intakter Genitalien entgegenzutreten.
- Es müssen Unterstützungsprogramme entwickelt werden, die Ärzt/innen helfen, den elterlichen Wünschen nach nicht-therapeutischen Beschneidungen entgegen zu treten, und sich mit den Ängsten der Mediziner/innen vor Einkommens- und Ansehensverlust befassen.
- Männerorganisationen müssen sich mit der schädlichen Praxis der frühkindlichen Beschneidung auseinandersetzen, und das Thema der genitalen Unversehrtheit in den größeren Kontext der Männergesundheitsarbeit integrieren.
- An Grund- und Oberschulen sowie Universitäten muss altersgerechtes Lehrmaterial ein Bestandteil der entsprechenden Unterrichtsprogramme werden. Inhaltlich sollte es die Funktionen und die Pflege intakter Genitalien ebenso wie die Prinzipien der Menschenrechte auf körperliche Selbstbestimmung und Unversehrtheit vermitteln.

Mit oder ohne die Umsetzung dieser Maßnahmen wächst weltweit die Bewegung von Männern, die weiterhin kindliche Beschneidung bekämpfen. Eltern, Ärzte, religiöse und politische Führungspersonen können nicht länger davon ausgehen, dass die Beschneidung eines gesunden Jungen ihnen später noch von ihm gedankt wird. Die Zeichen mehren sich, dass immer mehr Jungen, die heute beschnitten werden, später garantiert erfahren werden, wie ein intaktes Genital funktioniert und so auch, was die Beschneidung für Schaden anrichtet. Viele werden nach genitaler Unversehrtheit streben. Andere werden vor Gericht nach Gerechtigkeit verlangen. Zweifelsohne kann damit gerechnet werden, dass diese Männer Druck auf ihre jeweiligen Gesellschaften ausüben, die genitale männliche Unversehrtheit zu bewahren und die nicht-therapeutische Beschneidung an nicht einwilligungsfähigen Minderjährigen zu verhindern.

Anmerkungen

1 World Population Statistics, (1998)
2 Toubia N., (1994)
3 Wallerstein E.,February, (1985)
4 Taylor J. R., Lockwood A. P., Taylor AJ., (1996)
5 Werker P., Terng A., Kon M., (1998)
6 Milos M. F., Macris D. Bullough V. L. and Bullough B., (1994)
7 Cold C. J., Taylor J. R., (1999)
8 Fleiss P. M., Hodges F. M., Van Howe R. S., (1998)
9 Taylor, (1996)
10 Lilienfeld A., Graham S., (1958)
11 Schlossberger, (1991)
12 Rhinehart J., (1999)
13 National Center for Health Statistics, U.S. Dept. of Health and Human Services, (1979-1996)
14 Schlossberger, (1991)
15 Hammond T., (1999)
16 Schlossberger, (1996)
17 Boynton P., May 20, (1993)
18 O'Hara, (1999)
19 DeMeo J., (1997)
20 Paige K. E. May, (1978)
21 Toubia, N., (1994)
22 Miller A., (1993) S. 74
23 Miller A., (1990) S. 135-41
24 Lightfoot-Klein H., (1989a) S. 193
25 Goldman, (1997)
26 Mann J., (1997)
27 Toubia, N., (1994)
28 Toubia, N., (1995)

Kapitel 9

Wo stehen wir heute und wohin gehen wir?

»Ich weiß, ihr fragt euch heute: Wie lange noch? Ich komme, um euch zu sagen: Wie schwer auch der Augenblick, wie entmutigend die Stunde, nicht lange, denn die niedergetrampelte Wahrheit steht wieder auf. Wie lange noch? Nicht mehr lange, denn keine Lüge lebt für immer. Wie lange noch? Nicht lange, denn man erntet doch, was man sät. Wie lange noch? Nicht lang, denn der Arm des moralischen Universums ist lang, aber er neigt zur Gerechtigkeit.«

Dr. Martin Luther King, Jr.

Während genitale Eingriffe an einwilligungsunfähigen Kindern weltweit noch immer verbreitet sind, beginnen auch die verstärkte Öffentlichkeit und eine massive Gegenbewegung Wirkung zu zeigen. Alle Beschneidungspraktiken, die in den vorangegangenen Kapiteln erörtert wurden, erweisen sich nach und nach als nicht in Stein gemeißelt, sondern als Phänomene, die tatsächlich veränderbar sind, in Abhängigkeit von den besonderen Umständen, unter denen sie derzeitig existieren.

Ein Allheilmittel gibt es bisher noch nicht, entweder muss es noch erfunden werden, oder es gibt es sowieso nicht. Wichtiger ist, dass der zunehmende Protest gegen alle Arten der genitalen Beschneidung, ob sie nun in Afrika oder in der westlichen Welt durchgeführt werden, ebenso wie die zunehmende Aufklärung zu den Folgeschäden, zu einer vielschichtigen Suche nach nicht-invasiven oder zumindest weniger invasiven Methoden geführt haben. Eine stetig wachsende Bewegung, die alle unnötigen Genitaloperationen an nicht einwilligungsfähigen Kindern bekämpft, hat in vielen Ländern der Welt bereits zu durchschlagendem Erfolg geführt.

Die »Heimatfront«: Intersexchirurgie und männliche Beschneidung

Im Kampf gegen willkürliche chirurgische Eingriffe an intersexuellen Kindern hat die Intersex-Aktivistin Cheryl Chase (siehe Kapitel 3) das medizinische Establishment buchstäblich an die Wand gedrückt, um sich Gehör zu verschaffen. So konnte sie erreichen, dass die Standardverfahren der hormonellen und chirurgischen Intersextherapie nochmals überprüft wurden. Die bis dahin nicht erwiesenen, angeblichen Segnungen dieser Routineverfahren, die an nicht einwilligungsfähigen Kindern zur Korrektur »der Fehler der Natur« durchgeführt wurden, sind inzwischen durch die Medien öffentlich gemacht und von vielen in Frage gestellt worden. Es liegt auf der Hand, dass sich diese Art der Therapie in Zukunft drastisch wird ändern müssen.

Marilyn Milos, eine Aktivistin gegen die Beschneidung von Jungen (siehe Kapitel 8), berichtet, dass die Rate für männliche Beschneidungen in den USA in den letzten fünf Jahren um 11 Prozent gesunken ist. Die Bereitwilligkeit der Krankenhäuser, alle in ihrem Haus geborenen Knaben zu beschneiden, ist inzwischen stark zurückgegangen. Der Grund dafür liegt in mehreren Prozessen, die wegen verpfuschter oder nicht genehmigter Zirkumzisionen angestrengt wurden, bei denen den Klägern beachtliche Schadensersatzzahlungen zugesprochen wurden.

Auf den politischen Druck der Anti-Beschneidungs-Gruppen hin hat die große amerikanische Krankenversicherung Medicaid die Leistungen für Zirkumzisionen in den Staaten Arizona, Kalifornien, Mississippi, Nevada, Nord-Dakota, Oregon, Texas, Washington und Guam aus ihrem Katalog genommen. Anti-Beschneidungs-Aktivist/innen verstärken nun ihre Bemühungen in diese Richtung.

Die Katze ist aus dem Sack

»Manche haben Erfolg, weil es ihnen vergönnt ist, aber die meisten haben Erfolg, weil sie ganz einfach hartnäckig sind.«

Anonym

Als ich vor 24 Jahren damit begann, mit allen Mitteln Menschen im Westen auf die weibliche Genitalbeschneidung in afrikanischen Ländern aufmerksam zu machen, hatte ich keine Hoffnung, dass noch zu meinen Lebzeiten größere Veränderungen stattfinden würden.

Das Thema war einfach zu schrecklich, zu mächtig, zu effektheischend und von der eigenen Realität so weit entfernt, dass auch Verlage und Zeitungen sich ungern des Themas annahmen. Es war enorm schwierig, dem Tabu zu trotzen, das Schweigen zu durchbrechen, das dieses Thema nicht nur in Afrika, sondern auch im Westen umgab, wo die weiblichen Genitalien ebenfalls etwas waren, über das öffentlich weder gesprochen noch geschrieben wurde. Oder wie es der damalige Herausgeber des *Stern* ausdrückte, der sich weigerte mein Material zu veröffentlichen, dieses

Thema »überschreitet Grenzen«. Erst mit der AIDS-Krise wurde es lebensnotwendig, diese Grenzen zu überschreiten, und der Bann des Schweigens konnte endgültig gebrochen werden.

Die Informationen über das enorme Ausmaß von weiblicher Genitalverstümmelung zogen mit der Zeit unweigerlich immer weitere Kreise und als man endliche begriff, was hier geschah, begannen sich mehr und mehr besorgte Menschen sowohl in Afrika und auf der arabischen Halbinsel als auch in der westlichen Welt mit dem Thema zu beschäftigen.

Und so ist die Katze aus dem Sack, und weigert sich, sich wieder hineinstopfen zu lassen. Im Westen spricht man endlich über das Unaussprechliche, und überall in Afrika diskutieren die Menschen und stellen den Wert anachronistischer Bräuche in Frage, die seit Tausenden von Jahren fortbestehen.

Endlich besteht ein echter Hoffnungsschimmer, eine Vision, dass in Zukunft alle Kinder dieser Erde so genital intakt sein werden, wie die Natur sie schuf.

Die Worte voller Liebe, Trauer und Resignation, die eine 55-jährige Großmutter äußerte, die es vor kurzem durch den Krieg in Somalia in ein westliches Land verschlug, rühren mich an. Es liegt auf der Hand, dass das Wohlergehen und die Sicherheit ihrer Töchter und Enkelinnen ihr oberstes Anliegen sind, während sie sich bemüht, irgendwie mit einer neuen und fremden Kultur zurechtzukommen:

»Ich bin wie meine Mutter und deren Mutter. Meine Kinder sind zugenäht. Sie sind sicher und rein. Ihre Kinder? Weiß ich nicht. Dies ist eine andere Kultur, die Dinge werden sich wahrscheinlich ändern.«

Liebe und Fürsorge um das Wohlergehen unserer Kinder hat viele Gesichter. Auch wenn wir uns weder einig sind noch verstehen, welche Verpflichtungen dies in anderen Kulturen mit sich bringt, so müssen wir doch zumindest das begreifen.

Aber es weht ein frischer Wind um diesen Erdball, und die Anerkennung des Rechtes auf genitale Unversehrtheit für alle Kinder, auch für die Töchter Afrikas, scheint unvermeidbar.

Bibliographie

Abbott, W.C., (1904): »The Importance of Circumcision of the Female«, *Medical Council* 9:12, S. 437-439.

Abdi M. & Abdi S., (1992): Horn of Africa Resource and Research Group. Somali Women's Community Education Project, Toronto, Ontario.

Abusharaf, R., (März/April 1998a): »Unmasking Tradition«, *The Sciences* 22-27.

Abusharaf, R. (1998b): Persönliche Gespräche; diese Information erhielt sie 1997 von der General Assembly of Women im Sudan.

Al-Mannawi, Muhammad Abd-al Ra'uf, (1995): Fayd al-qadir sharh al-jami' al saghir. Beirut: Dar al-ma'rifah

Assaad, M.B. (1980): »Female Circumcision in Egypt: Current Research and Social Implications«, *Studies in Family Planning*, 11 (1): S. 3-16.

Assaad, M.B. (1982): »Female Circumcision in Egypt: Current Research and Social Implications«, *WHO/EMRO Technical Publication: Seminar on Traditional Practices Affecting the Health of Women and Children in Africa*, S. 229, Alexandria.

Awaken, 2:2, (Juni 1998): *Equality Now Newsletter*, New York.

Bedri, Badria: (1997-1998) Persönliche Interviews,

Barker-Benfield, G.J., (1976) *The Horrors of the Half Known Life: Male Attitudes Toward Women and Sexuality in Nineteenth Century America*, S. 88-89, Parker and Row, New York.

Barrie, M.L., (März 1998): »Wounds That Never Heal«, *Essence*, S.54.

Barrie, Mariama: Persönliche Interviews and Korrespondenz, 1997-1998

Beck-Karrer, C., (1990-1998): Persönliche Kommunikation und Korrespondenz

Beck, Karrer, C., (1996): *Löwinnen sind sie: Gespräche mit somalischen Frauen und Männern über Frauenbeschneidung in Afrika*, eFeF Verlag, Bern.

Bengston, B. & Baldwin, C., (1993) »The International Student: Female Circumcision Issues«, *Journal of Multicultural Counseling and Development*, 21 (3) , 168-173.

Bergstrom, R., (1982) »An American Woman's Experience«, *Sexology, Sexual Biology, Behaviour and Therapy*, Z. Hoch and H.I Lief, (Hg.), Excerpta Medica, Amsterdam.

Bijleveld, C., (1985): »The Effect of Education on Sudanese Women's Attitudes toward Female Circumcision«, Subfaculty of Psychology, University of Leiden.

Boddy, J. (1982) »Womb as Oasis, the Symbolic Content of Pharaonic Circumcision in Rural Northern Sudan«, *American Ethnologist* 9:4, 682-698.

Bonaparte, Marie: (1953): »Notes on Excision«, *Female Sexuality*, S. 191-208, International University Press.

Boynton P., (20. Mai 1993): Korrespondenz zur Studie, in: *Journeymen*

Brown, I.B., (1866): *On the Curability of Certain Forms of Insanity, Epilepsy, Catalepsy and Hysteria in Females*, London.

Bryk, F. (1964): *Voo-Doo Eros*, United Book Guild.

Bullough, V. and Bullough, B., (1977): *Sin, Sickness and Sanity*, The American Library, New York.

Burton, R., (1854): *Love, War and Fancy: Notes to the Arabian Nights*, London; Kimber.

Buvinic, M., (Herbst 1997): »Women in Poverty: A New Global Underclass«, *Foreign Policy*, S. 38-53.

Campbell, J. mit Bill Moyers (1988): *The Power of Myth*, New York, Doubleday.

Campbell, M.F. & Harrison, J.H., (Hg.) (1970): *Urology*, vol 2. 3. Aufl., 1836, Philadelphia, W.B. Saunders.

Carr, D., (1997): *Female Genital Cutting: Findings from the Demographic and Health Surveys Program*, Macro International Inc., Calverton, Maryland, S. 21.

Chavez, L., (16. Juni 1999): Editorial, *The Tucson Citizen*.

Chelala, C., (11. Juli 1998): »An alternative way to stop female genital mutilation«, *The Lancet*, 352(9122): S. 126.

Christian Science Monitor, (Mai 1989): »DemoMemo«, World Monitor.

Cold C.J., Taylor J.R. (1999): »The Prepuce.« B.J.U. International, 83, Beilage 1, 34-44

Cooper, E.S., (1862): »Excision of the Clitoris as a Cure for Masturbation«, *Boston Surgical and*

Medical Journal, 66:164.
Coventry, M. (1998): »Finding the Words«, *Chrysalis* 2:5, S.27.
Crossette, B., (16. Juli 1998): »A Uganda Tribe Fights Genital Cutting«, *New York Times.*
Crosette, B., (18. Januar, 1999): »Senegal Bans Cutting of Genitals of Girls«, *New York Times International.*
Daily Nation, (4. Dez. 1998): Nairobi, Kenya.
Dareer, A. el., (1982): *Woman Why Do You Weep?* London: Zed Press
Dareer, A. el., (1983): »Attitudes of Sudanese People to the Practice of Female Circumcision«, *International Journal of Epidemiology,* 12:2, S. 138-144, Oxford University Press.
Davis, E.G., (1975) *The First Sex,* NY, Penguin Books
Dawit, S. & Mekuria, S., (7. Dez. 1993): »The West Just Doesn't Get It«, *The New York Times.*
Dawit, S., (1992): Reisebericht Juni-August 1992. London, Kairo, Addis Abeba, Dakar, Nairobi.
Dawson, B. E., (1915) »Circumcision in the Female: Its Necessity and how to perform it«, *The American Journal of Clinical Medicine,* 22:6, S. 520-523.
DeMeo J. (1997): *»The Geography of Male and Female Genital Mutilations«*, in: Denniston, GC, Milos M.F. (Hg.): *Sexual Mutilations: A Human Tragedy,* New York, Plenum Press, S. 1-15.
DeMeo, J., (1990): »Desertification and the origins of armoring: The Sahasasian Connection«, *Journal of Orgonomy,* 24: 99-ll0.
Dirie, W., (Juni 1998): »A World Apart«, *Vogue,* 250-254.
Dirie, W. (März 19, 1996): »The Tragedy of Female Circumcision«, *Marie Claire,* S. 64-70.
Dirie, W., (1997-2000): Persönliches Interview
Dreger, A., (28. Juli 1998): »When Medicine Goes Too Far in the Pursuit of Normality«, *National Science, New York Times* online, Mayo Clinic Health Oasis.
Dugger, C., (12. Okt. 1966): »New Law Bans Genital Cutting in United States«, *New York Times,* S.1 A.
East African, (3.-9. Nov. 1997): »A Gentler Rite of Passage«, Nairobi, Kenia.
East African Standard, (26. Juli 1997): »Out of School«, S.13
Elders, J., (1994): *Sharecropper's Daughter to Surgeon General of the United States of America,* William Morrow & Co., New York.
Equality Now, (Juli 1999): »Words and Deeds, Women's Action« 16.1: S. 15.
Family Notes, (Dez. 1998) »Attitudes are Changing«, *Tucson Citizen,* 8NE.
Fang, B., (12. Okt. 1998): »China's Stolen Wives«, *U.S. News & World Report,* 35
Feibleman, P., (1997): *Natural Causes, Doubletake,* Durham, N.C., S. 41-47
FORWARD INTERNATIONAL NEWSLETTER, (23.12, 1993): »Foundation for Women's Health, Research and Development«, London.
Fleiss P.M., Hodges F.M., Van Howe R.S., (1998): »Immunological Functions of the Human Prepuce«, *in: Sexually Transmitted Infections*; 74: S. 364-367.
Foss, K., (10.11.1998): »The new hot surgery for women«, *Toronto Globe and Mail,* Toronto, Canada.
Freeman, R.G., (1914): »Circumcision in the Masturbation of Female Infants«, *American Journal of Diseases of Children,* 8:2, S.144-146.
French, H.W. , (3. Feb. 1997): »Africa's Culture War: Old Customs, New Values«, *New York Times News Service, Africa Cultural Review,* 1.
French, H.W., (31.1.1997): »The Ritual: Disfiguring, Hurtful, Wildly Festive«, *New York Times International,* A 4.
Garb, M., (April 1990):»Tribal Identity or Child Abuse?«, *American Medical News.*
Geyer, G.A., (14.11.1997): »Women full partners in Tunisia's success«, *Universal Press Syndicate.*
Geyer, G.A., (28.2.2000):»Progressive Islamic countries serve as example for Mideast«, *Universal Press Syndicate.*
Ghanaian Times, (16.11.1998): »Female Genital Mutilation: Is the Ban Effective in Ghana?«
Giorgis, B.W., (1981): *Female Circumcision in Africa,* United Nations Economic Commission for Africa, African Training and Research Centre for Women and Association of African Women for Research and Development, Addis Abeba.
Goldman, R., (1997): *Circumcision: The Hidden Trauma,* Vanguard Publ., Boston.
Grove, S., Diamondstone, L.: »Medical Team Interaction with Female Circumcision in a Refugee Camp, Bo', Somalia«. Diskussionspapier-Serie. San Francisco, Calif., Institute for Health Policy Studies, University of California.

Grassivaro-Gallo, P., (1985): »Relation between circumcision and sexual maturation of Somali women«, *Acta Medica Auxologica*, Vol 17:3, 239-247.
Grassivaro-Gallo, P.& Boscolo, E.M., (1985): »Female circumcision in the graphic reproduction of a group of Somali girls«, *Psychopathologie Africaine*, XX:2, 165-190.
Greer, G., (1999): *The Whole Woman*, Alfred A. Knopf, New York.
Gruenbaum, E., (1982): »The Movement against Clitoridectomy and Infibulation in Sudan: Public Health Policy and the Women's Movement«, W.H.R. Rivers Prize Paper, *Medical Anthropology Newsletter*, S. 4-11
Guardian Weekly, (19.7.1998): »Women and the right to choose«, S. 12
Guisso, R.W. & Johannesen S. (Hg.), (1981): *Women in China: Current Directions in Historical Scholarship*, The Edwin Mellen Press, Lewiston, New York
Gutierrez, R.T., (13. Juni 1999): National Population Council, zitiert nach *The Arizona Daily Star*, Section F:3
Haas, H., (1979-2002): Leiterin von Terre des Femmes, persönliche Kommunikation.
Haas, M., (10.12. 1997): »Mit dem Messer in die Hochzeitsnacht: Frauenbeschneidung, Folter mitten in Europa« *Süddeutsche Zeitung* 284:3
Hammond T. (1999): »A Preliminary Poll of Men Circumcised in Infancy or Childhood«, *B.J.U. International*, 83, Beilage 1 S. 85-92
Harper's Bazaar, (November 1998): »Designer Vaginas«, S. 130.
Hecht, D., (3. Juni 1998): »African Women: Standing up to Ancient Custom«, *Christian Science Monitor*, S. 1.
Heise, L., (1994): Diskussionspapier der Weltbank, »Incidences of Domestic Violence in Selected Countries«, *Violence Against Women: The Hidden Burden*, (in: *Newsletter des USAID Office of Women in Development*, Sommer 1997, 1:4).
Heusch, P., (17.2.1999): »Acht Jahre Haft wegen Beschneidung von Mädchen«, *Berliner Zeitung*, Berlin.
Himel, A.J., (Dez. 1907): »Some Minor Studies in Psychology with Special Reference to Masturbation«, *New Orleans Med. Surg.*, LX:6, S. 439-452.
Hodges, F., (1997): »A Short History of the Institutionalization of Involuntary Sexual Mutilation in the United States«, in: *Sexual Mutilation: A Human Tragedy*, Dennison and Milos (Hg.), Plenum Press, New York, S. 17-40.
Horowitz & Jackson, (August 1997): »Female Circumcision: African Women Confront American Medicine«, *Journal of General Internal Medicine* Vol. 12, S. 491-499.
Hosken, F., (1979): *The Hosken Report*, S. 5-6.
Hulverscheidt, M., (1999): »Medizingeschichte: Weibliche Genitalverstümmelung im Europa des 19, Jahrhunderts«, in: *Weibliche Genitalverstümmelung: Eine fundamentale Menschenrechtsverletzung*, Petra Schnüll, (Hg.), Terre des Femmes, Göttingen. S. 238.
Inter-African Committee Newsletter (1997) Nr. 22, Addis Abeba.
Inter-African Committee Newsletter (1997) Nr. 23, Addis Abeba.
Immerman R.S., Mackey W.C. (1998): »A Proposed Relationship Between Circumcision and Neural Reorganization«, *Journal of Genetic Psychology*; 159, S. 367-378
Isenberg S. & Elting, M. (Nov. 1976): »A Guide to Sexual Surgery«, *Cosmopolitan*, 181:5, S. 104-108.
Jaquette, J.S. (Fall 1997): »Women in Power: From Tokenism to Critical Mass«, *Foreign Policy*.
Jensen, R.H., (Jan./Feb. 1996): »Mimi Ramsey: for selfless striving, despite her own pain, to end mutilation of young girls«, *Ms. Magazine*, S. 51.
Jones, J., (1889): *General Medicine – Diseases of Nervous System*. Trans. Louisiana Medical Society, S. 170-171.
Kamara, C. H., (1999): »Guinea Means Woman«, CPTAFE, (La Cellule de Coordination sur les Pratiques Traditionelles Affectant la Sante des Femme et des Enfants); Republique de Guinea.
Kiragu, K., (1995): »Female Genital Mutilation: A Reproductive Health Concern«, *Population Reports*, Series J, Nr. 41 (Oktober); Baltimore MD, Johns Hopkins School of Public Health.
Koso-Thomas, O. (1987): *The Circumcision of Women: A Strategy for Eradication*, Zed Books, Ltd, London.
Komisaruk, B.R., (1997): »Complete Spinal Cord Injury Does Not Block Perceptual Response to Genital Self-Stimulation in Women«, *Archives of Neurology*, 54, S. 1513-1520.
Lane, S.D., & Rubinstein, R.A., (1996): »Judging Others: Responding to Traditional Female Genital

Surgeries«, *Hastings Center Report*, 26:3, S. 31-40.

Lancaster, J., (Nov. 25, 1996): »Egyptians Stand by Female Circumcision«, *The Washington Post.*

Lantier, J., (1972): *La Cite Magique et Magique En Afrique Noire.* Librarie A. Fayand, Paris, S. 226.

Lerner, G., (1986): *The Creation of Patriarchy,* New York, Oxford University Press.

Levy, H.S., (1966): *Chinese Footbinding,* Neville Spearman, London, S. 70.

Liesman, S., (1.3.1999): »Driven to Distraction, Saudi Women May Soon Take the Wheel«, *The Wall Street Journal,* S. 1.

Lightfoot-Klein, H., (1997) »Similarities in Attitudes and Misconceptions about Male and Female Sexual Mutilation«, in: *Sexual Mutilations: A Human Tragedy,* George C. Denniston und Marilyn Fayre Milos (Hg.), Plenum Press, New York,

Lightfoot-Klein, H., (1994): »The Bitter Lot of Women: In Conversation with Nawal el Saadawi«, *Freedom Review,* New York, 25:3.

Lightfoot-Klein, H., (1994): »Female Genital Mutilation«, *Encyclopedia of Human Sexuality,* Vern Bullough, (Hg.), Garland Publishing Inc., New York, 205-208.

Lightfoot-Klein, H., (1993): »Disability in Female Immigrants with Ritually Inflicted Genital Mutilation«, Spezialausgabe zu Frauen und Behinderung, *Women in Therapy,* Haworth Press, Binghamton, New York, 187-194.

Lightfoot- Klein, H., (1993): »Genital Mutilation, Female«, *Encyclopedia of Childbirth,* Barbara Katz Rothman, (Hg.), Baruch Oryx Press, Phoenix, AZ, 160-162.

Lightfoot-Klein, H./Shaw, E., (1991): »Special Needs of Ritually Circumcised Woman Patients,« *Journal of Obstetrics, Gynecology, and Neo-Natal Nursing,* 20 (2), S. 102-107.

Lightfoot-Klein, H., (1991): »Orgasm in Ritually Circumcised African Women«, Dokumentation zur ersten Internationalen Konferenz zu Orgasmus, Prakash Kothari und Rafi Patel,(Hg.), VRP Publishers, Bombay, India, S. 121-130

Lightfoot-Klein, H., (1993): *Das grausame Ritual. Sexuelle Verstümmelung afrikanischer Frauen.* 2. Aufl.; Fischer Taschenbuch Verlag, Frankfurt a.M.

Lightfoot-Klein, H., (1989): »The sexual experience and marital adjustment of genitally circumcised and infibulated females in an Afro-Arab Islamic society (Sudan)«, in: *Journal of Sex Research,* 26:3, S. 375-393.

Lightfoot-Klein, H., (1989): »Rites of purification and their effects: Some psychological aspects of female genital circumcision and infibulation (Pharaonic circumcision) in an African-Arab Islamic society (Sudan)« *Journal of Psychology and Human Sexuality,* 2:2, S. 79-91.

Lightfoot-Klein, H., (1982 u. 1983): Persönliche Interviews mit sudanesischen Psychiatern

Lilienfeld A, Graham S., (1958): »Validity in determining circumcision status by questionnaire as related to epidemiological studies of cancer of the cervix«, in: *Journal of the National Cancer Institute,* 21, S. 713

Lionnet, F., (1992): »Women's Rights, Bodies and Identities: The Limits of Universalism and the Legal Debate Around Excision in France«, *Inscriptions,* Vol. 6: *Orientalism and Cultural Difference* 98; S. 107-09, hg. von Mahmut Mutman & Meyda Yegenogin

Loa, Theresa, (1997): »Female Genital Mutilation«, US. Department of State, Washington, DC.

Los Angeles Times-Washington Post News Service, (4.5. 2000): 8A.

Lowry T.P. and Lowry T.S., (1976): *The Clitoris,* Warren H. Green, Inc.

St. Louis, MO.

Mackie, G., (Dez. 1996): »Ending Footbinding and Infibulation: A Convention Account«, in: *American Sociological Review,* 61 S. 999-1017.

Maimonides, Moses, in: Friedländer M.: *Guide of the Perplexed Hebrew* Publishing Co. New York, 1881: S. 267

Maines, R., (1999): *The Technology of Orgasm: Hysteria, the Vibrator, and Women's Sexual Satisfaction,* Johns Hopkins University Press, Baltimore

Mann J., (1997): »Health and Human Rights: If Not Now, When?«, *Health and Human Rights,* 2: S. 113-20.

McMinn, S.N., (1845): »Insanity Cured by Excision of the External Organs of Generation«, *Boston Medical and Surgical Journal,* 32: S. 131-2.

Medical Record, (1867): Editorial, »Clitoridectomy«, 2: S. 71.

Melching, Molly, (1999): Persönliches Interview.

Miller, A., (1992): *Breaking Down the Wall of Silence*, New York, Dutton.
Miller A., (1990): *Banished Knowledge: Facing Childhood Injuries*, New York, Doubleday; S. 135-41
Mills, H.,(5.10.1997): »The Men Who Will Mutilate Girls for Money«, *The Observer*.
Mike, Chuck (1998): Persönliches Interview.
Milos, M. (1989-2002): Persönliche Kommunikation.
Milos, M.F., Macris D., (1994): »Circumcision: Male-Effects Upon Human Sexuality«, in: Bullough V. L. and Bullough B., *Human Sexuality: An Encyclopedia*, Garland, New York, S. 119-121.
Money, J. (1985): *The Destroying Angel*, Prometheus Books, Buffalo, N.Y.
Money, J. (21.-26. Juni 1981): zum 5th World Congress of Sexology, Jerusalem: »An Institution Challenged«, in: *Sexology, Sexual Biology, Behavior and Therapy*, Z. Hoch and H.I. Lief (Hg.), Amsterdam, Exerpta Medica 1982.
Money, J., (1979-1997): Persönliche Kommunikation.
Montague, M.F.A., (1946): »Ritual Mutilation Among Primitive Peoples«, *Ciba Symposia*, 8 (7): S. 421-436.
Morris, D., (1985): *Body Watching*, New York, Crown.
Morris, R.T., (1912): »Circumcision in Girls«, *The International Journal of Surgery*, 25:5, S.135-6.
National Center for Health Statistics, (1979-1996): U.S. Dept. of Health and Human Services.
New Orleans Med. Surg. Journal, (1854-1855): Editorial, »Review of European Legislation for Control of Prostitution«, 11: S.700-705.
New York Times, (28.12.1996): »Tug of Taboos: African Genital Rite vs. U.S. Law«, S.8.
New York Times International, (8.8.1996): »Mutilation of Egyptian Girls: Despite Ban, It Goes On«, S.A3
New York Times International, (5.10.1996): »African Ritual Pain: Genital Cutting«, S. 2
NOCIRC Jahresbericht, (Frühjahr 1998): 12: S. 3
Obiora, L. A., (Winter 1997): »Bridges and Barricades: Case Western Reserve Law Review: Rethinking Polemics and Intransigence in the Campaign against Female Circumcision, Cleveland, Ohio, 47:2 S. 1
Obiora, L. A., (1998-2002): Persönliche Interviews.
Ogunmodede, E. (1979): »End this Mutilation«, *People*, 6 (1) S.30-31.
O'Hara, K & O'Hara J, (1999): »Effect of Male Circumcision on the Sexual Enjoyment of the Female Partner«, *B.J.U. International*, 83, Beilage 1, S. 79-84.
Omer-Hashi, K. O.& Entwistle, M., (1995): »Female Genital Mutilation: Cultural and Health Issues and Their Implications for Sexuality Counselling in Canada«, *The Canadian Journal of Human Sexuality*, 4:2: S. 137-147.
Omer-Hashi, K.(1994): »Commentary: Female Genital Mutilation: Perspective from a Somalian Midwife«, *Birth* 21:4, S.224-226.
Omer- Hashi, K. & Silver, J., (1993): »No Words Can Express«, *Canadian Woman Studies*, 14:3: S.62-65.
Omestad, T., (6. März 2000): »New Faces, New Voices«, *U.S. News and World Report*, S.34.
Oun Alla, Yahia, (1983): Persönliches Interview, Khartum, Sudan.
Paige KE., (1978): »The Ritual of Circumcision«, *Human Nature*, S. 40-48.
Petzinger Jr., T., (25.9.1998): »Monique Maddy Uses Wireless Pay Phones to Battle Poverty«, *The Front Lines, Wall Street Journal Market Place*, B 1.
Pollack M., (1995): »Circumcision: A Jewish Feminist Perspective«, in: Weiner K./Moon A.: *Jewish Women Speak Out: Expanding the Boundaries of Psychology*. Seattle, Canopy Press, S.171-187.
Ramsey, Meserak, (1994): Persönliche Interviews.
Rhinehart J., (1999): »Neonatal Circumcision Reconsidered«, *Transactional Analysis Journal*, 29(3): S.215-221.
Rosellini, L., (3. Nov. 1997): »Joycelyn Elders is Master of her Domain«, *U.S News and World Report*, S.65.
Saadawi, N., el. (1980): *The Hidden Face of Eve: Women in the Arab World*, Zed Press, London.
Saadawi, N. el., (1982): *Circumcision of Girls*; Publikation der WHO/EMRO; Seminar on Traditional Practices Affecting the Health of Women and Children in Africa, Alexandria, S. 217-228.
San Diego Union-Tribune, (1.1.1997): zitiert aus »Awaken«, 1:1, *Equality Now Newsletter*, Juni 1997.

Saudi Gazette, (9.1.1993): »Questions of Faith: Excellent qualities form part of being a Muslim wife«.

Schlossberger, N.M./Turner R.A./Irwin Jr., C.E. (1991): »Early Adolescent Knowledge and Attitudes About Circumcision: Methods and Implications for Research«, *Journal of Adolescent Health*, 12: S. 293-7.

Science News, (Juni 1995): »Child Sex Abuse Leaves Mark on Brain«, S. 340.

Shandall, Ahmed Abu el Futuh, (1967): »Circumcision and Infibulation of Females«, *Sudan Med. Journal*, 5:4: S. 178-212.

Shorter, E., (1994): *Moderne Leiden: Zur Geschichte der Psychsomatik*, Reinbek bei Hamburg.

Tanner, T.H., (1866): »On Excision of the Clitoris as a Cure for Hysteria etc.« *The Obstetrical Society, London*, 8: S. 360-384.

Taylor J.R./Lockwood A.P./Taylor A.J., (1996): »The Prepuce: Specialized Mucosa of the Penis and its Loss to Circumcision«, *B.J.U. International*, 77: S. 291-5.

Thiam, Awa (Nov. 1993): zitiert aus *Equality Now Newsletter.*

Thomas, Chief (Dr.) Irene Modupe, (1995): *Strategies & Tactics for Prevention and Eradication of Female Genital Mutilation*, Project Sister Help, Performance Studio Worshop, Onikan, Lagos, Nigeria.

Toscane, L. & Lamloud, O. (22.6.1998): »Frauenrechte zum Vorzeigen«, *Le Monde Diplomatique*, Paris.

Toubia N., (1995): »From Health or Human Rights to Health and Human Rights: Where Do We Go From Here?«, *Health and Human Rights*, 1: S. 138.

Toubia N., (1994): »FGM and the Responsibility of Reproductive Health Professionals«, *International Journal of Gynecology & Obstetrics*, 46: S. 127-35.

Trachtenberg, M., (1999): »Psychoanalysis of Circumcision«, in: *Male and Female Circumcision: Medical, Legal, and Ethical Considerations in Pediatric Practice*, Dennison, Hodges & Milos (Hg.), Plenum Publishers, New York, S. 209-214.

Triea, T., (1998): »Power, Orgasm and the Psychohormonal Research Unit«, *Chrysalis*, 2:5: S. 23.

United Nations Population Fund, (Sept. 1994): Bericht zur International Conference on Population and Development, New York.

van der Kwaak, A. (1992): »Female Circumcision and Gender Identity:A Questionable Alliance?«, *Social Science Med.* 35:6, S. 777-787.

Verzin, JA (1975): »Sequelae of Female Circumcision«, *Tropical Dr.*, 5: S. 163-169.

Wallerstein, E. (1980): *Circumcision: An American Health Fallacy*, New York, Springer Publishing Company

Wallerstein, E., (Feb. 1985): »Circumcision: The Uniquely American Medical Enigma«, in: *Symposium on Advances in Pediatric Urology*, Urologic Clinics of North America, 12: S. 123-32.

Warsami, A., (1989): »Social and Cultural Implications of Infibulation in Somalia«, *Female Circumcision. Strategies to Bring About Change.* Pro. Int. Seminar zu weiblicher Beschneidung in Mogadishu, Somalia, 1988-1993.

Walt, V., (7.6.1998): »Village to Village, Circumcising a Ritual«, *Washington Post*, C1.

Washington Post, (21.6.1998): »Village Gives up a Painful Ritual«, World News, A19.

Washington Post, (22.11.1992): »The Open Wound«.

Watson, A., (April 6, 1999): »Law Freeing Rapists Who Marry Victims Voided«, Global Briefs, *Tucson Citizen*, A2.

Weil, A., (Feb. 1999): »Hormone Mimics: An Emerging Threat«, *Self Healing, Dr. Andrew Weil's Newsletter*, S. 1

Werker P./Terng A./Kon M. (1998): »The Prepuce Free Flap: Dissection Feasibility Study and Clinical Application of a Super-Thin New Flap«, in: *Plastic & Reconstructive Surgery;* 102: S. 1075-1082.

Wollman, L., (1973): »Female Circumcision«, *Journal of the American Society of Psychosomatic Dentistry and Medicine*, 20: S. 130-131.

World Population Statistics, (1998): Vital Abstracts of the United States 1994.

Wynter S., (Winter 1997): »Genital Mutilation or Symbolic Birth? Female Circumcision, Lost Origins, and the Aculturalism of Feminist/Western Thought«, in: *Bridging Society, Culture and Law: The Issue of Female Circumcision.*, Case Western Reserve Law Review, 47: S. 547.

Youseff, N., (1973): »Cultural Ideals, Feminine Behavior and Kinship Control«, *Comparative Studies in Society and History*, 15 (3): S. 326-347.

Zindler, F.R., (Feb. 1990): »Circumcision: The Stone Age in the Steel Age«, *American Atheist*, S. 34-40.

Ziv, L., (Mai 1997): »The horror of female genital mutilation«, *Cosmopolitan*, S. 242-245.

Zum Weiterlesen

Begag, Azouz: *Azouz, der Junge vom Stadtrand.* Zürich/Frauenfeld 1998

Barnes, Virginia Lee: *Das Mädchen Aman.* München 1996

Darko, Amma: *Spinnweben.* Stuttgart 1997

Diop Cheikh, Anta, auszugsweise übersetzt in: Harding, Leonhard/Reinwald, Brigitte: *Afrika, Mutter und Modell europäischer Zivilisation? Die Rehabilitation des Schwarzen Kontinents durch Cheikh Anta Diop.* Berlin 1990

Dinslage, Sabine: *Mädchenbeschneidung in Westafrika.* München 1981

Dirie, Waris/Miller, Cathleen: *Wüstenblume.* München 1998

El Saadawi, Nawal: *Tschador. Frauen im Islam.* Bremen 1980

Hulverscheidt, Marion: *Weibliche Genitalverstümmelung. Diskussion und Praxis in der Medizin während des 19. Jahrhunderts im deutschsprachigen Raum.* Frankfurt a.M. 2002

Ismail, Ellen/ Makki, Maureen: *Frauen im Sudan.* Wuppertal 1990

Kassindja, Fauziya/Miller Bashir, Layli: *Niemand sieht dich, wenn du weinst.* München 2000

Lightfoot-Klein, Hanny: *Odyssee einer Frau in Afrika. Eine Lebensgeschichte.* Frankfurt/Main 1995

Nwapa, Flora: *Efuru.* Göttingen 1997

Schnüll Petra (Hrsg.): *Weibliche Genitalverstümmelung. Eine fundamentale Menschenrechtsverletzung.* Göttingen 1999

Thiam Awa: *Die Stimme der schwarzen Frau.* Hamburg 1981

Adressen

Initiativen gegen genitale Verstümmelung

Deutschland

AGISRA – Frankfurt
Arbeitsgemeinschaft gegen internationale
sexuelle und rassistische Ausbeutung e.V., Gruppe Maisha
Ludolfstr. 2-4
Tel.: 069-77 77 52
D-60487 Frankfurt/Main
info@agisra.de

BAIP – Berlin
Beratungsstelle für afrikanische Frauen
Karl-Marx-Str. 42
D-12043 Berlin
Tel.: 030-62 72 93 30
baip-bequit@01019freenet.de
www.baip.berlin.de

Balance e.V. – Berlin
Familienplanungszentrum
Mauritius-Kirch-Str. 3
D-10365 Berlin
Tel.: 030-553 67 92
balance@fpz-berlin.de

Ban Ying e.V. – Berlin
Anklamer Str. 38
D-10115 Berlin
Tel.: 030-440 63 73 / 74
Fax: 030-440 63 75
info@Ban-Ying.de
www.Ban-Ying.de

DAFI e.V. – Berlin
Deutsch-Afrikanische Fraueninitiative
Prinzenallee 81
D-13357 Berlin

Tel.: 030-294 02 59
dafi_berlin@yahoo.com
www.dafi-berlin.org

FORWARD – Germany e.V. – Frankfurt und Peine
Martin-Luther-Str. 35
D-60389 Frankfurt/Main
Tel.: 069-69 45 96 60
levin@em.uni-frankfurt.de
oder
Falkenbergstr. 27L
D-31228 Peine
Tel.: 05171-252 15
barre@tvz.fal.de

(I)NTACT – Internationale Aktion gegen die Beschneidung von Mädchen und Frauen e. V.
Saarbrücken und bundesweite Städtegruppen
Johannisstr. 4
D-66111 Saarbrücken
Tel.: 0681-3 24 00
Fax: 0681-93 88 002
info@intact-ev.de
www.intact-ev.de

Terre des Femmes e.V. – Tübingen und bundesweite Städtegruppen
Konrad-Adenauer-Str. 40
D-72072 Tübingen
Tel.:07071-79 73-0
Fax: 07071-79 73 22
tdf@frauenrechte.de
www.terre-des-femmes.de

Österreich
Der Verein zur Bekämpfung weiblicher Genitalverstümmelung
c/o Dr. Elisabeth Cencig
Kirchgasse 14
A-9100 Völkermarkt
Tel.: (43)-04232-2014
ecencig@gmx.at

European Information Centre Against Violence
c/o Austrian Women's Shelter Network
Bacherplatz 10/4
Tel.: (43)-01-548 27 20
A-1050 Wien
office@wave-network.org

Schweiz

amnesty international
Frauengruppe Bern
c/o Babette Valeria Schweizer
Herrenmatt 102
CH-3053 Münchenbuchsee
Tel.: (41)-031-862 13 77
info@ai-frauen.ch
www.ai-frauen.ch

IAC – Inter-African Committee on traditional Practices
Affecting the Health of Women and Children
147, rue de Lausanne
CH-1202 Genf
Tel.: (41) 22-731 2420/-732 0821
Fax: (41) 22-738 1823

Links

http://minorities.orf.at/austria/de/specials/fgm/mi_oesterreich.htm
http://www.amnesty.at/ag-frauen/
http://ai-frauen.ch
http://www.amnesty.org/ailib/intcam/femgen/fgml.htm
http://europa.eu.int/abc/doc/off/bull/de/9707/p102002.htm
http://www.unicef.or.at
http://www.amnestyforwomen.de/
www.fgm.org
www.fgmnetwork.org

Internationale Initiativen

CAMS – Commission pour l'Abolition des Mutilations Sexuelles
6, Place-Saint-Germain-des-Pres
F-75006 Paris, Frankreich
w113111@club-inernet.fr

Equality Now
250 West 57th St. #826
New York, NY 10107, USA
equalitynow@igc.apc.org

FORWARD – Foundation for Women's
Health, Research and Development
40 Eastbourne Terrace
London W2 3QR, England
forward@dircon.co.uk

FORWARD USA, Inc.
1046 W. Taylor St. Suite 204
San Jose, CA 95126, USA
www.gnomes.org/forward

GAMS Belgique – Groupe Femmes pour
l'Abolition des Mutilations Sexuelles
15, rue de Lisbonne
B-1060 Saint-Gilles-Bruxelles, Belgien
kakyes@internem.be

Lightfoot Associates
4910 N. Calle Bosque
Tucson, AZ 85718, USA
Tel.: (001)-520-529-2029
Fax: (001)-520-529-9411
Lightfoot@klein.com

Rainbo – Research. Action & Information Network
for Bodily Integrity of Women
915 Broadway, 21th Street, Suite 1109
New York, NY 10010-7108
nt61@columbia.edu

Organisationen gegen männliche Beschneidung

Circumcision Resource Center
Ronald Goldman
P.O. Box 232
Boston, MASS 02133, USA
Tel.: (001)-617-523-0088
www.circumcision.org

Doctors Opposing Circumcision
2442 NW Market Street #42
Seattle, WA 98107, USA
Tel.: (001)-360-385-1882
Fax: (001)-360-385-1948
http://faculty.washington.edu/gcd/DOC/

National Organization of Circumcision Information Resource Centers
(NOCIRC)
P.O. Box 2512
San Anselmo, CA 94979-2512, USA
Tel.: (001)-415-488-9883
Fax: (001)-415-488-9660
www.nocirc.org

Nurses for the Rights of the Child
369 Montezuma #354
Santa Fe, NM 87501, USA
Tel.: (001)-505-989-7377
www.cirp.org.nrc

The Circumcision Information and Resource Pages
www.cirp.org

Intersexualität

dgti e.V. – Deutsche Gesellschaft für Transidentität und Intersexualität e.V.
Godorfer Hauptstr. 60
D-50997 Köln
Tel./Fax: 02236–83 90 18
katrin@dgti.org
www.dgti.org/index.html

http://home.arcor.de/wendy/TS-Seiten/translink.htm
Von dieser Seite aus erreichen Sie verschiedene Seiten zum Thema Trans- und Intersexualität

http://dgti.trans-info.de/
Hier finden Sie Adressen von Selbsthilfegruppen und Beratungsstrellen für Trans- und Intersexuelle in Deutschland

http://www.transgender-net.de/Gruppen/gruppen.html
Hier finden Sie Adressen von Selbsthilfegruppen und Beratungsstellen für Trans- und Intersexuelle in Deutschland, Österreich und der Schweiz

Notizen